THE
BELT AND ROAD
INITIATIVE

Chinese Solution to a Deficient Global Order

"一带一路"
为什么能成功

"一带一路"倡议的九大支柱

[美] 卡里·托克（Khairy Tourk）/ 著

王　淼 / 译

刘春长 / 统校

中国人民大学出版社
·北京·

序　言

（一）

今天，世界上的大部分贫困发展中国家都没有现代化的基础设施，一些国家的基础设施甚至会被暴雨轻易冲垮。根据世界银行的统计数据，到 2035 年，整个发展中国家需要 40 万亿美元的基础设施支出。除此之外，新兴经济体的工业化进程也需要大量资金来支持。

回顾二战后由西方世界操控的国际组织的失败援助经验可以看到，西方国家通常无法兑现其承诺。二战后，世界银行和国际货币基金组织作为美国的外交工具，对发展中国家的援助目的无不在于发挥地缘政治权力，从未给大多数贫穷国家带去持久的繁荣。

在冷战时期，除了少数几个具有地缘政治价值的国家外，其他国家基本上都被边缘化了。随着许多发达国家在国际事务上逐渐变得力不从心，发展中国家无法再依赖它们。因此，在后冷战时代，西方国家既没有资源，也没有专业知识来应对世界正在面临的经济挑战。

"一带一路"倡议是一个跨越亚洲、欧洲、非洲和中东地区的大型基础设施项目，它创立的发展愿景获得了超过 150 个国家和国际组织的认可，是其成员国发展的前进路线。"一带一路"倡议将"以人为本"作为核心理念，把中国的国家政策与其他成员国的发展规划相结合。中国政府认为每个国家都应自主选择发展道路，而不被他国指手画脚。

遗憾的是，全球媒体对新丝绸之路充满了意识形态的偏见。它们对"一带一路"倡议的可持续性提出质疑，声称该倡议"中看不中用"。这些带有政治偏见的报道使部分西方学者把"一带一路"描述成中国的野心，认为其目的是在地缘政治和经济上对其他国家施加影响。

"一带一路"倡议也让许多西方国家感到担忧。这些国家认为它没有一个中心协调者，斥责其政策用语含糊而空洞，其中美国的态度尤为消极。然而，随着越来越多的国家加入这一倡议，西方国家不得不重新考虑它的地位和影响力。

（二）

作为这个时代最具争议的合作项目，我们需要对"一带一路"倡议进行客观的研究来展示其真正本质。本书对"一带一路"的未来发展持积极态度，并列出构成该倡议的九大支柱，每一支柱都由独立的章节来阐释。鉴于近年来逆全球化浪潮不断发酵，本书清晰地展现了"一带一路"倡议如何在21世纪塑造全球化的发展框架，并在最后几章对"一带一路"倡议的经济和地缘政治含义进行了简要分析。

本书的核心结论是，"一带一路"倡议是少有的能改变未来的项目。在全新的国际多极秩序中，霸权国家充当世界警察的规则不再被接受，因此，"一带一路"倡议将成为21世纪实现和平与繁荣的主要工具。随着中国成为亚洲最具活力的国家，"一带一路"倡议正在改变各国看待中国地位的态度。

本书通过对"一带一路"倡议的探索，还发现经济的发展同道德和文化密不可分。在和"一带一路"成员国的合作中，中国非常重视和谐与包容，强调人文交流和相互学习，这源于提倡包容性和追寻和谐的中华文明。世界正在见证中国——一个坚守道德原则的国家的发展。

如果我们希望窥见未来的世界，就必须了解"一带一路"倡议。在结合经济分析和历史考察的同时，本书还将西方世界面对中国发展的地缘政治紧张纳入思考，对当今国际秩序进行阐释，对今后的国际社会进行探索和设想。通过跨学科的研究，本书认为"一带一路"倡议将带来一个具有中国特色的全球化新时代。

（三）

对于世界上大多数国家来说，中国都是不可或缺的贸易伙伴。"一带一路"倡议的一个重要组成部分是亚投行，亚投行拥有100多个具有不同经济和政治制度的国家，而中国正在新的国际秩序中成为最大的自然贷款人。作为应对气候变化的领导者，中国也在努力成为绿色技术的主要推动方。从长远来看，"一带一路"倡议有助于增加低风险资产的供应，从而带来可观的正收益。

预计到 2030 年，几乎所有的极端贫困人口都将生活在撒哈拉以南非洲地区。随着该地区人口的大量增加，更多的非洲年轻人有可能非法移居到欧洲寻找工作。而中国在非洲的投资将提供更多的就业机会，大大减少欧洲的非法移民。印度亦是亚投行贷款的最大受益者。"一带一路"沿线国家的发展将催生一个庞大而繁荣的中产阶级群体。

除了扶持贫困国家，"一带一路"也符合富裕国家的利益，已有许多国家表达了为其提供资金的兴趣。例如，德国、日本以及韩国的一些企业都渴望与中国一起参与项目建设。

在一代人的时间里，中国从贫穷落后跃升为世界第二大经济体。中国的发展与西方大国不同，中国对成为霸主不感兴趣，它更愿意同邻国分享发展的成果。"一带一路"倡议可以预见的一大成果是，它将改变全球发展的基调。如今，强调基础设施和工业化建设已成为所有发展规划的必要构成。

"一带一路"倡议的成功，将使许多发达国家尝试提出新方案来对抗中国的影响力，但这些国家的能力已无法支撑其野心。正如它们无法有效应对新冠肺炎疫情的扩散一样。

幸运的是，中国有决心和毅力通过"一带一路"建设提供全球公共产品，为落后国家的发展提供行之有效的方案。这让中国成为不发达世界的希望之光。

二战后形成的世界秩序已然崩塌，西方大国无法满足当今世界的需求，西方国家的能力正在遭受世界的质疑。而摆在我们面前的问题是，这些国家做好平等对待中国的准备了吗？在未来几十年里，中国将不断面对一些国家的敌意。但我相信，中国有能力承受"外交风暴"的考验。

（四）

本书的许多观点源于芝加哥大学中国研究小组举办的学术会议的讨论内容。我要特别感谢芝加哥大学经济系乔治·托利（George Tolley）教授，作为我的良师益友，他慷慨地为本书贡献了思想和时间。

我也非常感谢北京大学的林毅夫教授，他在新结构经济学上的开创性工作为本书提供了一盏明灯。

有很多人为本书的写作提供了帮助，并成为我的朋友，这不仅丰富了我对中国经济的认识，也加深了我对伟大的中国文化的了解，我从心底感谢他们。尤其要感谢中国人民大学的贺耀敏教授，他对本书的热情与支持令我难忘。芝加哥大学经济系访问学者刘春长博士在写作阶段给予我许多关心和鼓励，他阅读了本书全部的手稿，并帮助完善了其中的逻辑结构。还要感谢翟东升教授在学术上对本书的宝贵建议。

我也很感谢中国人民大学，我在那里度过了许多个暑假，并作为讲席教授任教一年。这所学校为我提供了理想的研究与写作宝地。

中国人民大学的王义桅教授友善地和我分享他在"一带一路"研究上的优秀成果，薛雨川教授、何平教授和保建云教授也慷慨地花时间与我进行了具有启发性的交谈。

非常感谢我的学术之家——伊利诺伊理工大学斯图尔特商学院,它允许我利用学术休假进行研究与写作。

本书的编辑工作由马特·特纳(Matt Turner)以及中国人民大学出版社的编辑负责,他们的耐心使书稿的出版过程非常愉快。

毋庸置疑,本书的内容是我的个人观点,如仍有纰漏谬误之处,文责由作者自负。

目　录

第一章 "一带一路"倡议是什么

面对当今世界的各种挑战，我们应该从丝绸之路的历史中汲取智慧……开创共同发展的光明未来。

——习近平①

让（一带一路）这一世纪工程造福各国人民。

——习近平②

---

① 习近平和彭丽媛欢迎出席第二届"一带一路"国际合作高峰论坛的外方领导人夫妇及嘉宾. 经济日报，2019-04-27（1）.

② 习近平. 携手推进"一带一路"建设：在"一带一路"国际合作高峰论坛开幕式上的演讲. 新华网，2017-05-14.

"一带一路"构想是中国向世界提供的国际公共产品。

——王毅[1]

"一带一路"是世界上第一条带来繁荣贸易的"高速路"。

——麦肯锡咨询公司

人们不了解"一带一路"到底是什么。

——斯科特·肯尼迪[2]

我很担心美国和西方世界会低估"一带一路"的影响力。

——彼得·鲍泰利[3]

许多局外人对"一带一路"持怀疑态度，并且不清楚它到底是什么……但……我们应该非常认真地对待它。

——路易斯·库伊斯[4]

外国人需要一些时间才能了解"一带一路"的内容。

——赵启正[5]

---

[1] 王毅. "一带一路"是中国向世界提供的公共产品. 新华网，2015-03-23. 王毅为中国国务委员、外交部部长。

[2] 中文名"甘思德"，美国战略与国际研究中心（CSIS）中国研究项目副主任。

[3] 约翰斯·霍普金斯大学高级国际研究学院（SAIS）高级兼职教授。

[4] 中文名"高路易"，牛津经济研究院亚洲区经济研究主管。

[5] 国务院新闻办公室原主任，中国人民大学新闻学院院长。

"一带一路"倡议的缘起

古丝绸之路

1776 年，亚当·斯密在《国富论》中指出："中国一向是世界上最富的国家，就是说土地最肥沃，耕作最精细，人民最多而且最勤勉的国家。"从历史上看，古丝绸之路的兴盛使中国商业在数个世纪内蓬勃发展。

古丝绸之路从长安延伸到地中海，连接着秦汉帝国和罗马帝国，为汉代中国和欧洲带来了贸易的繁荣。

从罗马帝国和安息帝国，到奥斯曼帝国和萨菲帝国，古丝绸之路跨越万里地域，穿越千年时光，丝绸贸易因此得以蓬勃发展。直到 18 世纪 20 年代，萨菲帝国的崩溃使其中断。

习近平的愿景

2018 年 4 月，习近平在博鳌亚洲论坛的发言中指出："共建'一带一路'倡议源于中国，但机会和成果属于世界，中国不打地缘博弈小算盘，不搞封闭排他小圈子，不做凌驾于人的强买强卖。"① 中国已经为亚洲、非洲和欧洲的港口、公路和铁路项目投资数十亿美元，产生了积极的影响。

---

① 习近平. 开放共创繁荣 创新引领未来：在博鳌亚洲论坛 2018 年年会开幕式上的主旨演讲. 北京：人民出版社，2018：13.

习近平主席希望通过"一带一路"倡议重振两千多年前古丝绸之路的精神，加强中国同亚洲、非洲、欧洲国家间的联系与合作。该倡议同时也是中国开创全球化新纪元的平台，将为经济全球化注入新动力。

"一带一路"倡议的管理

2013年9月和10月，中国国家主席习近平在哈萨克斯坦和印度尼西亚进行国事访问时首次提出了"一带一路"倡议。他指出，和平合作、开放包容、互学互鉴、互利共赢的丝路精神，是人类文明的宝贵遗产。

2015年，中国政府开始进行第一批重点项目的工作。"一带一路"项目属于国家级顶层规划，由最高领导人积极推动，由国家发改委、外交部和商务部共同管理，同时由国务院监督实施。

"一带一路"倡议是什么

"一带一路"倡议的定义

"一带一路"倡议旨在通过建设基础设施、提升工业化及促进贸易与投资以实现亚欧经济一体化，通过更加密切的外交、商业和金融合作，整合亚非欧三大洲。这项前所未有的工作将汇集超过68个国家，包含世界人口的2/3，占全球GDP的一半以上，覆盖75%的已知能源储备。

"一带一路"倡议包括"一带"和"一路"，其中"一带"是指丝绸之路经济带，"一路"是指21世纪海上丝绸之路。丝绸之路经济带是一条陆地走廊，它将中国与欧洲连接起来，途经哈萨克斯坦、俄罗斯和白俄罗斯，为智能城市提供铁路和公路建设。丝绸之路经济带拟打造北中南三条横跨欧洲的通道。第一条是连通中国、中亚、俄罗斯、欧洲的北通道；第二条是从中国出发经过中亚和西亚，通往波斯湾和地中海的中通道；第三条是从中国出发，途经东南亚和南亚，一直进入印度洋的南通道①。

而21世纪海上丝绸之路则是连接中国华南地区、南太平洋和印度洋的海上桥梁，旨在使海运适应新的全球贸易模式。它包括两条路线：一条从中国的沿海港口出发，途经南中国海和印度洋，最后到达欧洲；另一条从中国的沿海港口经南海到达南太平洋。

换句话说，丝绸之路经济带是一条连通中亚、俄罗斯与欧洲的陆上贸易路线，而21世纪海上丝绸之路是一条通过东南亚、印度和非洲来连接中国和欧洲的海上贸易路线。丝绸之路经济带推进了陆上运输通道建设，连同横跨南海、南太平洋和印度洋的海上路线，可进入超过68个国家的市场。

"一带一路"建设涉及范围很广，它正在创造中国与太平洋岛国间的合作机会，为它们进一步融入全球经济秩序铺平了道

---

① China's Belt and Road. JOC，April 24，2019.

路。巴布亚新几内亚成为第一个与中国签署"一带一路"建设谅解备忘录的太平洋岛国。

"一带一路"倡议不仅涉及欧洲与亚洲,而且将连接许多撒哈拉以南的非洲国家。例如,它将铁路从东部的肯尼亚延伸到西部的刚果。这种横向的经济整合是基于各国的经济因素和发展前景考虑的。

"一带一路"倡议主张什么

"一带一路"倡议,重点在实现"五通"——政策沟通、设施联通、贸易畅通、资金融通、民心相通。通过加强"五通",以点带面,从线到片,逐步形成区域大合作。这"五通"也是支撑"一带一路"建设的五大支柱。

建设"一带一路"的雄心壮志主要集中在建设大型交通基础设施,包括高速公路、输送能源的管道、机场、港口、高速铁路和电信网络,从而促进欧亚国家之间的经济、金融和文化合作。

"一带一路"倡议中的基建主要包括:(1)公共设施:电力、卫生、环保净水等;(2)运输设施:高铁、货运干道、隧道、桥梁、海港及空港设施等;(3)电信设施:光纤电缆等;(4)能源项目:天然气和石油管道、电网等;(5)环境项目:绿色科技。

同时,"一带一路"还是一条数字化道路,包括建设智能城市和拓展互联网的使用。"一带一路"倡议的目标之一是通过建设工业园区来实现沿途国家工业化的发展。中国的产业发展正在经历从依赖廉价劳动力的密集型产业向拥有高附加值的高科技制造业的重大转变。这将为欧亚大陆发展带来重大机遇，因为中国的劳动密集型产业将逐渐向中亚及其他地区转移，欧亚大陆的经济将受益于此。此外，该举措的实施将促进人民币在贸易和投资中的使用，从而使人民币成为国际储备货币的日子更加接近。

世界对"一带一路"倡议的反应

中国的"一带一路"倡议作为习近平主席的标志性外交政策，描绘了一幅未来欧亚大陆共通的画面。然而其对新老项目的结合、地理覆盖范围的模糊性以及对软硬基础设施和文化交流的建设都让其充满了不确定性。例如，美国方面对中国的倡议表示担忧，因为美国认为拉丁美洲是自己家的后院。

许多人批评"一带一路"倡议是因为其缺少足够的细节，然而这些批评者没有意识到，这种"模糊性"其实为"一带一路"建设增加了灵活性，使政策制定者在未来有更多的回旋余地。"一带一路"倡议反对单边主义，认为追求和平与繁荣是避免民粹主义和保护主义的最佳途径。实际上，中国的决策者更愿意让"一带一路"倡议逐渐实现"制度化"。

麦肯锡咨询公司认为"一带一路"作为一个经济与地缘战略项目，正在创造连接中国、中亚、欧洲和非洲的通道。实际上已有150多个国家和国际组织签署了合作协议。亚洲基础设施投资银行（简称亚投行）与金砖国家新开发银行之间，"一带一路"倡议与其他组织如 G20、上合组织及金砖组织都存在很大的合作空间。这些组织占世界人口的很大一部分，其中许多成员为发展中国家。它们长期以来一直被边缘化，但现在它们在新团体中找到了自己的位置，预示着它们之间的未来合作的可能。

"一带一路"倡议的意义

"一带一路"建设打破了贫穷国家的储蓄不足瓶颈，有助于发展中国家借鉴中国消除贫困和工业化的经验，使其在与其他强国谈判时拥有更大的话语权。该倡议还打破了内陆国家的地理障碍，产生了许多无法量化的好处，如没有高效政府的成员国可以通过学习中国的高质量政府机构运作来改善其决策过程。

"一带一路"倡议是一个具有变革性的历史事件。它是新时代中国积极外交的核心，也是其国内经济战略的核心，它将重构沿线各个经济体的经济发展。在未来 20 年内实施该倡议估计须投入 6 万亿～8 万亿美元。

对中国而言，"一带一路"倡议是中国的"大智慧"，它可以保证中国的原材料供应、市场开拓和贸易机会。对外部世界而言，"一带一路"倡议具有充足的灵活性，它反对单边主义、民粹主义和保护主义，为发展中国家提供了发展机遇，为广大区域提供了公共产品，为沿线国家提供了合作机遇，为欧亚大陆提供了复兴机遇。

实际上，"一带一路"倡议是一种新型的泛欧亚地缘合作框架。欧亚大陆占世界陆地面积的 1/3 以上，居民约占全球人口的 70%，是世界上大部分能源和其他自然资源的所在地。"一带一路"倡议通过建设各式联运桥，实现了欧亚大陆、非洲和中东地区的联通，使得货物从亚洲到欧洲的运输畅通无阻。在未来 20 年内，泛欧亚大陆的联通将创造一个 10 倍于美国规模的市场。这是现代历史上第一次由非西方国家发起并引领的经济一体化。如果成功的话，将进一步证明全球力量的支点正从大西洋转移到欧亚大陆。

"一带一路"倡议是人类历史的转折点。历史上，在 19 世纪的帝国主义时代，南北关系的本质是恃强凌弱。到了 20 世纪，南北关系的特点则是具有不同意识形态的强国争夺权力与地位。但对于南方国家来说，它们都是无助的弱者。"一带一路"倡议赋予南方国家新的国际地位与话语权，将成为这些国家未来几十年增长的主要动力。习近平的愿景不仅会带来经济增长，也有助于创造国家间的和谐。这是人类历史上第一次真正可以实现世界和平与繁荣的倡议。

作为一项国际倡议，"一带一路"倡议远远超出了实体项目、贸易和投资的框架。它是一项基于道德的倡议。它的提出表明中国的经济利益（如寻找新的市场）与儒家价值思想相互作用，向参与国提供真诚的发展建议并投入大量资源来提高其民众的生活水平。它本质上是一个将中国经济利益与儒家仁政思想联系起来的道德工程。很多西方国家很难理解"一带一路"倡议的动机，那是因为西方国家对国际关系的感知是从法律角度出发的，而中国则是从道德角度思考。在漫长的历史中，中国与其他国家的交往是建立在中国的慷慨与大度的基础上的，因此得到其他国家的感激并达成互惠。中国通过"一带一路"倡议投入大量资源来提高其他国家民众的生活水平，并提供宝贵的建议来帮助和指导其他国家实现更好的发展。

"一带一路"倡议不是什么

"一带一路"倡议不是新马歇尔计划

马歇尔计划以美国人乔治·马歇尔的名字命名。该计划旨在遏制苏联，维护西式自由民主秩序，削弱西欧与南欧的共产党势力。第二次世界大战结束后，美国提供的安全保障、财政支持及其市场开放对欧洲的重建起到了关键作用。与控制东欧国家的苏联不同，美国表现出对欧洲盟友的极大善意，因此获得了盟友们对马歇尔计划的支持与感激①。许多西方国家把美国的马歇尔计划与中国的"一带一路"倡议进行比较，这是非常荒谬的。这两个项目唯一的相似点是：马歇尔计划标志着美国

---

① Benn Steil. The Marshall Plan and American First. Project Syndicate, August 4，2017.

的崛起，而"一带一路"倡议则意味着中国作为主要大国的腾飞，都代表一国的历史拐点。虽然如此，这两个项目之间却存在着很大差异。

第一，马歇尔计划是1948年至1951年的一个短期项目，而"一带一路"倡议是一个开放式的长期项目，并没有具体的结束日期。

第二，马歇尔计划的成本现在约为130亿美元，而"一带一路"倡议预计将耗资6万亿～8万亿美元，是马歇尔计划成本的460～610倍[①]。

第三，马歇尔计划的覆盖范围是16个欧洲国家，而"一带一路"倡议至少包含来自五大洲的68个国家，占世界人口的2/3。

第四，马歇尔计划的援助是以贷款和赠款的形式提供，只有在受援国向美国领导的欧洲合作管理局存入相应数额的本国货币后才会继续提供美元援助，并且同时优先考虑消费品的进口。而"一带一路"倡议的资金主要是以贷款的形式提供，并用于资本商品。

第五，所有受益于马歇尔计划的欧洲国家的宗教主要是基督教，而"一带一路"倡议覆盖国家包括世界上大部分宗教、种族和文化。

---

① 马歇尔计划的成本（130亿美元）在1948年占美国国内生产总值（2 580亿美元）的5.0%，而"一带一路"倡议的成本（约8万亿美元）占2013年全球国内生产总值（77万亿美元）的10.4%。

第六，在重建西欧时，马歇尔计划仅仅是激活了这些欧洲国家已有的工业化经济，而"一带一路"倡议的目标更具挑战性，是帮助贫穷的国家建立工业化体系并使其实现现代化。帮助发展中国家实现现代化是一项艰巨的任务，幸运的是，中国正在向"一带一路"沿线国家提供"中国式解决方案"。

第七，中国需要派遣大量工人和工程师来实施"一带一路"项目，而美国的马歇尔计划却不必这样做。

第八，在冷战时期，马歇尔计划扮演着"胶水"的角色以维持西方国家之间的联系。随着自由民主国家失去凝聚力，"胶水"有可能会失效。而"一带一路"成员国间的经济关系随着时间的推移将变得越发紧密，这意味着绑定它们的"胶水"还将持续很长时间。

第九，尽管欧盟的形成大大增加了欧洲在全球事务中的影响力，但其仅为一个所有成员都是欧洲国家的区域组织。而"一带一路"覆盖范围更广，使整合后的欧亚大陆影响力超过其各部分的总和，不存在意识形态、种族、宗教、经济或政治制度的歧视。

总而言之，与"一带一路"倡议相比，马歇尔计划在规模和目标方面都相形见绌。如果马歇尔计划被称为"历史上最有效的外援计划"，那么"一带一路"倡议就应该被称为"人类历史上最大的现代化建设计划"①。

---

① Benn Steil. The Marshall Plan and American First. Project Syndicate, August 4, 2017.

"一带一路"倡议并非自由贸易协定

与自由贸易协定不同,"一带一路"倡议更像是通过经济现代化来整合中国贸易伙伴的蓝图。自由贸易协定是在耗时、烦琐的谈判之后签署的正式协议,而"一带一路"倡议的结构则更为简单,它只是一个成员国自愿达成合作以实现长期经济发展目标的框架。这种设计有利于保持灵活性,推动务实合作。

"一带一路"倡议也不是欧盟所推动的欧洲一体化。欧洲一体化的本质是一个政治项目,旨在结束法国和德国之间长久以来的敌意,是应对苏联式共产主义的短期政策选择。此外,欧洲一体化具有很鲜明的地域、宗教、文明局限性。而中国提出的"一带一路"倡议是一个经济项目,它旨在推动参与国的现代化进程。它是中国所推动的欧亚大陆一体化,对不同的意识形态、种族、宗教和政治制度的国家一视同仁,欢迎不同文化、政治和经济背景的国家参与其中。

"一带一路"倡议是一个发展性的长期项目,代表了中国对世界的开放,在美国决定采取保护主义的时候,它毅然捍卫着国际自由贸易体系。中国官方媒体机构新华社评论说:当一些西方国家躲在"墙"后,中国正在努力建设沟通的桥梁。"一带一路"不仅将欧洲与亚洲连接起来,而且是许多撒哈拉以南非洲国家经济一体化的推手。不同于连接南非开普敦和埃及开罗的旧帝国的纵向视野,"一带一路"通过从东部的肯尼亚延伸到西部的刚果的铁路来实现基于经济因素的横向整合。另一种类型的整合可能发生在东欧,波兰政府希望为其支持的"琥珀之路"提供资金,即通过连接波罗的海和亚得里亚海的南北轴线来实现中东欧整合①。

---

① 波兰、捷克、斯洛伐克和匈牙利被中国视为欧盟最具活力的国家。Central Europe,in Bad Oder. The Economist,June 16,2018.

第二章　有耐心的资本

我们需要为新的道路和管道建设融资，如果欧盟无法提供资金，那么我们将向中国要。

——维克托·欧尔班①

. . . .

国际货币基金组织并不很了解发展经济学。

——埃里克·鲁斯②

更具耐心的中国资本

西方国家对长期项目一直存有很强的偏见。它们认为，由

---

① 维克托·欧尔班是现任匈牙利总理。Central Europe, in Bad Oder. The Economist，June 16，2018.

② 埃里克·鲁斯是经济学家，在投资管理公司任职。China's Economy Defies the Odds. Financial Times，January 11，2019.

于基础设施项目的建设期较长，私营公司的贴现率包含高风险溢价，这会增加了项目筹资的困难。西方国家评估项目的方法是基于项目生命周期以"适当的"贴现率进行贴现。这种方法比较适合短期项目，也反映了西方资本的缺乏耐心①。这种方法饱受诟病。诺贝尔经济学奖得主尤金·法玛早在1996年就对贴现行为表示强烈质疑，他认为"西方的贴现方法是经济援助中最薄弱的环节之一"，"传统的贴现行为意味着20年后无论发生什么都无关紧要……这意味着任何投资都将没有吸引力，因为其优势可能需要更长的时间才能产生"。因此，这种方法是以牺牲后代福利为代价来获得短期收益的。

对于"一带一路"项目，西方国家多次强调它的资金风险和融资风险。这在惠誉国际评级机构对"一带一路"项目的评价中是显而易见的，"一带一路"项目的风险等级通常被评为BBB到B级②。

惠誉国际认为"一带一路"项目可能无法实现预期回报③，具体原因如下：

第一，与国际商业银行和多边贷款机构相比，中国的国有银行很难管理好项目风险。因为据称中国的银行没有在国内有效分配资本的记录，而中国政府在项目背后的支持也可能增加

---

① 假设一个项目的寿命为一年，利润为100美元。根据DCF法（Discounted Cash Flow Approach），利润现值等于100美元/（1＋贴现率）。如果贴现率为5％，项目现值则变成92.24美元。更高的贴现率（比如15％）将使现值仅降低到84.96美元，从而降低项目的吸引力。

②③ Fitch: China's One Belt, One Road Initiative Brings Risks. Financials, January 25, 2017.

其自满情绪。

第二，在某些情况中，比起政治动机，基建需求和商业运营可能是次要的。"一带一路"项目除了出口剩余产能之外，还是中国获取大宗商品的途径和扩大战略性国际影响力的手段。

第三，当地政界人士往往将自己与"一带一路"项目联系起来，这种对市场的压制意味着项目很可能无利可图。

第四，即使中国的工程和建筑公司拥有丰富的技术经验，但在不熟悉的市场中运营，并且要经常应对不可预测的商业环境，使得"一带一路"项目的执行风险很高。

然而，上述质疑可以用以下理由反驳：中国的经济发展表明，中国不会抑制市场力量，中国官员一直强调，"一带一路"倡议将基于市场原则为投资者带来回报。至于批评中国的银行没有在国内"有效"地分配资本，那是因为西方的"效率"概念与中国不同。在西方，效率的目标是为投资者带来最大回报，而在中国，效率的目标是实现经济的可持续发展[①]。世界上大多数基础设施项目都需要政府的支持。至于说中国在陌生环境中缺乏经营经验更是无视自 2005 年以来，中国已获得总价为 4 710 亿美元的建筑合同。中国在海外建设基础设施项目方面都

---

① 惠誉评级机构估计，中国银行的未偿贷款总额为 1.2 万亿美元，其中很大一部分为基础设施项目融资。在过去的 30 年中，资本一直是中国经济增长的主要驱动力，2013 年基础设施投资占到了 GDP 的 54%。中国银行在中国境内的基础设施项目融资方面具有丰富的经验。事实证明，这一经验对"一带一路"贷款非常有用。

取得了成功，即使在当地组织机构薄弱的国家（如非洲国家）也是如此。中国已经证明自己善于处理陌生的经营环境。

与西方缺乏耐心的资本相比，中国资本更具耐心。在中国看来，基础设施建设是一件有价值的事。这意味着中国在评估项目时会使用较低的贴现率。这是因为中国有大量储蓄，同时正在寻找新的投资机会。与此同时，中央政府和国有金融机构对这些项目的支持也降低了私营公司面临的风险。

中国拥有强大的金融能力

中国拥有雄厚的资本[①]。在 2015 年前后，中国的银行存款达到 21 万亿美元，是其 GDP 的两倍[②]。虽然"一带一路"建设的规模前所未有[③]，但中国拥有强大的金融能力[④]。中国金融业的一个独特特征是其政策性银行掌控发展项目的大部分贷款[⑤]。如图 2-1 所示，中国最大的两家政策性银行——中国国家开发

---

① 2000 年至 2014 年，中国向海外提供了 3 544 亿美元的官方资金。这接近同期美国捐赠的 3 946 亿美元。中国的援助接近西方对官方发展援助的定义。有人指出，中国的捐赠"似乎不是出于获取自然资源或支持亲中国的独裁者的动机"。布鲁金斯学会的戴维·多拉尔表示："中国的领导似乎对政府治理漠不关心。"Adam Taylor. China Treats Its Foreign Aid Like a State Secret. New Research Aims to Reveal It. The Washington Post，October 11，2017.

② 中国的现金和银行存款每年增长约 2 万亿美元。

③ 波士顿大学的 Kevin Galogher 的研究表明，中国国家开发银行和中国进出口银行在 2014 年向外国借款人提供的未偿贷款，与世界银行和五家区域开发银行的情况基本相同。

④ 中国对土地、工厂和其他商业活动的外商直接投资在 2016 年超过了日本，仅次于美国。

⑤ 到 2010 年，中国国家开发银行的贷款已经超过了世界银行。

银行和中国进出口银行每年提供的总贷款额超过全球六大多边
贷款机构[①]。

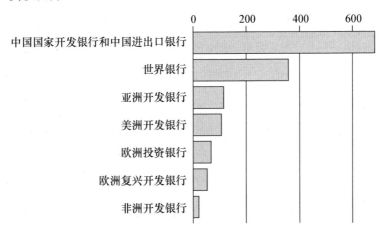

图 2 - 1　中国政策性银行主导的发展贷款的国际比较（十亿美元）

资料来源：Boston University Global Economic Governance Initiative，MDBS.

中国长期享有贸易顺差，这使中国积累起巨额外汇储备。
2001—2007 年，由于出口增长，中国的经常账户盈余达到 GDP 的
10%。累积的贸易顺差使中国拥有巨额的外汇储备[②]，如图 2 - 2
所示，至 2016 年，中国是世界上最大的外汇储备持有国[③]，超
出第二大持有国——日本近 2 倍[④]。

---

① 截至 2018 年，中国国家开发银行已经资助了 600 多个"一带一路"项
目，总价值超过 1 900 亿美元。

② 外汇资产包括外币现钞、存放在外国银行的存款、外国政府和外国银行
的债务、黄金和特别提款权。

③ 2000—2011 年，从 1 500 亿美元增至 3.5 万亿美元。

④ 根据世界银行的数据，日本的外汇储备高达 1.21 万亿美元，其他拥有高
外汇储备的亚洲国家包括菲律宾（4 800 亿美元）、韩国（3 700 亿美元）、印度
（3 610 亿美元）、新加坡（2 510 亿美元）、泰国（1 710 亿美元）、印度尼西亚
（1 160 亿美元）、马来西亚（940 亿美元）、越南（360 亿美元）。

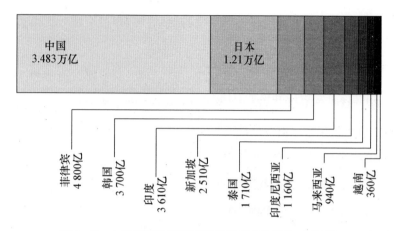

图2-2 中国与部分亚洲国家的外汇储备对比（美元）

资料来源：World Bank.

由于外汇储备丰富，中国央行可以抵抗对人民币的投机性攻击。巨额的外汇储备还使中国成为主要的全球投资者。据统计，中国企业的海外投资在 2016 年已达到 2 210 亿美元，与 2015 年相比增长了 246%。随着"一带一路"倡议的实施，这一数字将在未来几年快速增长①。

中国的国有和民营企业也积累了大量资本，在跨国并购中表现活跃。中国企业在"一带一路"参与国中的合并与收购正快速增加②，即使在中国限制资本外流时也是如此。汤森路透数据显示③，在 2017 年前 8 个月，中国在 68 个"一带一路"参与

---

① 21 世纪海上丝绸之路覆盖了太平洋、印度洋、地中海。中国正在建设可靠的海上力量，以保护其重要的贸易路线。

② 即使在 2017 年中国政府限制企业的海外并购行为，防止资本外流时，中国企业在"一带一路"沿线国家的并购数量依旧大幅上升。

③ Exclusive-China's Belt and Road Acquisitions Surge Despite Outbound Capital Crackdown. The New York Times，August 16，2017.

国的收购总额达 330 亿美元，超过 2016 年全年的 310 亿美元。其收购主要集中在能源和基础设施领域。

事实上，中国一直为"一带一路"沿线的贫困成员提供融资。2005 年至 2015 年，中国一直积极向欧洲、亚洲和非洲国家提供大量贷款。据估计，在此期间，中国已投入至少 50 亿美元用于建设基础设施。"一带一路"项目正式实施以来，中国对"一带一路"项目的融资规模巨大[①]。中国承诺将加大对"一带一路"建设的资金支持。图 2 - 3 显示了 2014 年至 2017 年签署的合同数量和金额标的。

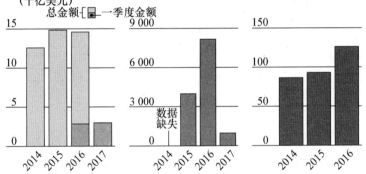

图 2 - 3　中国在"一带一路"沿线国家的投资情况

资料来源：中国商务部网站。

"一带一路"倡议提出以来，中国已经投资了多个项目，一些项目成为明星项目，受到世界的广泛关注，如比利时的安特

---

① Tianjie He. One Belt, One Road: How will Partners Profit?. Oxford Economics, June 12, 2017.

卫普港（至少 394 万美元），希腊的比雷埃夫斯港（至少 6.24 亿美元），吉布提的吉布提港（1.85 亿美元），肯尼亚的拉穆港（4.84 亿美元）和蒙巴萨港（6 670 万美元），巴基斯坦的瓜达尔港（1.98 亿美元），斯里兰卡的汉班托塔港（至少 19 亿美元）、科伦坡港口城（14.3 亿美元）和科伦坡港（5 亿美元）等。

在未来 20 年内，"一带一路"的项目建设约需要 8 万亿美元。截至 2017 年，中国对"一带一路"沿线国家的投资总额约为 600 亿美元。2017 年的"一带一路"国际合作高峰论坛上达成了 145 亿美元的合约。在未来 5 年内，中国的对外投资总额将达到 6 000 亿～8 000 亿美元，并将主要流向"一带一路"沿线国家。瑞士信贷（Credit Suisse）表示，有 62 个国家会获得高达 5 000 亿美元的投资，其中大部分投资将流向印度、俄罗斯、印度尼西亚、伊朗、埃及、菲律宾和巴基斯坦。

中国提供资金的途径之一：双边协议

通过双边协议的融资主要有两个来源：国有政策性银行和商业银行。在中国，大部分资金来自政策性银行[①]，例如主导发展贷款的中国进出口银行和中国国家开发银行，它们在进行发展融资方面的作用不亚于主权国家[②]。中国国家开发银行被认为

[①] 到 2016 年底，中国国家开发银行已经为部分国家的项目提供了 30 亿美元的资金。

[②] 据英国《金融时报》报道："中国进出口银行和中国国家开发银行在过去的 10 年里，已经开始同世界各国政府的发展融资额持平。"Kevin P. Gallahger. Kim's Resignation from World Bank Leaves Multilateralism at Stake. Financial Times，January 9，2019.

是"一带一路"项目的主要融资机构，于 2015 年提供了 150 亿美元的贷款。2016 年中国进出口银行向"一带一路"沿线国家提供了 240 亿美元贷款，同年，中国的四大商业银行也提供了 900 亿美元的贷款[①]。一些多边机构，如亚投行和金砖国家新开发银行，将同现有的中国进出口银行、中国出口信用保险公司及中国国家开发银行互为补充[②]。此外，中国的省级政府提供的对外融资也值得关注。

2015 年，中国中央银行向两家国有政策性银行转账 820 亿美元专门用于"一带一路"项目[③]。400 亿美元的丝路基金得到了中国投资公司（中国主权财富基金）、中国国家开发银行、中国进出口银行和国家外汇管理局的支持。该基金将为参与国的基础设施和工业走廊项目提供资金。2017 年 5 月，习近平承诺再向丝路基金追加 146.8 亿美元。

2015 年，中国国家开发银行共为 60 个国家的 900 多个项目提供了 8 900 亿美元的贷款。同年，中国进出口银行向 49 个国家提供了超过 800 亿美元的贷款。次年，它又为这 49 个国家的 1 000 多个项目提供了融资。这两家银行还共同设立了价值 3 800

---

① 截至 2016 年 3 月，9 家中国商业银行在 24 个"一带一路"沿线国家设立 56 家分行。此外，来自 20 个"一带一路"沿线国家的 56 家商业银行在中国设立了 7 家子公司、18 家分行和 42 个代表处。从事研发的中国公司需要金融服务。因此，中国的许多银行正在"一带一路"沿线国家设立分支机构，以发放中国公司在这些国家所需的定制贷款。

② 截至 2016 年 6 月，中国出口信用保险公司支持出口、国内贸易和投资的金额约为 2.3 万亿美元。

③ 5 000 亿美元的超国家机构营运资本在合理范围内。F. William Engdahl. The Eurasian Century is Now Unstoppable. New Eastern Outlook. October. 4，2016.

亿元的专项资金。

中国对"一带一路"项目的投资大多采取优惠贷款的形式[①]。典型的进出口银行特许贷款利率为 2％～3％，为期 20 年，宽限期为 2～5 年[②]。中国进出口银行在肯尼亚标准轨距铁路项目中提供了一笔覆盖项目 90％花费的贷款，其余资金则由东道国政府提供[③]。在斯里兰卡，中国对汉班托塔港的投资预计约为 11.2 亿美元[④]，其中招商局港口控股有限公司（CMPort）持有 85％的股份[⑤]。

中国一般会提供利率 2％～7％的优惠贷款[⑥]。在中巴经济走廊计划中，中国给巴基斯坦贷款的平均利率在 1.5％上下[⑦]。其中在瓜达尔港的融资方面，瓜达尔市未来 40 年收入的 91％将给港口运营商——中国海外港口控股有限公司，剩下的 9％则交给巴基斯坦政府[⑧]。

---

① 因为大多数情况下，基础设施项目通常是通过贷款而不是债券或股本来提供资金。

② Bibek Debroy. A New Lunatic Express：OBOR Projects Worldwide Are Stacking the Deck for Chinese Enterprises and Banks. Policy Puzzles，June 2，2017.

③ 一般来说，中国公司通常是设备、材料、技术和服务的主要承包商。中国承包商具有低成本与高质量设备和服务相结合的优势。

④ 中国还在科伦坡港口城投资 14 亿多美元。

⑤ Lasanda Kulukulasuriya. Chinese Money in Hambantota：Small Change in the Juggernaut of Belt and Road. Daily Mirror，August 14，2017.

⑥ 在商业项目而非基础设施项目中，就斯里兰卡的一些旅游项目而言，利率能达到 7％。

⑦ 同②。

⑧ Adnan Aamir. China's Belt and Road Plans Dismay Pakistan's Poorest Provinces. Financial Times，June 14，2018.

中国提供资金的途径之二：多边贷款

除了通过签署双边协议进行直接贷款外，中国还通过多边金融机构进行贷款，既通过亚投行、金砖国家新开发银行等金融机构进行贷款，也通过与其他地区的基金开展合作，还与外国银行开展合作共同投资。多边贷款已经成为中国推动"一带一路"建设的重要支撑。

亚投行和金砖国家新开发银行由中国倡议设立，其初始资本为 2 400 亿美元。据报道，亚投行和金砖国家新开发银行的注册资本均为 1 000 亿美元，宣布对外投资额分别为 100 亿～140 亿美元和 50 亿～70 亿美元。

中国国有资产管理机构表示，中央国有企业在"一带一路"倡议下开展了 3 116 个示范性项目。国务院国有资产监督管理委员会称，中央国有企业已占在建基础设施项目的 50%，合同额超过 70%。据统计，截至 2017 年底，国有企业在 185 个国家和地区拥有 10 791 家境外单位，同期外资总额超过 7 万亿元（1 万亿美元），年营业收入和利润分别达到 4.7 万亿元和 1 064 亿元。国有企业在保护环境、服务公众、改善当地生计的同时，也在努力将其业务定位于海外。它们在促进东道国协调发展和文化交流方面发挥了积极作用。在中国境外国有企业单位工作的员工中，约 85% 是当地公民，部分企业的这一比例已超过 90%。2005—2018 年"一带一路"项目在不同地区合同的金额见图 2-4。

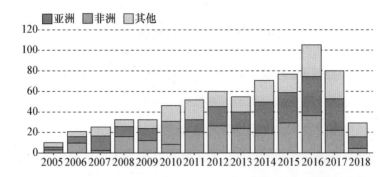

图 2-4 2005—2018 年"一带一路"项目在不同地区合同的金额

资料来源：Moody's Investors Service, American Enterprise Institute. Heritage Foundation; Marwaan Macan-Markar. China Runs Into Belt and Road Barriers in South Asia. Nikkei Weekly, Feb. 5, 2019.

　　针对"一带一路"倡议所涉及的不同地区，中国的融资渠道丰富而又多元。在东盟地区，中国建立了中国-东盟投资合作基金，该基金于 2010 年在国务院的指导下成立，是一家以美元计价的私募股权基金，旨在投资东南亚的基础设施、能源和资源。其在启动资金第一阶段所获得的 10 亿美元用于投资柬埔寨、老挝、缅甸、菲律宾和泰国的公司。在 2018 年，该基金的目标是筹集 30 亿美元的额外资金及 100 亿美元的长期资金①。

中国提供资金的途径之三：推动公私合作

　　目前，亚洲各国政府会承担约 92% 的基础设施建设费用。然而，基础设施的资金需求和可用融资之间仍然存在巨大差距，

---

　　① China's ASEAN Investment Fund Seeks to Raise ＄3 Billion. SWFI, January 24, 2018.

所以私营公司就必须参与进来①。私营公司可以在运输、铁路、公路、电信、天然气、电力等领域找到新的投资机会，同时它们的参与也将提高项目的质量和效率②。

中国推动实施"一带一路"倡议也降低了基础设施投资的风险，调动了国际资本的投资方向。大批外国投资者受"一带一路"倡议吸引，希望通过中国和其他国家的积极参与降低基础设施投资风险。国际养老基金、保险公司、主权基金以及私人基金中为了寻求更高回报的股票基金开始投资"一带一路"项目。38%的国际养老基金都投在基础设施项目中体现出"一带一路"项目的吸引力。花旗集团、汇丰银行和渣打银行都在"一带一路"项目所覆盖国家任命了专家。景顺资产管理公司等基金经理已经针对可能从"一带一路"项目中受益的证券推出了相关战略。"一带一路"项目中关于酒店的建设和电子商务的引入，对这些商业贷款人充满吸引力。

基础设施建设融资在世界范围内都是一个难题。推动公私合作，共同投资基础设施建设特别需要从世界范围内汲取经验。韩国在通过公私合作为基础设施融资方面拥有丰富的经验（如仁川大桥和仁川国际机场铁路等项目）。中国已经在探索金砖国家之间的公私合作伙伴关系，这可以通过统一发行债券的会计准则来实现。然而，欧洲和中国的经验表明，想吸引私人投资

---

① 提高私人支出水平需要进行税收、监管和机构改革。

② 中国在努力吸引私人投资者。虽然它大力促进公私伙伴关系，但在早期阶段，有必要将私营公司的期望与国有部门的增长相协调。

大规模跨境基础设施项目是很难的。以跨欧洲运输网络为例，
该项目于 1992 年在《马斯特里赫特条约》中得到正式确立，其
中包括 30 个特别重要且规模较大的优先项目（如铁路、混合铁
路、内陆水路运输、海上高速公路等），目的是通过消除基础设
施瓶颈和使用环保运输方式来支持内部市场的运作。该项目计
划于 2020 年完成优先项目。然而截至 2003 年底，30 个优先项
目中只完成 3 个，人们担心该项目会花费过长时间。为了解决
这个问题，跨欧洲运输网络执行机构于 2006 年建立，负责项目
全周期的技术和财务运营。这样可以降低投资风险，从而更容
易吸引私营公司参与其中。尽管 2008 年建立了特殊贷款担保工
具以抵消需求和收入不确定性带来的早期风险，私人投资参与
基建项目的情况仍非常少①。正如欧洲的例子所表明的，对私营
公司的支持需要超越制度安排以及贷款担保才能有效。也就是
说，需要大量的财政支持以确保私营公司对"一带一路"项目
做出重要贡献。

在中国，尽管政府强烈推动公私合作，但由于私营公司和
国有部门的标准和期待不一致，在实施过程中遇到了很多挫折。
为了鼓励私人投资，中国推出了很多具有创意的举措，比如，
政府设置了由财政支出支持的专项建设基金用于项目投资。中
国国家发展和改革委员会批准了第七轮由专项建设资金支持的
项目。据估计，这些项目将从专项建设基金中获得超过 2 000 亿

① Achim Czerny. Lessons from Europe for Belt and Road: Private Involve-
ment can't be Taken for Granted. South China Morning Post, July 22, 2017.

元的资金。除此之外，政府引导基金于 2002 年在北京的中关村成立①。截至 2016 年底，各级政府共建立了 1 013 个政府引导基金，总资本超过 1.9 万亿元。此类基金旨在投资那些市场导向型基金不愿意直接参与的风险型或长期项目。它们还可以为长期基础设施项目提供资金，包括公私合营项目。政府引导基金通常包括两个部分：来自政府预算的次级资金，以及来自金融机构和社会资本的优先级资金。如果投资失败，政府资金可以作为缓冲，从而降低私人投资的风险；如果投资成功，政府投资只需要固定回报，因此私人投资的回报可以显著增加②。

中国与伊斯兰融资机构的合作

在中东地区，中国可以借助伊斯兰融资机构③的作用。"一带一路"倡议为深化海湾国家与中国的经济、文化和外交关系提供了巨大的机遇。这使它们之间的贸易关系超越石油和天然气合作，也带动了经济关系的多样化。随着中国国内银行持续发展海外业务和对外投资，加强与中东和东南亚伊斯兰国家的联系，伊斯兰融资机构越来越受到重视。目前，符合伊斯兰教法的金融机构持有的资产估值约占全球总资产（约 2 万亿美元）

①　政府引导基金为高科技企业早期运营阶段提供资金。

②　The Pundits Ponder the "New Normal". China Economic Review，May 11，2017.

③　2008 年的次贷危机导致许多西方银行宣布破产，这场危机给了伊斯兰银行一个证明自己的机会，这些银行的财务状况良好，回报率令人印象深刻。

的 1%。伊斯兰地区的金融活动表现活跃。如图 2 - 5 所示,自 2005 年以来,伊斯兰地区在全球跨境资本流动中的占比总体呈上升趋势,我们应该对未来伊斯兰融资持乐观态度。

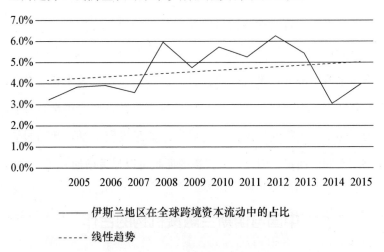

——— 伊斯兰地区在全球跨境资本流动中的占比

------ 线性趋势

图 2 - 5 伊斯兰地区在全球跨境资本流动中的占比示意图

资料来源:Islamic Portion of Global Cross Border Capital Flows (2005—2016),George Mickhail/File.

在"一带一路"倡议覆盖的 60 多个国家中,有 27 个是伊斯兰国家,占"一带一路"覆盖人口的 40%,这让伊斯兰金融机构在"一带一路"基建项目中的融资成为可能。中东国家正试图通过"一带一路"最大限度地发挥其作为中国商业伙伴的潜力,海湾国家的伊斯兰融资机构是中国可以合作的重要融资方。

阿联酋是伊斯兰金融世界里一个特别重要的国家,因为迪拜的存在,阿联酋被公认为中东、北非和撒哈拉以南非洲地区的金融中心,是全球伊斯兰地区的经济之都。因此,海湾国家可以凭其在伊斯兰金融领域的专业知识为中国获取在本区域的流动性①。

迪拜已超过吉隆坡和伦敦，通过纳斯达克迪拜成为全球首屈一指的国际"伊斯兰债券"上市中心。阿联酋的银行（包括传统银行和伊斯兰银行）也都是中东资本运营状况最好的银行。过去两年，中国农业银行、中国银行和中国工商银行在纳斯达克迪拜发行了常规债券，中国同海湾地区的贸易投资往来日益密切。在未来几年，中国国有企业和私营企业有望发行"伊斯兰债券"，使其成为伊斯兰及传统投资进入中国的枢纽②。

同时，纳斯达克迪拜作为全球伊斯兰经济的新兴资本势力，拥有众多的国际和国内银行、律师事务所和精通伊斯兰金融的咨询公司，以及上市场所。它不仅可以为中国提供替代资本，还可以为中国政府提供所需的经验、专业知识和人脉，使中国政府能够与其他国家迅速建立良好的关系，并让私营公司熟悉这个对中国来说尚为陌生的融资形式③。

目前，中国已开始建立境外伊斯兰融资框架，培育提供伊斯兰融资产品的企业，以参与对这些地区的投资。在政府层面，

---

① Debashis Dey. Dubai: The Islamic Finance Waystation on the New Silk Road. Arabian Business/Global，October 27，2016.

② 2016 年 10 月，迪拜代表团访问上海，推动迪拜成为"一带一路"沿线未来的重要金融中心。

③ 阿布扎比政府控股 50％的阿联酋联合国民银行（UNB）于 2008 年在上海设立分行并开展业务，成为阿联酋第一家在中国大陆开设分行的银行。上海将为阿联酋公司提供企业银行服务，并为中东地区的交易对手提供贸易融资。UNB 表示，它也在寻求中国"一带一路"倡议带来的机遇。UAE's Union National Bank Opens Shanghai Branch. Reuters，Abu Dhabi，August 15，2017.

中国最初是通过亚投行参与伊斯兰融资活动。亚投行已经与沙特阿拉伯伊斯兰开发银行就中东和东南亚的伊斯兰融资项目进行了讨论。在不久的将来，中国监管机构、银行及亚投行将加强对伊斯兰融资原则的学习，因为伊斯兰的金融结构要比传统（至少是非结构性）金融更为复杂。此外，中国的现行政策与法律限制了其发展对伊斯兰的融资机会，特别是限制了获得伊斯兰外资的机会。伊斯兰金融的独特之处主要是利用离岸证券发行工具和资产转让（或资产投资）产生回报。这些原则必须与中国国家机构和现行的法律及税收框架相协调。为了了解这种另类的融资形式，中国可以研究那些已经进入伊斯兰融资领域的国家（如英国和香港）的经验。作为世界上第一个评级为"AAA"级的地区，香港已经发行了一个以美元计价的伊斯兰债券（自2014年9月11日以来已发行了价值为30亿美元的三支债券）。

作为海湾国家，科威特经济依赖于石油出口。为了实现经济多样化，科威特制订了一个名为"丝绸城和五岛项目"的开发计划，以及考虑设立一个科威特-中国丝绸之路基金，用于投资"丝绸城和五岛项目"，它还可以用于中国和亚洲国家"一带一路"倡议下的战略投资。科威特正计划与中国建立一个100亿美元的基金，在这两个国家进行投资。中国和科威特将各自负责为该基金筹集大约50亿美元的资金。科威特还将与中国战略伙伴合作，为项目安排债务融资，使该基金的投资能力高达300亿美元。

巴基斯坦是中国的重要伙伴，中巴经济走廊是"一带一路"倡议的六大经济走廊之一。"一带一路"建设计划在巴基斯坦投资 540 亿美元，其中部分资金由巴基斯坦的金融机构提供。巴基斯坦有 22 家伊斯兰银行，17 家传统银行有伊斯兰分行，目前伊斯兰银行的金融活动占整个银行业的 14％[①]。就基础设施建设和长期融资需求而言，巴基斯坦政府将优先考虑伊斯兰银行融资[②]。因为伊斯兰银行发现从海湾国家吸引投资更容易，因此其将提供伊斯兰债券用于巴基斯坦参与"一带一路"建设的全部阶段。

2014 年 10 月，阿曼国家总储备基金签署了一项协议用于收购坦桑尼亚巴加莫约港的股权。该港口由中国商业集团和坦桑尼亚铁路系统共同建设。5 亿美元将通过进出口银行用于 2013 年港口的无息（或低息）贷款融资[③]，港口建设已于 2016 年正式启动。

与欧洲、中东、东南亚金融机构的合作

进行中外银行合作是推进"一带一路"建设项目融资的重要方式。中国银行在 28 个"一带一路"沿线国家设立了 76 家

---

① 伊斯兰银行在住房和汽车贷款融资方面享有 50％以上的市场份额。

② 政府打算将其 20％到 40％的债务融资从传统资金来源更换到伊斯兰资金来源。

③ Mukul Sanwal. China's One Road One Belt Initiative：A New Model of Global Governance. IDSA，September 29，2016.

一级分行，来自 22 个"一带一路"沿线国家的近 50 家银行在中国开展业务。当前，外国机构（包括外国银行和其他非金融实体）正开始参与"一带一路"项目融资[1]。中国希望与国际投资者建立长期关系，让它们参与到"一带一路"建设中。这有助于通过促进项目贷款的银团化来增加资金，并有助于分散资助国际项目的风险。2018 年，中国国家开发银行行长胡怀邦表示，该行正在将贷款与西方金融机构结合起来。这需要遵守国际贷款标准及公开竞争招标要求，并需要对由此产生的环境和社会影响进行仔细研究。国际商业银行一向行动谨慎，不喜欢单独投资。它们更愿意与中国同行携手合作，将风险降至最低。同样，中资银行也更愿意通过其海外子公司同当地银行合作。下面是一些中国政策性银行与国际商业银行合作的案例。

在欧洲，为支持"一带一路"项目，德意志银行于 2017 年 1 月与中国国家开发银行签署了 30 亿美元的合作协议。两家银行将致力于联合贷款和项目融资[2]。中国进出口银行目前正处于与欧洲复兴开发银行合作的早期阶段，法国开发署也计划参与共同贷款项目。成立于 2017 年的中国—中东欧银行联合体旨在加强与中欧和东欧银行的合作，其中有 14 名成员在东欧地区提供项目融资。比利时的安特卫普市位于欧洲的中心，因其众多的海外航运路线成为"一带一路"西端的主要港口。安特卫普港务局与新丝

---

① 一些"一带一路"沿线国家已经在中国建立了银行机构。NBP Set to Make Forays into China. The Express Tribune，August 8，2017.

② Celia Chen. Can ICBC Asia Profit from China's New Silk Road Projects?. South China Morning Post，June 25，2017.

绸之路沿线的港口或地区签署了合作协议，并且正与中国工商银行合作，充分利用"一带一路"倡议带来的合作与机遇[1]。

在中东，土耳其作为"一带一路"项目的中间走廊和引入中国投资的金融桥梁[2]，获得来自中国银行的大笔基础设施项目融资[3]。中国银行还与土耳其的同行建立了合作关系，因为合作比竞争能给它们带来更多的利润。2018 年夏季，中国工商银行宣布将为土耳其的两个大型项目融资 27 亿美元，工行还将为土耳其能源和交通部门提供 36 亿美元贷款[4]。

在东南亚，中国企业更喜欢将新加坡作为投资通道或目的地。因为新加坡的金融系统能够提供便捷的融资渠道，其法律系统能够提供安全保障。另外，多数中国大型银行都在这里为中国最大的国有企业提供服务。新加坡已承诺与中国建设银行合作，为"一带一路"项目提供约 220 亿美元的融资。中国建设银行将与当地分行一起运营一个基础设施融资服务中心及一家私人银行。上海浦东发展银行分行也于 2017 年 4 月在新加坡开设了第一家海外网点。两家银行都认为，新加坡是一个在中

---

① 2015 年，安特卫普港与中国的贸易额增长了近 40％。来自中国的进口增长了 60％以上，这都要归功于 2M 联盟（由马士基航运和地中海航运组成）在安特卫普的呼吁。

② 中国银行于 2011 年进入土耳其市场，在伊斯坦布尔设立代表处。2016 年，它以 3 亿美元的创始资本获得了在该国开展业务的许可。Elif Binici. Bank of China Looks to Finance Infrastructure Projects in Turkey. Daily Sabah, January 24, 2018.

③ 中国银行是"一带一路"倡议的最大资金提供者，也是世界上最大的贸易融资提供者。

④ 项目包括亚武兹苏丹塞利姆大桥和马尔马拉北部公路项目。

国"一带一路"倡议下为海外资本和公司服务的重要枢纽[1]。中国工商银行的子公司中国工商银行亚洲分行在"一带一路"沿线的 32 个项目中投资了 200 亿港元（约合 25.6 亿美元）[2]。事实证明，海外投资对中国工商银行亚洲分行来说是有利可图的。例如，越南一家发电厂的投资回报率预计为 4%，远高于母公司自身 2017 年第一季度的 2.12%[3]。

自从中国实施对外开放政策后，海外华人与中国恢复了一代又一代的联系。菲律宾的施氏家族、马来西亚的郭鹤年和泰国的谢国民等对东南亚经济有很大的影响。它们已经成为"一带一路"倡议的主要支持者。例如，在泰国，谢国民是卜蜂集团的高级董事长，该集团计划将泰国的东海岸变成一个拥有高铁、5G 网络和智能汽车工厂的技术中心。该集团也是中国在该地区投资的主要渠道。其与中国铁路建设公司合作，建设连接曼谷和国际机场的 200 公里铁路网。它还与广西建筑工程公司合作，开发面向中国投资者的工业地产。

中国并不是投资冒险者

"一带一路"建设、亚洲基础设施投资银行都是开放的，我

---

① 该行投资服务子公司建行国际（CCB International）在获得基金管理和证券交易许可证后，也在新加坡开设了一家公司。

② 这些项目分布在越南、马来西亚、柬埔寨、泰国、印度、印度尼西亚和澳大利亚等国。

③ Celia Chen. Can ICBC Asia Profit from China's New Silk Road Projects?. South China Morning Post，June 25，2017.

们欢迎沿线国家和亚洲国家积极参与，也张开臂膀欢迎五大洲
朋友共襄盛举。

——习近平①

全球经济治理需要得到改善，这将为各国带来共同的利益
并确保没有一个国家落后。

——金立群②

亚投行的设立表明中国打算按照既定规则行事，这对中国
有帮助。

——雅各布·柯克加德③

亚投行并不是中国的银行，而是一个多边国际机构。只是
想在这条美食街上提供一个不同口味的厨房。

——金立群

亚投行的优势

中国倡议设立的亚投行在"一带一路"建设中具有极其重要
的作用，它是"一带一路"项目融资的关键。它的建立弥补了现
存国际多边金融机构的不足，有利于引导资金投向欠发达国家缺
口巨大的基础设施建设领域，它并不是中国的银行，而是一个新
型的多边金融机构，在投资领域、组织管理、国际合作等方面具

---

① 习近平主席在博鳌亚洲论坛 2015 年年会上的主旨演讲（全文）. 新华网，
2015-03-29.

② China Daily，March 21，2017.

③ Jacob Kirkegaard. Peterson Institute of International Economics. Washington，Voice of America News，February 13，2017.

有独特的优势。它并不构成对现存国际多边金融机构的挑战，反而能够与其开展互利合作，共同推动国际发展事业。

2014 年 10 月 24 日，包括中国、印度、新加坡等在内 21 个首批意向创始成员国的财长和授权代表在北京签约，共同决定成立亚投行。2015 年 12 月 25 日，亚投行正式成立，总部设在北京，注册资本为 1 000 亿美元，主要用于资助基础设施项目。不同于世界银行，亚投行的作用集中在基础设施领域①，并且对贫穷国家的需求很敏感。截至 2018 年 12 月，亚投行成员包括 93 个国家，其中有 18 个欧洲国家，包括英国、法国和德国。尽管美国对亚投行持反对态度，但美国的这些西方盟友还是加入了。目前中国在其中的投票权份额最大。行长金立群被戏称为绝佳的"与蛮夷打交道之人"（barbarian handler），因为他在与西方人打交道时既轻松又得心应手。他最精彩的举动是在 2016 年 8 月成功将加拿大吸收为"一带一路"成员。

在探讨亚投行的优势之前，对 70 多年前成立的世界银行进行分析对于资助准备期较长的项目将具有指导性意义②。世界银

---

① 据英国《金融时报》报道，"中国支持的亚洲基础设施投资银行和新开发银行在这场纷争中，比起破败的世界银行，它们是新的选择"。Kevin P. Gallagher. Kim's Resignation from World Bank Leaves Multilateralism at Stake. Financial Times，January 9，2019.

② "该银行旨在为欧洲战后重建提供资金，为 65 个客户（包括主权财富基金、养老基金和央行）处理 1 840 亿美元的资产，管理 5 670 亿美元的衍生品投资组合。除此之外，该行还有 6 000 亿美元的贷款计划做补充、由世界银行成员提供的 160 亿美元资本和每年高达 600 亿美元的以 59 种货币计价的债券发行（包括一些已经不复存在的债券）。"Kate Allen. World Banks' Expanding Remit Sparks Debate. Financial Times，July 31，2017.

行以相对较低的成本筹集资金，向其客户提供贷款。世界银行最初的使命与亚投行有许多共同之处。20 世纪 50 年代和 60 年代初，世界银行参与了欧洲的重建①。它还资助了一系列大型项目，包括日本第一条从东京到大阪的新干线和意大利的第一座核电站。遗憾的是，世界银行的领导层背离了其最初的目标，导致其后它在消除贫穷和保护稀有动物的各种项目中所起作用有限。从贷款结构来看，世界银行对于支持发展中国家发展基础设施、基本生活设施的力度不足。图 2-6 给出了世界银行几个最大的融资部门的贷款在 2016 年占总融资的百分比，可见其在交通、信息和通信技术，水资源和城乡建设方面的贷款比例很小。从贷款对象来看，世界银行在其 70 多年来提供的贷款中没有违约记录。世界银行最近的记录表明它所提供的大部分贷款都是给中等收入国家的，如图 2-7 所示，大量的贷款流向了巴西、墨西哥、印度尼西亚等新兴经济体。对新兴经济体的关注意味着忽视了贫穷落后国家的需求。许多经济学家认为世界银行应该只关注世界上最贫穷的经济体②。但是考虑到该行根深蒂固的"债权人至上"的文化，这种情况恐怕很难改变③。

---

① 2.5 亿美元（期限分别为 10 年和 25 年）的双重贷款于 1947 年发放给法国。Kate Allen. World Banks' Expanding Remit Sparks Debate. Financial Times, July 31, 2017.

② 据英国《金融时报》报道，"中美经济及战略关系的紧张局面已经开始体现在跨国机构的融资项目中了"。James Politi and Sam Fleming. World Bank President Jim Yong Kim Abruptly Resigns. Financial Times, January 8, 2019.

③ James Politi et al. Why Jim Yang Kim's Move has Shaken Up the World Bank. Financial Times, January 12, 2019.

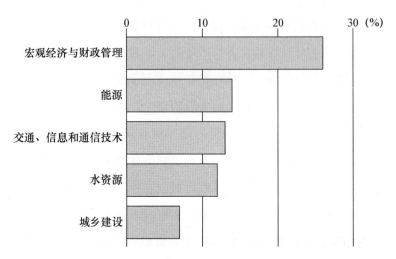

图 2-6　世界银行贷款分类（2016 年）

资料来源：World Bank.

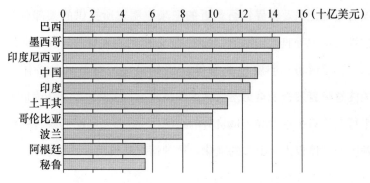

图 2-7　世界银行风险敞口排序（2016 年）

资料来源：World Bank.

　　亚投行在两个方面与以世界银行为代表的其他多边金融组织有所不同。首先，世界银行因资源稀缺、处理相对小型的项目而备受批评，亚投行则将把重点放在高速公路、机场、深海港口和大型发电厂等大型项目建设上。与亚洲开发银行和世界银行不同，它不会处理农村发展项目。其次，与亚洲开发银行对其成员投标人的参与进行限制的做法不同，亚投行表示将会为全部国家或地区的公司开发项目提供资金支持。

目前亚洲基础设施投资缺口约 4 600 亿美元，预计到 2030 年将达到 1.3 万亿美元。亚投行的成立将帮助填补基础设施融资的巨大供需缺口，它已经在"一带一路"项目融资方面发挥了关键作用。2016 年 6 月，在亚投行的首届理事会年会上，约合 5.09 亿美元的电力、交通和城市发展项目获批，包括在孟加拉国、印度尼西亚、巴基斯坦和塔吉克斯坦的 4 个项目；2017 年 6 月，在亚投行第二届理事会年会上，约 3.24 亿美元的贷款项目获批，涉及印度、格鲁吉亚和塔吉克斯坦 3 国的基础设施建设。

亚投行是一个新型的多边国际金融组织，具有独特的优势，能够与世界银行和亚洲开发银行进行合作。首先，亚投行是一个独立、负责和高效的机构。由于中国是全球第二大经济体，并正在向世界推广其基础设施主导型的增长模式。许多人预测亚投行将成为替代世界银行和亚洲开发银行的有效方案。与被西方国家控制的世界银行[①]、国际货币基金组织及亚洲开发银行相比，亚投行不会受单一国家的控制。根据一位中国高级官员的说法，亚投行是在进行合唱，而不是独唱。与面临资本管理和治理效率低下问题的其他同行不同，亚投行具有快速决策的优

---

① 与其他多边机构不同，亚投行不干预其他国家的经济发展。

势，并作为后起之秀在国际金融领域中获益①。

其次，亚投行同样按照市场原则运作。在亚投行刚成立时，西方国家担心它不遵循世界银行、亚洲开发银行和国际货币基金组织制定的治理标准。金立群行长强调，新机构将按照市场原则运作。他还表示，亚投行与世界银行的合作空间很大，双方已签署了合作协议，后者将根据世界银行在采购、环境和社会保障等领域的政策和程序，对合作项目进行监督。世界银行于2016年对7个国家的9个项目提供了总额为17.3亿美元的贷款，首批投资项目包括印度尼西亚的贫民窟改造，连接阿塞拜疆气田的新管道，以及经土耳其进入南欧市场的通道。亚投行还允许欧洲银行参与整个欧亚大陆基础设施项目的融资。

最后，亚投行汲取了儒家思想塑造的合作文化。亚洲开发银行、世界银行和亚投行能够合作的一个原因还在于，它们的现任领导人都有儒家思想的文化背景，而项目合作精神的背后也有着儒家思想文化做支撑。这是一种认为和谐是最宝贵理想的道德哲学，这种以和谐为主旨的精神预示着新的全球金融秩序的到来②，它将与"一带一路"倡议共同发展。简言之，中国的资金有助于提供长期资本，而不像过去西方国家提供资金时那样依赖于短期资金③。

---

① 作为一个新的组织，亚投行在2017年只有84名专业人员。相比于亚洲开发银行的3 000名人员，显然亚投行在未来有巨大的发展空间。

② Khairy Tourk. Cherished Ideal of Harmony Bodes Well for Asia. Financial Times，March 27，2016.

③ Keyu Jim. What B&R Means for the World. China Daily，April 21，2017.

对亚投行自身发展来说，与多边机构进行合作也是极为有利的。第一，它能将风险降到最低。正如金立群所说："一家银行在一个项目上花费 20 亿美元或 30 亿美元并不是一个好主意。"第二，它通过赢得世界银行和亚洲开发银行的支持，证明它不会对当前的世界秩序提出挑战。第三，它善于招募专业人士，吸引了许多在世界银行和亚洲开发银行工作多年的法律和金融专家。同时通过招聘该领域的高管，可以与私人资本迅速建立联系。第四，通过在采购、环境和社会保障等领域采用多边银行的标准和程序，提高其工作透明度[1]。第五，亚投行建立投资组合的速度很快，其中许多项目已经通过了世界银行和亚洲开发银行的审查。

自成立以来，亚投行便准备好与其他开发银行合作。世界银行是亚投行的重要合作伙伴。例如，亚投行从世界银行招聘了许多经验丰富的高管。亚投行的愿景便是由一位在世界银行工作了 30 年的美国律师起草的。世界银行拥有很多专门研究发展的专家，但他们的专业知识并没有得到充分利用。那是因为在战后由西方国家制定规则的国际秩序下，发展中国家是没有发言权的。2017 年，亚投行为 13 个基础设施项目提供融资，其中 8 个项目是由世界银行和亚洲开发银行提供的。截至 2017 年，亚投行已经资助了 9 个项目，总投资额为 17.3 亿美元。接

---

[1] 美国财政部高级官员 David Malpass 认为中国在短时间内就将数十年的金融技术吸收到其机构中。特朗普政府还批评多边机构（如世界银行）鼓励中国为世界各地的基础设施项目提供资金。US Warns of Chinese Influence at Multilateral Lenders. Financial Times，January 8，2019.

受投资最多的国家是阿塞拜疆、巴基斯坦和印度尼西亚，其中资金的 46％投资于能源企业，31％投资于铁路、公路和港口，23％投资于城市发展。

亚投行与亚洲开发银行的关系更为紧密。首先，中国与亚洲开发银行曾有过合作经历。这个由日本主导的银行从 1986 年到 2015 年批准了超过 170 亿美元的中国交通、信息和通信技术贷款，占其在中国贷款组合的 55％。其次，在 1997 年亚洲金融危机期间，中国和日本都表现出负责任的态度，前者拒绝货币贬值，而后者提出宫泽计划，共同帮助受到经济危机打击的亚洲国家。两国还积极支持马来西亚的资本管制。最后，中国将进一步扩大与亚洲开发银行在贷款和技术援助方面的合作，同时还将把与亚洲开发银行的合作扩大到综合交通、现代物流、城市交通、绿色交通等领域[1]。时任中国交通运输部综合规划司副司长的张大为认为，在"一带一路"倡议下，中国交通运输业将在"十三五"规划期间对亚洲开发银行等国际金融机构提供的资金有巨大的需求。由于亚投行和亚洲开发银行的合作代表着南南合作，这必然会导致更佳的资源分配[2]。

总之，极具中国特色的亚投行的成立打开了中国走向国际

---

[1] Wendy Wu. China-backed AIIB "On Track to Meet 2016 Lending Targets". South China Morning Post，November 5，2016.

[2] 亚投行和亚洲开发银行计划在 2016 年进行联合贷款。根据该计划，亚洲开发银行向河北省政府发放 3 亿美元的治理污染贷款。河北省是中国污染最严重的省份之一。然而，由于中国现在是中等收入国家，不应被视为发展中国家，这种贷款在某些方面受到了批评。但这一行动的象征性有助于为日本主导的亚洲开发银行在中国建立良好的信誉。Khairy Tourk. Cherished Ideal of Harmony Bodes Well for Asia. Financial Times，March 27，2016.

的新篇章。"亚投行不仅为融资提供了机会，而且为中国'一带一路'倡议推动国际发展的努力提供了可信性。"[1] 中国现在已成为发展项目基金的重要提供者。除了亚投行外，中国还建立了400亿美元的丝路基金，该基金已为巴基斯坦的一座水力发电厂和俄罗斯的液化天然气项目提供了资金支持。随着欧洲和美国的保护主义的兴起，中国还支持金砖五国（巴西、俄罗斯、印度、中国和南非）加强经济合作以保护各自的经济利益。金砖五国成立了金砖国家新开发银行为基础设施建设提供资金（类似于世界银行开展的活动），并建立金砖国家应急储备安排以解决实际或潜在的短期国际收支压力（类似于国际货币基金组织开展的活动）。金砖国家新开发银行参与的基础设施融资也有望帮助许多"一带一路"沿线国家。

中国做的是长远生意

在向"一带一路"参与者提供贷款方面，中国银行通常比国际银行更具竞争力。它们不追求短期利润，而是做长远生意。中国的一些贷款要求较宽松，利率较商业银行低。许多西方国家和部分中国人都对基础设施项目的可行性表示了担忧。他们担心这个国家会"一次又一次地浪费钱财"。

事实上，根据经合组织的风险等级划分，中国并不是投资冒险者（见图2-8）。世界银行的高风险贷款为195亿美元，而

---

① Frans-Paul van der Putten，senior research fellow，Clingendael Institute，Holland.

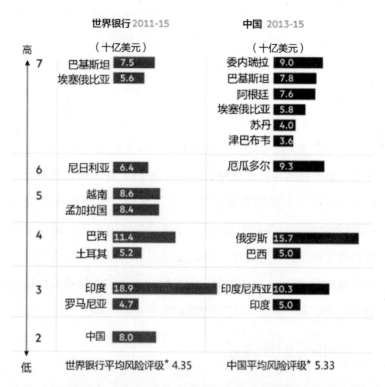

图 2-8 经合组织风险分级 (0-7): 世界银行与中国风险贷款评级对比示意图

＊加权平均值.
资料来源：World Bank；OECO；Grisons Peak, China Centre for Contemporary World Studies.

中国的高风险贷款有 471 亿美元。比起世界银行，看起来获得中国贷款的受益者风险程度比较高，但对这些数字的进一步分析表明，中国并不算高风险承担者。在高风险类别的 7 个国家中，有 3 个是石油生产国，它们的贷款几乎占这一类别贷款的一半。此外，与西方同行不同的是，中国进入国际能源市场比较晚。因此它（不得不）与苏丹和厄瓜多尔等国家打交道，这些国家的油田产量远不如由西方势力占主导地位的波斯湾。由于西方的制裁，这些接受中国贷款的国家无法从其他来源获得资金。

上述研究比较了世界银行贷款项目与中国贷款项目的贷款风险，世界银行只向两个高风险国家提供贷款，表明它对穷国存在偏见。中国不是一个冒险者，而只是对帮助西方不愿涉足的地区感兴趣，无论是出于经济或政治原因，还是两者兼而有之。中国的做法与西方截然不同。例如 2014 年，为了推进非洲的发展计划，中国承诺向非洲提供 350 亿美元的优惠贷款。这向非洲国家发出了一个信息，表明中国提供帮助不仅仅是为了资源开采[1]。

我们还应该记住，中国对借款人有很大的影响力。作为"世界工厂"，它是消费品和投资品的主要生产商。因此中国有能力切断不履行付款义务的国家的货运，但它不喜欢那种无情而严厉的方式，因为它总是喜欢低调处事。

与其买美国国债，不如投资"一带一路"！比起将钱投资在美国国债上，"一带一路"能够提供更高的收益率。西方人在中国投资的高回报率[2]，让他们根本瞧不上中国在"一带一路"沿线国家的预计投资回报[3]，但这就是中国为世界提供公共产品的方式。

---

[1]　其中许多国家因为油价下跌而面临经济困难，这削弱了它们偿还石油抵押贷款的能力。

[2]　2008 年世界银行的一项研究估计，跨国公司在华投资的平均回报率为 22%，美国在华投资回报率高达 33%。

[3]　美国公司的利润有 20% 来自海外，它们的股本回报率比国内高出 40%。The Economist，March 26，2016.

第三章　具备竞争优势的高铁技术

激烈的竞争能使企业在技术转让上做出让步，因为中国人很善于在竞争中取胜。

——米歇尔·梅丹[①]

不要太担心中国公司模仿你，因为它们正在为你创造价值。

——李稻葵[②]

打破技术垄断的勇气与智慧

高铁对于新丝绸之路建设而言，正如骆驼对于旧丝绸之路

---

①　Michal Meidan. Did China Steal Japan's High-speed Train. Fortune，April 15，2013.

②　著名金融专家，清华大学经济管理学院中国与世界经济研究中心主任。

一样，不可或缺。基于技术转让和独创性，中国制造的高速铁路是一项令人印象深刻的工程，因为制造火车比制造汽车困难得多。当中国开始对外开放时，人们希望中国在汽车工业中能够享受先进国家的技术，并希望国外技术能够向国内生产商转让。20年后人们意识到自己的这种愿望太过于乐观了[1]，外国公司对自己技术的保护意识非常强[2]。当北京决定向高速铁路领域进军时，中国政府吸取了以前的教训，在与外国高铁制造商谈判时采取了不同的方式。中国筹备多年，耐心等待，打破了发达国家对高速铁路技术的垄断。中国指派了具有高超谈判技巧的官员来完成这项任务。全球只有少数几家公司生产高铁列车，它们在巨大的中国市场上进行激烈的竞争，使中国得以在竞争中取胜。中国打破高铁垄断的成就是其他国家无法做到的。在所有发展中国家中，只有中国拥有实现这一突破的决心、果断的决策者、技术专家和精明的谈判家。

　　分析中国与国外高铁技术供应商之间的互动是很有意思的[3]。实现自主掌握高铁技术的规划是中国国家计划的主要目标之一。该规划始于20世纪90年代初，1990年12月，铁道部向全国人民代表大会提出了建设京沪高速铁路的建议，由科学技术委员会、国家计委、国家经贸委、铁道部共同研究。1994年

---

　　[1]　大多数外国汽车生产商最初在中国投资是为了将汽车销售到海外，而不是卖给中国。

　　[2]　然而现在中国已经创造出一个可持续发展的汽车产业。到2016年，中国每月生产200万辆汽车，远远超过其他国家。

　　[3]　本部分基于维基百科"中国高铁"词条。

12 月，国务院批准开展该线的可行性研究。1995 年，国务院总理李鹏宣布，北京—上海高铁的筹备工作将在第九个五年计划（1996—2000 年）实施中开始。2004 年，国务院公布了中长期铁路发展规划。该规划决定对京沪高铁和其他三条南北高铁线路采用常规轨道高铁技术。不使用磁悬浮技术是因为担心安全性，而且德国拒绝分享技术，于是中国走上了建设标准轨距客运高铁的道路。

在决定建设传统轨道高速铁路之后，中国开始了雄心勃勃的建设客运专用高速铁路的项目。政府不断增加铁路建设预算，新铁路总投资从 2004 年的 140 亿美元增长到 2006 年的 227 亿美元，2007 年达到 262 亿美元，2008 年达到 494 亿美元，2009 年达到 880 亿美元。截至 2018 年底，中国拥有了世界上最昂贵的高速铁路网[①]。到 2020 年，中国建设 25 000 公里（16 000 英里）高铁网络的总成本估计为 3 000 亿美元。

中国政府决定让中国在高铁的生产上自给自足，并表示如果外国制造商想在中国广阔的市场上获利，它们必须分享技术。国务院、原铁道部和国有列车制造商（中国北车和中国南车）决定邀请不同的外国公司投标生产高铁。2004 年的招标旨在使它们相互竞争，以获得最大限度的技术分享。

并不是所有的外国高铁制造商都愿意遵守中国的规则。一开始，德国西门子公司拒绝降低其对每列车组（3.5 亿欧元）和

---

① China Bullet Trains Depend on Mega Bridges. Asia Times, April 12, 2019.

技术转让（3.9 亿欧元）的要求。但是，法国阿尔斯通公司、加拿大庞巴迪公司和由川崎公司领导的日本财团均提交了投标书，并都获得了部分合同。它们都必须使生产符合中国的标准，并与中国制造商合作组装。2005 年，西门子公司决定加入高铁列车的投标，并与中国北车唐山轨道客车有限责任公司分享其技术。同时，川崎公司因认为被侵犯专利，终止了与中国南车的合作。但很快，中国南车青岛四方机车车辆股份有限公司就能够在没有川崎公司帮助的情况下独立生产高铁车辆。中国很擅长快速吸收外国知识用以发展自己的本土技术。2008 年，中国科学技术部和铁道部同意了一项关于自主创新高速列车的联合行动计划[①]。到 2010 年，中国积极追求发展"超高速"铁路技术的新目标，将列车最高时速提高到 500 公里/小时以上。至此，中国已成为高速铁路技术的主要竞争者。中国的先进技术使其能够根据世界各地的气候条件定制列车，中国是唯一一个能够生产可以在极端高温和严寒条件下运行的高铁列车的国家。中国还提出了一种新颖的方式来优化土地利用。它通过巨型桥梁腾出地面空间，加快施工速度。这在人口稠密的地区特别有用[②]。

　　除了建造一些世界上最快的高速列车之外，中国还在研究

---

　　①　2010 年 10 月 26 日，中国第一辆自主研制的高速列车在沪杭高速铁路投入运营。

　　②　桥梁是预制的，运到施工现场用螺栓连接在一起。这不仅可以加快施工进度，更能够确保质量。京津高铁实质上是一条桥梁上的铁路，桥梁断面占其总长的近 90%。China Bullet Trains Depend on Mega Bridges. Asia Times，April 12，2019.

新技术，比如使火车车轮能够根据世界各地不同的轨距进行调整。中国公司正努力在竞争中保持其技术优势[①]。为了在国外市场上具有竞争力，中国在 2015 年将中国北车和中国南车合并为中国中车，成为中国高速列车的主要制造商。据中国北车股份有限公司称，中国一直在与 28 个国家就高速铁路项目进行谈判[②]。

中国高铁技术的竞争优势

中国的铁路制造商已经能够实现自给自足，它们也有能力改进外国的技术，并成为世界上最有力的竞争者。"中国制造"高速铁路的竞争优势十分明显，这使其在国际市场上占据优势。

中国的高铁在市场上具有三大优势。

首先，中国制造的成本低廉。中国高铁的建设成本约为每公里 1 700 万至 2 100 万美元，而欧洲公司的建设成本为每公里 2 500 万至 3 900 万美元。中国拥有的技术所有权、廉价劳动力和丰富的原材料使其成为建造成本最低的高铁供应商。

其次，中国高速铁路的运营成本低。每公里的费用是 7.2 美分（以北京到济南的 419 公里行程为例，花费 30 美元，行驶

---

① 中国中车（中国高速列车的主要制造商之一）与其他铁路公司签署协议，在土耳其、印度尼西亚、泰国和俄罗斯建造高速列车，南美洲和美国的项目目前也在进行中。地缘政治因素可能会影响中国企业在海外竞标，就像印度和美国一样。2016 年，美国 XpressWest 公司终止了与中国国际铁路公司（China Railway International）签订的连接拉斯维加斯和洛杉矶的高速铁路合同。其在财务条款上的分歧是主要原因。

② Vladislav Inozemster. OBOR：Russian Dream Excess Reality. Eurasia Daily Monitor，June 6，2017.

时间 1 小时 32 分钟）。相比之下，美国高铁每公里的成本在 41
美分到 47 美分之间①（从华盛顿到纽约的阿西乐特快列车，行
程 370 公里，票价 152～180 美元，行驶时间需 2 小时 50 分钟）。
法国或德国的高速列车每公里的运营成本略高于 10 美分，而日
本的新干线列车每公里的运营成本都在 20 美分以上。

最后，中国政府能够牵头为国有高铁技术出口进行谈判，
而其他国家的高铁技术是由不同的公司拥有的。

高铁建设的正外部性

对发展高铁必要性的质疑一直存在。一些批评人士认为对
高铁的投资是没有必要的，因为海运要比陆运便宜。然而现实
情况是，高铁投资对于大多数工业计划的成功都很关键。在
"一带一路"沿线国家，高铁将重新配置现有的产业链，并在陆
上（而非海上）创建新的产业价值链。

对高铁项目的评估必须全面。从经济上看，当前，世界上
大多数高速铁路项目都没有实现盈利。在中国，中国铁路总公
司（CRC）是中国高速铁路网的国有运营商和投资者。其在
2015 年仅有 6 条线路盈利，负债约为 5 580 亿美元。这并不奇
怪，因为高铁项目不能仅从商业角度进行评估。它们所产生的巨
大的经济效益具有外部性，而这些外部性并未反映在市场价格中。
这些外部收益包括：

（1）通过提高铁路运输能力与连接劳动力市场，长期来看

---

① 这是世界上最昂贵的列车之一。

可以提高经济生产力和竞争力。将旅客转移到高速铁路，可以腾出旧铁路来运输更多的货物，这对铁路而言比补贴票价给旅客更有利。

（2）短期内可以刺激经济增长。因为在经济衰退期间，高铁建设能创造就业机会，并推动对建筑、钢铁和水泥行业的需求。

（3）加快跨城市经济一体化，促进二线城市发展。在中国，引进高速铁路可以使市场潜力增长 59%[①]。

（4）促进房地产市场发展。

（5）支持能源独立性和环境可持续性。电动火车每单位运输人和货物所消耗的能源较少，而且可从多种能源中（包括可再生能源）获取电力。而汽车和飞机需要的能源更依赖于进口石油。

中国的海外高铁投资

中国已经开始向海外输出高铁，并为自己的成就感到自豪。2015 年，中国总理李克强与 16 位欧洲领导人一起乘坐苏州至上海的高速列车[②]。他明确表示，中国愿意与世界各国分享其高铁技术。

在中国领导人的出访过程中，高铁合作是一个重要的磋商领域。中国已经与世界多个国家达成了共建高铁的合作意向。

---

① "市场潜力"是一个经济地理学家使用的概念，用来衡量"一个地区进入市场的投入和产出"。

② 截至 2017 年，中国向 8 个欧洲城市运送了约 1 700 辆列车。Timur Shaimergenov. Belt and Road Initiative Gives Hope for Better Development. Shanghai Daily，July 11，2017.

2017 年，18 个中国海外高铁项目的总估价为 1 430 亿美元。其中包括 1 个已完成的高铁项目①，还有 5 个项目正在进行中，12 个项目在宣布中②。从 1 430 亿美元的数字来看，原铁道部已在 2010 年发行了估价为 1 500 亿美元的债务，用于支持 2006 年至 2010 年的高铁建设。

高铁对于"一带一路"倡议实施来说是至关重要的。正如英国《金融时报》报道所说的那样，"中国高铁技术的低成本使其成为'一带一路'建设的核心"③。

---

① 土耳其安卡拉-伊斯坦布尔服务中心。
② 这是根据战略和国际研究中心、华盛顿智囊团和英国《金融时报》的一项研究得出的。James Kynge，Michael Peel and Ben Bland. China's Railway Diplomacy Hits the Buffers. Financial Times，July 17，2017.
③ James Kynge，Michael Peel and Ben Bland. China's Railway Diplomacy Hits the Buffers. Financial Times，July 17，2017.

第四章　基础设施的互联互通

（在）低收入国家……（经济）转型需要大量的基础设施投资来打破增长瓶颈。

——林毅夫[1]

提高可持续基础设施的投资水平在支持经济增长方面发挥着重要作用。

——金立群[2]

---

[1] Justin Yifu Lin. Against the Consensus: Reflections on the Great Recession. Cambridge University Press，2013.

[2] Li Xiang. AIIB Narrows Infrastructure Financing Gap. China Daily USA，January 17，2017.

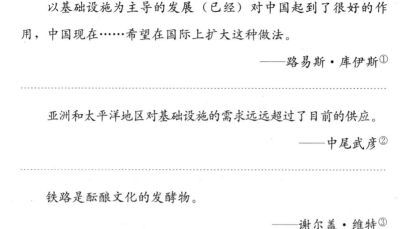

以基础设施为主导的发展（已经）对中国起到了很好的作用，中国现在……希望在国际上扩大这种做法。

——路易斯·库伊斯①

亚洲和太平洋地区对基础设施的需求远远超过了目前的供应。

——中尾武彦②

铁路是酝酿文化的发酵物。

——谢尔盖·维特③

比起不吃肉，人类对电力的爱更多。

——安东·契诃夫④

全球基础设施建设缺口巨大

　　基础设施是经济增长的命脉。缺乏基础设施会阻碍经济增长。现代基础设施建设往往先于经济起飞阶段。然而在第二次世界大战后重建欧洲期间，以及 20 世纪 50 年代初在美国修建主要公路之后，骄傲的西方国家并没有帮助发展中国家实现其

---

①　香港牛津经济研究院亚洲经济项目负责人。Where Will China's "One Belt，One Road" Initiative Lead?. Knowledge@Warton，March 22，2017.

②　亚洲开发银行行长。

③　俄罗斯亚历山大三世时期的铁路局长。The Gauge of History. The Economist，December 19，2015.

④　Henry Troyat. Chekhov. NY：Fawcett Columbia，1988：169.

基础设施的现代化。多边机构也没有对此给予应有的重视。管理这些机构的西方决策者明显存在反基础设施的偏见，因而阻碍了大多数非西方国家现代基础设施的发展。

在主流发展经济学长期忽视基础设施建设、长期的投入不足、发展中国家经济发展的需求较大等因素的作用下，全球基础设施建设存在巨大的缺口。

2016—2030 年，全球基础设施总需求估计为 90 万亿美元[①]。到 2020 年，发展中国家和新兴经济体所需的基础设施融资估计为每年 1 万亿美元。仅亚洲就需要在 2030 年前投资 26 万亿美元建设基础设施，以维持经济增长、减少贫困和应对气候变化[②]。报告指出，支出的一半以上应该用于交通，1/3 应该用于电力。港口、铁路和公路的缺乏使国家难以与其他地区及全球市场联系起来。此外，还需要 8 000 亿美元用于帮助无法获得基本卫生设施的 15 亿人和缺乏安全饮用水的 3 亿人。根据亚洲开发银行行长中尾武彦的说法，"电力、公路和铁路仍然存在巨大的缺口"。目前该地区估计每年花费约 8 810 亿美元，这意味着实际支出与所需支出之间的差距约为 2016—2020 年预计国内生产总

---

① Michael Peel and Tom Mitchell. Asia's ＄26tn Infrastructure Gap Threatens Growth, ADB Warns. Financial Times，February 27，2017.

② 根据亚洲开发银行的数据，亚洲国家需要在从交通到基本卫生设施等领域将年度基础设施建设总支出翻一番，达到约 1.7 万亿美元。中国占到 1.7 万亿美元中的近一半，但在经历了 1/4 个世纪的空前投资后，中国的基础设施建设投资缺口远远小于亚洲的平均水平。这一缺口在中国以外地区最为严重，中国的支出已经超过了预计所需水平的 90%。Michael Peel and Tom Mitchell. Asia's ＄26tn Infrastructure Gap Threatens Growth, ADB Warns. Financial Times，February 27，2017.

值的 2.4%[1]。中国学者王文[2]表示，亚洲在 2016 年到 2020 年需要 8 万亿美元。与德国、日本和美国相比，电力和交通是亚洲及非洲最重要的基础设施缺口[3]。

不同地区的基础设施缺口差别很大。太平洋和南亚次大陆预计需要的年度基础设施融资额约为 2016—2030 年国内生产总值的 9%，东南亚和东亚地区的融资额则低于国内生产总值的 6%。在非洲，目前各国政府每年在基础设施投资上的支出不足所需的一半[4]。

基础设施经济的一个特征是，私人收益率可能不包括借贷成本。然而由于正外部性，社会回报率往往高于私人成本。换言之，虽然基础设施项目的成本主要是内部的，但收益往往是外部的。基础设施对发展的积极影响有据可查[5]。正是受益于基础设施建设，1991 年至 2001 年，发展中国家的经济年平均增长率为 1.6%，而南亚的年增长率为 2.7%[6]。

---

[1]　Michael Peel and Tom Mitchell. Asia's ＄26tn Infrastructure Gap Threatens Growth，ADB Warns. Financial Times，February 27，2017.

[2]　中国人民大学重阳金融研究院执行院长。

[3]　尽管在过去 20 年里亚洲基础设施相对改善，但未能跟上经济、人口和城市化的快速增长。

[4]　Ncube and Lufuma. Infrastructure in Africa：Lessons for Future Development. Policy Press，2017.

[5]　联合国研究表明，在贸易制度和边境管理效率较低的国家，提高基础设施质量只会带来有限的出口收益。如果交通基础设施质量提高 1%，再加上贸易便利化程序以及信息和通信技术的改进，出口将分别增加 0.7%、1.5% 和 1.4%；已达成贸易协定的地区获得的收益更高。http://usa.chinadaily.com.cn/epaper/2017-03/22/content_28641395.htm.

[6]　Cesar Calderon and Serven Luis. Infrastructure and Economic Development in Sub-Saharan Africa. Journal of African Economies，Vol. 19，2010.

直到最近，投资基础设施才被认为是经济发展的基础。经济学家林毅夫对该领域充满兴趣，他被誉为"现代基础设施之父"。林毅夫说，改善基础设施能够通过多种渠道帮助发展中国家[1]。基础设施投资在施工阶段创造了就业机会，完工后可以提高整体生产力，改善健康和教育水平。新的道路、铁路线和轻轨意味着沿途新的住房以及消费者对家居用品的需求。因为生产要素边际生产率的提高和交易成本的下降，提高了预期的资本回报率，所以它还能带来更多的私人投资[2]。

作为世界第二大经济体，中国正在向"一带一路"沿线国家推广其发展模式。在中国经济发展起来之前，在不可克服的地理障碍（如恶劣的地形）面前，经济发展将难以实现几乎成了一种思维定式。另一个严重的制约因素是缺乏建设资本密集型基础设施项目所需的资金。然而，中国的发展以及"一带一路"倡议的提出是一个变革性事件，使旧的发展理论不再适用。"一带一路"的连通性概念涉及跨洲的大规模基础设施建设，以消除阻碍发展的地理障碍。由于中国在建设基础设施方面积累了丰富的经验，使其具备了解决物理障碍的技术[3]。另一个被解

---

[1]　Justin Yifu Lin. Against the Consensus: Reflections on the Great Recession, Cambridge University Press, 2013, chapters 6 and 7.

[2]　Justin Yifu Lin. New Structural Economics: Framework for Rethinking Development and Policy. Washington, DC: World Bank, 2012.

[3]　中国通过修建青藏铁路展示了其工程技术。

决的是建设大型项目所需要的筹资难题①。现在中国是一个资本丰富的国家②，中国还准备与其他国家合作，实现"一带一路"参与者之间的经济和金融一体化③。

中国的基础设施建设成就

中国现在已拥有亚洲一流的现代化基础设施体系。中国现代化基础设施的建设是一项艰巨的任务，直到 1987 年，北京地区才开始建设高速公路。中国公路系统的改善在人类历史上是无可比拟的。中国建立了世界上最大的公路网。1990 年至 2005 年，中国共投资 6 000 亿美元升级道路系统，重点投资的是总长达 4.1 万公里的全国高速公路网，并最终将拥有 20 万以上居民的所有城市连接起来④。

今天，中国拥有 10 多万公里的高速公路，从东到西，从北到南，长度足以环绕地球近三次。在未来 30 年内，中国将在基

---

① 例如，蒙古国长期以来一直在寻求发展本国铁路和公路基础设施，最近的一个项目是政府 2013 年的"陆路"计划。然而，由于缺乏外部投资，这些项目举步维艰。随着中国的"一带一路"倡议，再加上亚投行的成立，蒙古国有望获得急需的资金。

② 在中国，政府在支持基础设施方面发挥着重要作用。就上海地铁而言，45％的建设成本由政府承担，中国政府还承担剩余 55％贷款的利息成本。

③ 根据最近的一份报告，中国自 2013 年以来向巴基斯坦承诺提供 600 亿美元（包括建设中巴经济走廊的 460 亿美元），向尼泊尔提供 83 亿美元，向缅甸提供 73 亿美元用于开发皎漂港口，并向孟加拉国提供 250 亿美元的软贷款用于各种项目。

④ Justin Yifu Lin. Against the Consensus：Reflections on the Great Recession. Cambridge University Press，2013：77.

础设施建设上超越美国。中国计划到 2030 年建成 200 条高速公路（119 条为主路，81 条为连接道路），长度达 26 万公里，可绕火星 12 圈。中国每年修建的高速公路长度等于美国东海岸到西海岸的距离。中国还拥有世界上最高的建筑、最大的机场、最长的桥梁和高速铁路[①]。在 2000 年至 2012 年，中国发电能力的年平均增长率为 10.7％，在限制停电和输电损耗方面表现突出。

中国的成功得益于精心的计划和耐心的执行。普华永道（PwC）的数据显示，2017 年，中国基础设施支出总额达到 20 万亿元人民币（约合 2.9 万亿美元）。仅在 2016 年，中国就花费了 15.2 万亿元人民币（2.2 万亿美元）用于基础设施的固定资产投资。

由于在过去的 20 年里，中国的城市人口翻了一番，城市化水平不断提高，中国需要继续建设新的基础设施。中国在一项新的研究中阐述了将继续推广基础设施的计划。该计划提出，到 2020 年前，中国将拥有 260 个商业机场。

"一带一路"倡议与基础设施互联互通

随着中国国内的大部分重要基础设施即将完工，中国企业正将注意力从国内市场转向国际市场。由于中国正计划每年向"一带一路"的参与者提供 1.6 亿美元资金，这一举措将为中国

---

① 中国拥有世界上最大的高速铁路网和最长的建造于开放水域的桥梁［将近 100 英里（161 公里）长］。

企业的海外项目建设带来了新的机遇。"一带一路"倡议将把中国经济与占世界人口一半的66个国家的经济绑在一起，预计到2030年，"一带一路"将使参与国之间的跨境贸易增加2.5万亿美元。中国通过"一带一路"建设将与世界其他新兴经济体实现双赢互联。

　　基础设施互联互通是"一带一路"倡议的主要优先事项之一。"一带一路"的主要运输路线包括陆上的中俄蒙运输通道、新欧亚大陆桥、中国-中亚-西亚货运通道，海上集装箱货运通道包括中国-比雷埃夫斯-鹿特丹海运通道。为了打入富裕的欧洲市场，中国正在投资4亿美元用来升级希腊的比雷埃夫斯港。中国已经开始在中国城市义乌和西班牙首都马德里之间修建一条长达10 000公里的货运铁路。中国在基础设施项目的设计、建设、运营和融资方面的成就使其成为世界上建设大规模基础设施项目最具竞争力的国家。截至2016年7月，中国与"一带一路"沿线国家签署的合同项目总价值为2 790亿美元[1]。这些项目遍及亚欧大陆和非洲大陆，呈现出全面开花的态势。中国学者王文表示，截至2016年6月，中国企业已在26个国家承担了38个大型交通基础设施项目，交付高铁8 445公里，其他各式铁路3 700公里。同期，中国企业在境外建设了17个水电工程项目，总容量近1 000万千瓦。

　　中国的对外直接投资越来越多地投向"一带一路"沿线国家。2015年，中国有44％的新工程项目与丝绸之路沿线国家签

---

[1]　商务部发言人沈丹阳，2016年8月17日媒体见面会。

署。根据商务部的数据，2015 年中国公司为 60 个国家和地区的采购及建设项目签署了约 4 000 份工程合同①，合同总价值达到930 亿美元。如图 4 - 1 所示，中国"一带一路"投资的 46％用于交通基础设施（如铁路、港口、公路）建设，43％用于能源项目建设，6％用于工业园区建设，5％用于材料开发。基础设施显然是"一带一路"投资的重点领域。由于基础设施项目是资本密集型项目，近年来"一带一路"各国项目的平均资本价值增长了 47％，远高于中国 14％的平均水平。公用事业和运输

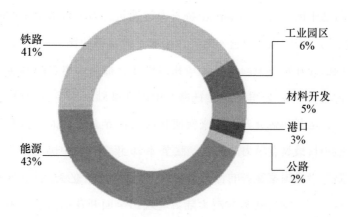

图 4 - 1　"一带一路"按产业分类投资示意图

资料来源：Marsh & McLennan companies.

---

① 中国已在短时间内发展了建造现代施工机械的能力。在 20 世纪 90 年代中期，中国无法制造用于建造摩天大楼、机场和发电站地基的精密钻探机。那一年，拥有核心技术的德国鲍尔公司（BauerAG）开放了生产设施。其他欧洲供应商向中国出售它们共同设计的零部件。到 2013 年，中国已有 36 家本土供应商能够生产这种施工机械。Noah Barkin. "Boiled Frog Syndrome"：Germany's China Problem. Reuters，April 15，2018.

业的项目规模增长最快。由于许多中等收入国家的电力消耗拉低了人均 GDP，这种资本增长很可能会持续下去。

由于中国国内基础设施建设的规模大、时间长，中国培育出高度发达的建筑市场，有竞争力的建筑企业在市场竞争中成长起来。在西方，由于准入成本过高，知名的大型建筑公司相对较少，因而许多公司享有准垄断地位。但是，中国的大型建筑企业则很多，不具有垄断地位。

中国大型建筑企业与其西方同行的不同之处在于：首先，中国企业的数量多，多为国有企业，而且各省的企业竞争非常激烈；其次，由于劳动力和工程师的成本较低，中国企业常常在国际招标中获胜；最后，中国企业从中国自身发展中吸取经验教训，使其技术能够适用于发展中国家。

当前，中国企业处于全球建筑业繁荣的中心，它们主要由中国银行融资。这些企业正在塞尔维亚建造发电厂、在埃塞俄比亚建造玻璃和水泥厂、在委内瑞拉为低收入者盖房以及在乌兹别克斯坦建造天然气管道。碧桂园是一家象征中国建筑业实力的大公司，它有能力从头开始建造"即时城市"[①]。它在中国各地建立了多个科技城项目[②]。当中国中央政府推出"一带一

---

① 它在广东省顺德市的碧江岸边和桂山脚下建立了"即时城市"。The Brand Strength of a 45 Billion Dollar Property Developer. CISION PR Newswire，April 20，2017.

② 碧桂园在中国房地产市场占据主导地位，因其众多大型项目而闻名于世。它的目标是为各行各业的人提供负担得起的优质住房。通过在 400 多个城镇开发的 700 多个优质项目，它参与了中国的城市化进程，为成千上万人的生活质量服务。碧桂园注重施工过程中的每一个环节。比如为了确保质量，公司总裁亲自改善地漏的设计，以改善居民的生活体验。

路"项目时，碧桂园很快看到了这个机会。该公司的主要业务区域是马来西亚①、澳大利亚、印度尼西亚、英国和越南。在2016年，碧桂园完成销售额3 088亿元人民币（约合448亿美元），跻身福布斯全球500强企业行列②。该公司正计划着打造有一天可以自称为世界领先的房地产品牌。

"一带一路"建设同样为中国的中小型建筑企业提供了发展机遇。截至2017年，有超过1 000家公司（其中许多是中小企业）投资了56个项目，并创造了18万个就业岗位。其中典型的建筑商是德基科技控股有限公司（D&G），这是一家生产基地位于河北廊坊的中小型公司，它拥有节能环保的沥青搅拌站，且在23个国家设有搅拌站。总的来说，"一带一路"是中国建筑业的主要驱动力。

"一带一路"倡议涉及的巨额资金还吸引了许多外国建筑商，如卡特彼勒、ABB集团和维米尔公司等外国工程公司。科威是一个丹麦咨询企业，负责审查和批准中国及其他"一带一路"国家的隧道设计和施工。在中国，科威参与了广州——深圳——香港高速铁路和香港——珠海——澳门铁路的研究。在孟加拉国，它还参与了由中国进出口银行资助3.5亿美元的戈尔诺普利隧道项目。韩国公司（包括浦项制铁和KCC工程建设公司）也参与了"一带一路"项目，建设了从中国经哈萨克斯

---

① 碧桂园在马来西亚新山市建造了众多的"迷你都市"。

② 进入2017年，销售额达到486亿元（约70亿美元）。该公司在《2017年品牌金融全球500强报告》中名列第183位，该报告列出了由独立的英国品牌评估咨询公司编制的世界500个最具价值品牌。

坦到俄罗斯的公路，覆盖长度达 2 800 公里。通用电气等美国公司也积极参与"一带一路"倡议。此外，促成 2017 年中日关系解冻的一个因素是日本公司希望在"一带一路"倡议的建筑项目中有所作为。

在海外建设中国特色的基础设施

中国在海外基础设施建设方面取得了显著的成就。根据中国金融服务公司北方信托（NorthernTrust）在一份报告中援引的统计数据，迄今为止，在 102 家央企集团中有 47% 参与了 1 676 个"一带一路"项目。仅中国交通建设集团一家，就在多个"一带一路"国家建设了 10 320 公里（6 412 英里）的公路、95 个深水港、10 个机场、152 座桥梁和 2 080 公里的铁路。中国企业还在"一带一路"国家签署了价值 3 050 亿美元的国际合同，占同期国际合同总额的 47%。

中国积极参与的全球现代基础设施建设，具有鲜明的中国特色。一方面，中国政府一直在兑现承诺。与西方国家相比，这些承诺也更加有实质性意义。在埃塞俄比亚，自从习近平主席上任以来，中国政府兑现了 112.2% 的承诺投资①。埃塞俄比亚因此能够快速实现国家现代化。在海地，中国与西方国家的记录形成了鲜明的对比。海地这个小岛尽管地理位置接近美国，却无法实现

---

① 在肯尼亚，中国已经完成了对该国 99.6% 的承诺投资。

现代化①。其中一个原因是，在地缘政治上，它被华盛顿认为是一个低优先级的国家。海地遭受了许多自然灾害。西方国家承诺将提供大量资金作为城市复建基金。然而，实际交付的资金并不多。西方国家的公司甚至无法为海地建立最基本的基础设施。据弗朗西斯·福山（Francis Fukuyama）称，海地主要港口利贝泰堡港（Fort Liberte）的建设已经告败。最近，中国提出了一项计划，为该岛提供大量资金，以建设现代化基础设施②。据海地新闻社（AHP）称，中国计划投资 300 亿美元③。该项目将由中国市政工程西南设计研究院和海地公司共同建设。先期注资50 亿美元，2 万名工人已于 2017 年底开始工作。根据最新报道，"协议包括建造一座 600 兆瓦的发电厂为太子港供电，建造一个新的市政厅、市场以及数千套公寓，还要建造一条从太子港到郊区的铁路"④。另一方面，中国总是按时或提前完工。中国企业在按时完成项目方面具有良好的声誉⑤。例如，肯尼亚铁路公司的标准轨距铁路（SGR）项目是肯尼亚 2030 年远景规划

---

① 海地有 40 多个政党。

② 中国的投资可能是未来在加勒比走廊（从古巴延伸至委内瑞拉）投资的先兆。

③ 中国政府将 2017 年 9 月 30 日定为解除资金限制的最后期限。

④ Georgianne Nienaber. China Extends Her Silk Road to Haiti. Huffpost，August 4，2017.

⑤ 按时完成项目不是件容易的事，即使对于发达国家也是如此。以德国为例，2006 年开始修建的新柏林机场，预计于 2011 年开放，但其开放时间一再推迟。此外，项目预算从 25 亿欧元增加到 53 亿欧元，翻了一番多。这使德国的世界级声誉大打折扣。Guy Chazan. Berlin Airport's Woes Hurt Germany Pride. Financial Times，April 14，2018. 以英国为例，近半个世纪以来，该国一直未能完成建造新希思罗机场的计划。

文件的一部分，该项目已经完成了三个阶段中的第一个阶段，比计划提前了近两年。

　　贸易大国的崛起通常与它们的商业海事活动增加有关，中国也不例外。中国目前正在世界范围内进行大规模的海上基础设施建设和管理投资，以确保国家获得具有地缘战略价值的重要资源。中国的活动可以分为两个部分。第一，建造新的超大型船舶，并与其他航运公司达成合作。第二，管理海外港口，包括建设连接港口的铁路。这两个举措都有助于降低运价，增加其全球竞争力。中国主要航运公司的独特性是对市场份额最大化的追求，而不是对利润感兴趣①。这给马士基等西方公司带来了压力。

　　"一带一路"建设预计将增加亚洲和欧洲航线的集装箱码头容量。这些港口正在争夺在欧洲和亚洲大陆之间经营超大型船舶的三家商户，它们分别是 2M、The Alliance 以及 Ocean Alliance②。为了吸引其中至少两家商户，港口必须具有能够同时处理好几艘大型船舶的能力③。中远集团和招商局港口控股有限公司已经收购了几家欧洲主要港口的股份。中国的贸易规模是中国海上经济发展的动力。2012 年，中国公司仅控制了 2％的欧洲集装箱码头容量。到了 2017 年底，这个数字增加到 10％。

---

　　①　这是它与其他非西方航运公司的共同点。

　　②　马士基与竞争对手 MSC 共同创造了 2M，而海洋联盟（Ocean Alliance）是由法国的达飞轮船、中远集团和长荣海运组成。

　　③　Leonora Beck. This Is How China's Huge One Belt One Road Project Affects Maersk. Finans，April 23，2018.

由于很难获得在欧洲建造新码头的许可，中国正在迅速收购欧洲具有战略意义的港口，这对"一带一路"建设的成功至关重要。

建设连接中国与能源产地的能源网络[①]

中国是一个巨大的能源消费国，对能源的需求持续上升。维护国家能源安全，推动能源供应多样化，是中国必须考虑的现实问题。能源合作也是"一带一路"建设中的重要内容。截至 2016 年，包括中国石油天然气集团公司和中国石油化工集团公司在内的能源巨头已在海外 50 多个经济体投资了 200 个油气项目[②]。中国石油大学提供的数据显示，世界上已探明原油储量的 55% 和天然气探明储量的 76% 以上都来自"一带一路"沿线经济体。在 2014 年，中国 71.5% 的石油进口和 96.1% 的天然气进口都来自"一带一路"沿线经济体。中国已经成为可再生能源领域的领头羊，2016 年中国在可再生能源领域的投资额为 783 亿美元，超过欧盟和美国。

中国在海外大力建设连接中国与能源产地的基础设施。在南亚，中国正在巴基斯坦引领瓜达尔南部港口的转型，希望将其改造成连接中国和中东的能源枢纽。这样，从瓜达尔延伸到中国西部的公路和管道网络将把从海上进口碳氢化合物的

[①] http://www. atimes. com/article/turkey-to-get-railroads-from-china-not-missiles/.

[②] 中国石油企业协会等发布的蓝皮书。

12 000 公里行程减少到在陆地上不到 3 000 公里的行程。在东南亚，中国以 15 亿美元的成本在缅甸建造了一条 770 公里长的从皎漂港到云南的油气管道。中国正在加强与俄罗斯及其中亚邻国的关系。俄罗斯通过各种油气管道与中国保持着良好的联系。中亚建成了从哈萨克斯坦至中国的石油管道，从土库曼斯坦经乌兹别克斯坦、哈萨克斯坦至中国的天然气管道。中国向土库曼斯坦提供了大约 30 亿美元，向哈萨克斯坦提供了 100 亿美元，并承诺向俄罗斯提供大约 250 亿美元的贷款作为未来石油供应的预付款[①]。双方在新能源领域的合作也在展开，如哈萨克斯坦是世界上最大的铀生产国，这将有助于中国在 2050 年前将其核电容量扩大到现在的 3 倍。

中东的能源供应商渴望扩大在中国和整个亚洲的市场份额。中国现在有能力参与中东的能源开发项目，包括勘探活动。中国对该地区石化行业的公私投资者充满了吸引力。总体而言，中国与包括以色列和伊朗在内的所有中东国家都发展了良好的政治关系，为中东能源合作奠定了良好的战略基础。在"一带一路"倡议框架内，中国的中东能源政策是在"1＋2＋3"的能源合作框架下进行的，旨在建立一个长期可靠的中阿战略合作关系。这意味着要把基础设施建设成一个整体，促进贸易和投资两项活动。1 和 2 代表支持核心关系的"翅膀"，"3"是指未来在核能、新能源和清洁能源、航天（即卫星、载人航天合作）

---

① http://www. atimes. com/article/turkey-to-get-railroads-from-china-not-missiles/.

领域的合作"三大突破"①。

由于近 2/3 的"一带一路"国家面临能源短缺②，所以发展电网，促进智能化、绿色化的空间很大，可以利用资源丰富的中亚、南亚和东亚的跨境天然气和石油管道，整合电力和天然气市场。中国国家电网公司和全球能源互联发展合作组织提倡的推动全球能源互联互通，有望加强该地区的能源安全，促进可持续能源利用。亚投行批准了一笔贷款，用于建造跨安纳托利亚的天然气管道。这条管道将把天然气从阿塞拜疆输送到欧洲。

建设中巴经济走廊

巴基斯坦与中国保持了传统友好关系，是中国建设"一带一路"的重要合作伙伴。中国正在建设一条花费 620 亿美元的通过巴基斯坦的经济走廊，以建立一条连接瓜达尔港和中国西北部的贸易路线（如图 4-2 所示）。中巴经济走廊是"一带一路"倡议实施的第一个里程碑。中国外交部部长王毅称："中巴经济走廊是'一带一路'交响乐的第一乐章。"620 亿美元几乎相当于之前美国雄心勃勃的 6 500 亿美元航天飞机项目花费（以现在的美元计价），或者接近于 20 世纪 50 年代整个美国州际公路系统的花费（1 300 亿美元）的一半（以现在的美元计价）。中巴经济走廊将把大片南亚地区与中国海外港口控股公司运营

---

① Shannon Tiezzi. Revealed: China's Blueprint for Building Middle East Relations. The Diplomat, January 14, 2016.

② 瓜达尔市依靠从邻国伊朗进口的电力运行。

的瓜达尔港连接起来，预计 2035 年前完成。

中巴经济走廊将利用国家的海上机遇，把瓜达尔港从一个渔村变成本地区最先进的枢纽之一。根据瓜达尔港的规划，瓜达尔港、瓜达尔国际机场和瓜达尔自由经济区是三个主要发展项目①。瓜达尔港是中巴经济走廊项目的核心，中国专家很快就为铁路和电力系统提供服务。对基础设施的投资首次将瓜达尔与巴基斯坦其他地区连接起来。据联邦部长艾克巴尔称，中巴经济走廊将打破巴基斯坦经济面临的两个瓶颈，即基础设施缺乏和能源短缺，这两点都是经济发展的必要前提。

几十年来，电力短缺一直是巴基斯坦经济发展的主要瓶颈问题。"2012 年前，每天最长停电 20 个小时，使得这个国家陷入绝望。"② 因此配电系统急需修复。中国在中巴经济走廊中对电力部门的投资极其庞大，将达到 30 亿美元。2015 年 9 月，巴基斯坦旁遮普州的第一座 50 兆瓦时光伏发电厂与中央电网完成整合，被认为是世界上最大的太阳能发电厂，总投资超过 15 亿美元。该项目是中巴经济走廊的优先基础设施项目之一，旨在安装 900 兆瓦时的太阳能系统。电力系统将分三个阶段安装，到 2017 年全面投入运行。一旦并入巴基斯坦电网，预计每年将产生 12.71 亿千瓦时的电力。巴基斯坦大部分新的能源供给由私人燃煤发电厂提供。位于巴基斯坦中部萨希瓦尔市的一座发

① 瓜达尔自由经济区由中国海外港口控股公司建设，一些中国和巴基斯坦公司在那里设立了仓库。该地区已经完成了一个试点项目。Mian Abrar. Dovetailing Pakistan through CPEC. Pakistan Today，April 30，2017.

② Volt-face. The Economist，November 11，2017.

电厂是由一家中国电力公司经营的。在勤劳的巴基斯坦劳工的帮助下，整个工厂在 22 个月内建成，建设时间整整快了一年①。另一个是水力发电项目。巴基斯坦卡洛特水电站项目是丝路基金贷款的第一个受益者。迪阿莫-巴沙大坝水电站项目的建设在经历多次延误之后才开始。巴基斯坦在未来将能生产足够的电力，重振出口工业，振兴制造业中心费萨拉巴德的纺织业。

中巴经济走廊是"一带一路"倡议的示范工程，预计将拉动巴基斯坦的国内生产总值增长 2.5％。建设现代基础设施、建设工业园区、振兴经济是中国金融能力的象征。这有助于某些行业（如水泥行业）的快速发展。到 2030 年，该项目将创造 70 万个直接就业机会。由于巴基斯坦的经济区占其国土面积的 35％以上，而且其拥有超过 1 000 公里的海岸线，再加上亚投行和金砖国家新开发银行都可能投资"一带一路"项目，尽管最初对巴基斯坦国内安全存在许多疑虑，但现在所有的迹象都表明中巴经济走廊已经取得了成功，这是中国政府对那些质疑者的最好回应。

向撒哈拉以南非洲推广现代基础设施

几个世纪以来，非洲一直是被忽视的地区②。除了在殖民时期修建的少数项目外，非洲大陆几乎没有任何现代化的基础

---

① 据中国运营商称，在施工阶段，"起重机上挂着照明灯，因此施工可以一直持续到晚上……即使在国内，我们也没有那么努力工作"。Volt-face. The Economist，November 11，2017.

② Shock Therapy. The Economist，December 16，2017.

设施[1]。非洲的基础设施非常薄弱，这限制了非洲大陆的经济增长。2014 年，非洲国家制造业仅占发展中国家的 4%。撒哈拉以南非洲有 10 亿人口，而发电量却低于韩国。这意味着制造业根本无法运行。在加纳，人们发现停电是导致小公司收入减少近 50% 的原因。这相当于该国国内生产总值减少了 2%。2014 年美国的人均用电量为 1.2 万千瓦时（度），南非人均将近 4 000 千瓦时，而除南非外的撒哈拉以南非洲则为人均 100 千瓦时左右。肯尼亚、埃塞俄比亚、刚果（金）、索马里、乍得、尼日尔、南苏丹等非洲 10 多个国家有 75% 的人口用不上电（见图 4-2）。

现在，中国正帮助非洲大陆，把它变成一个基础设施活动的"蜂巢"。电气化是非洲建设工业的动力。非洲有许多大河，中国正在帮助埃塞俄比亚修建复兴大坝。建成后，该国的发电能力将增加两倍多，从 2 200 兆瓦时左右增加到 8 700 兆瓦时左右[2]。中国同样关注非洲不断增长的可再生能源发电能力。2016 年，非洲大陆新增了 4 400 兆瓦时可再生能源发电能力，并由此创下纪录。增长的一个主要原因是中国制造的太阳能电池板的成本下降，该成本自 2010 年以来已经下降了 80% 以上[3]。

---

[1] 根据世界银行的数据，2018 年非洲有 6 个经济体进入全球增长最快经济体的前十名。东非在"一带一路"建设中具有重要位置，该地区的许多非洲国家以相对较低的物流成本和有效运输将成为交通枢纽。"一带一路"倡议支持非洲一体化的概念，这符合非洲联盟表达的非洲土著发展计划。Barclay Ballard. Bridging Africa's Infrastructure Gap. World Finance，April 20，2018.

[2] 刚果河可能建设世界上最大的水电站。如果建成的话，其发电量将是美国胡佛大坝的 20 倍，足以照亮非洲大陆工业化程度最高的南非。

[3] 开普敦大学的一项研究发现，南非的并网风电和太阳能现在是世界上最便宜的。The Leapfrog Model，Special Report. The Economist，November 11，2017.

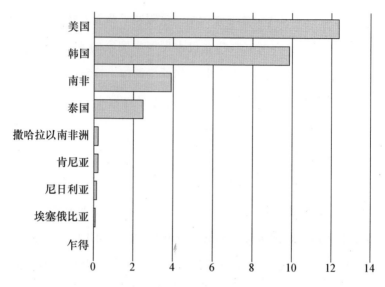

图 4 - 2　2014 年部分国家用电量（兆瓦时／人）

资料来源：The Leapfrog Model，Special Report．The Economist，November 11，2017．

以中国在津巴布韦的水电开发为例。津巴布韦的电力主要来源是卡里巴湖。湖水通过一个短而水平的进水口，再通过一个弧形闸门和一个垂直的压力管道，被输送到涡轮。在经过涡轮并在发电机中产生动力后，减压的水通过吸入锥和尾水管进入尾水渠。最后被排放到大坝下游，返回赞比西河。赞比西河管理局是津巴布韦和赞比亚政府成立的法定机构，专门负责分配位于津巴布韦的卡里巴南部和位于赞比亚的卡里巴北部发电站使用的水。卡里巴南部电站负责频率、联络线和自动发电控制，电站运行效率达 90％以上。根据流入湖泊的水量，电站最大发电量为 5 000 兆瓦时，负荷系数为 80%①。中国水利水电建设集团②已在津巴布韦获得合同，其中包括卡里巴南扩建工程和万吉发电站。在竞标过程中，卡里巴南部电站的投标因其高昂的成本而受到批评。最终在 2017 年 6 月 15 日，非洲开发银行集团（AFDB）宣布与中国水利水电建设集团达成和解协议。2018 年 3 月，卡里巴南部电站扩建工程已经完工，它是津巴布韦独立以来最大的水电工程，将为津巴布韦增加 20% 至 30% 的电力供应。

中国在非洲大陆进行的交通基础设施建设同样引人注目。中国在非洲大陆已建成铁路 2 233 公里、铺面公路 3 350 公里等 1 000 多个项目。在 2017 年，中国宣布了建设一系列交通网的计划，包括连接 54 个非洲国家的铁路、桥梁和道路。在基础设施方面，中国公司占非洲国际建筑承包市场份额的近 50%。非洲政府非常钦佩中国企业的高效成本结构和项目的快速交付。

坦桑尼亚希望能成为"一带一路"倡议进入非洲的桥头堡。其中一个主要项目是巴加莫约港。港口建设开始于 2016 年，由中国和阿曼提供资金。一旦建成，巴加莫约有望成为非洲最大的港口，处理的货物量将是达累斯萨拉姆港的 20 倍。港口可以连接中央走廊铁路和坦赞铁路，并拥有连接港口和乌呼鲁-赞比亚公路的平行公路。巴加莫约港将是非洲建设"21 世纪海上丝

---

① 津巴布韦发电厂。

② 中国水利水电建设集团是一家国有水电工程建设公司。在 2012 年的工程新闻记录中，该公司在全球 225 家承包商年度收入中排第 14 名，在中国建筑公司中排名第 6。

绸之路"的战略支柱。它将连接其他东非国家，包括莫桑比克、马拉维、赞比亚、刚果民主共和国、布隆迪、卢旺达、乌干达、肯尼亚、南苏丹、科摩罗、马达加斯加和塞舌尔。

马达加斯加参与"一带一路"建设至关重要。作为非洲最大的岛屿，马达加斯加与古代海上丝绸之路有着直接联系，是新丝绸之路的自然延伸。马达加斯加自称是"一带一路"进入非洲的门户。

卢旺达政府表示，2010 年至 2016 年，共有 45 家中国投资公司在卢旺达注册。在短短 15 年的时间里，中国工程师已经建造了卢旺达 80% 的道路[1]。中国还建造了一座 20 层的玻璃摩天大楼，这是卢旺达最高的建筑。它还建设了卢旺达外交部、各种酒店、学校和医院[2]。

中国在东非修建的铁路基础设施成就尤为惊人。中国在肯尼亚修建的内罗毕—蒙巴萨铁路取代了 18 世纪末由英国殖民者出于战略原因修建的"疯狂特快"。多年来，"疯狂特快"陈旧的轨道和机车已变得难以维修[3]。肯尼亚人不得不忍受昂贵的公路运输和同样昂贵又不可靠的铁路系统。

在 14 世纪，中国人的海上船队就到过非洲的东海岸。现

---

① 街道是干净的，看不到塑料袋。人们可以在午夜独自走在街上，十分安全。Lily Kuo. Rwanda Is a Landlocked Country with Few Natural Resources. So Why Is China Investing so Heavily in It?. Quartz Africa，November 22，2016.

② Lily Kuo. Rwanda Is a Landlocked Country with Few Natural Resources. So Why Is China Investing so Heavily in It?. Quartz Africa，November 22，2016.

③ 因为劳工来自印度，枕木和机车来自英国，因此英国人抱怨其高昂的成本。Charles Miller. The Lunatic Express：An Entertainment in Imperialism. Macmillan，1971.

在，肯尼亚将成为非洲"一带一路"的中心[1]。为了使经济现代化，内罗毕提出了肯尼亚"2030年愿景"。该愿景的一个主要项目是肯尼亚铁路公司的标准轨距铁路（SGR）建设。该计划规模宏大，将打造一个东部非洲地区的铁路网。32亿美元的内罗毕—蒙巴萨铁路由中国建造，由中国进出口银行提供了90％的资金，其余10％由肯尼亚政府提供资金。在第二和第三阶段，线路将延伸至乌干达、卢旺达和南苏丹。作为东非铁路总体规划的一部分，铁路将横跨坦桑尼亚、肯尼亚、乌干达、卢旺达、布隆迪、南苏丹和埃塞俄比亚。肯尼亚的内陆邻国乌干达和卢旺达也计划开展相似的标准轨距铁路项目，提高货物运输到蒙巴萨或坦桑尼亚的各个海港的效率。

蒙内铁路全长480千米，由中国进出口银行向肯尼亚提供36亿美元的贷款，肯尼亚将以未来铁路的运营收入偿还。铁路的总承包商是中国交通建设股份有限公司的子公司中国路桥工程有限责任公司，这二者都是中国国有企业。2017年5月，蒙内铁路竣工，也标志着标准轨距铁路项目第一阶段施工的完成。铁路竣工后将交由中国路桥工程有限责任公司运营五年。机车（客车和货车）将从中国进口，由中国中车股份有限公司的多个子公司负责制造[2]。

---

[1] 其他项目将在突尼斯比塞特、塞内加尔达喀尔、坦桑尼亚达累斯萨拉姆、吉布提、加蓬利伯维尔、莫桑比克马普托和加纳特马开展。

[2] 中国中车股份有限公司是另一家国有企业。Bibek Debroy. A New Lunatic Express：OBOR Projects Worldwide Are Stacking the Deck for Chinese Enterprises and Banks. Policy Puzzles，June 2，2017.

蒙内铁路的建成使运输货物的成本和运输时间大大减少。从蒙巴萨港到内罗毕的货运费用每集装箱原本要花费 900 美元，需 24 小时，现在能够以每小时 80 公里的速度运输货物，使运费降低到 500 美元和 8 小时。这比起公路运输来说节省了巨大的费用，使蒙巴萨到内罗毕的总物流成本降低了 40%。每列火车可载 1 260 名乘客，为旅客往来提供了极大的方便。如今，沿北部走廊的运输成本占该地区货物和服务的 45%[①]。高成本使得企业很难在国际和本地市场上获得竞争力。肯尼亚私营部门联盟表示："我们认为随着标准轨距铁路的建成，这些成本将显著降低。"

蒙内铁路的潜在利益是巨大的——不仅仅是对肯尼亚的企业，而是对整个地区。它的建成也将对邻国产生显著影响。驶往蒙巴萨的卡车未来可以从内罗毕新扩建的现代化内陆集装箱仓库提取货物。该仓库预计将提供额外的 45 万集装箱，从而成为使用标准轨距铁路的出口进口商们的首选装运点。标准轨距铁路将使企业运往乌干达和坦桑尼亚等国家腹地的货物运费减半[②]。

为了成功实施标准轨距铁路项目，充分发挥新港口的潜力，东非各国政府必须解决该地区各个门户港口面临的所有瓶颈问

---

① 行业估计表明，从蒙巴萨港到乌干达首都坎帕拉，用卡车运输一个 40 英尺（约 12 米）集装箱的成本约为 3 030 美元，不包括装卸费和结算费。这就说明了为什么企业会长期以来选择更便宜高效的铁路。

② Lucie Morangi. China Bets Big on Africa's Future Economic Success. China Daily，November 4，2016.

题。其中港口的官僚主义作风和相互冲突的收费程序，一直是该地区企业和投资者面临的棘手问题。

肯尼亚和坦桑尼亚拥有的达累斯萨拉姆和蒙巴萨港是通往东非的主要通道，也是南苏丹和大湖地区的服务市场，处理包括燃料、消费品和其他进口产品，以及该地区茶叶和咖啡的出口。政府应努力协调其港口程序、宽限期和处罚规范，以缓解向东非内陆国家的货运困境。对蒙巴萨和达累斯萨拉姆港口业务的审计证实，来自布隆迪、卢旺达和乌干达的贸易商都遭遇了困难，这会影响该地区贸易的整体表现。为了提高这两个港口的效率，政府应允许清算和转运机构在这两个港口发挥作用。两国还可以为该地区国家的所有过境集装箱建立一个终点站[①]。

亚吉铁路是中国在东非地区建设基础设施的又一典范。亚吉铁路连接埃塞俄比亚的亚的斯亚贝巴和红海港口吉布提，它由中国铁路工程集团有限公司和中国土木工程集团有限公司开发，项目总成本 40 亿美元，由中国进出口银行提供 70% 的贷款。这条铁路是东非第一条现代电气化标准轨距铁路，长达 750 公里，设计时速每小时 120 公里。它可以将花费 7 天的公路运输时间缩短到 10 小时左右，并为埃塞俄比亚内陆提供了更快到达吉布提港口的通道。亚吉铁路于 2016 年 10 月正式通车，2018 年 1 月进行商业运营。

吉布提总统盖莱称赞该项目是两国友谊的象征。他认为尽

---

① 布隆迪建议，可以在内罗毕的乔莫·肯雅塔国际机场为东非共同体公民提供一个窗口。

管该项目从 1897 年就开始设想，但只有中国在 100 多年后才使其成为可能，让人们看到了一个更加完整、繁荣的大陆。铁路代表着非洲的新面貌，人们已经准备好掌控自己的命运了。埃塞俄比亚总理迪塞雷根评价说："承蒙中国的好意，埃塞俄比亚又一次成为建设现代化基础设施的先驱。"

在东南亚地区建设跨国基础设施

东南亚地区是"一带一路"建设的重中之重。东南亚各国的基础设施大多较差，以电力基础设施为例，如图 4-3 所示，2013 年除新加坡外，其他国家的人均用电量并不高，马来西亚

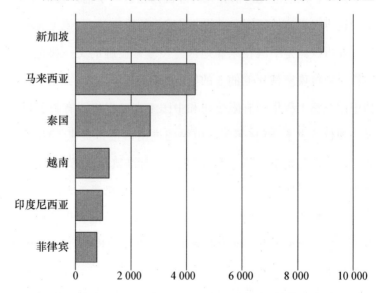

图 4-3　2013 年东南亚各国人均用电量（千瓦时/人）

资料来源：Power Stations in Indonesia，Shock Theropy. The Economist，March 26，2016：60.

人均用电量不足 4 500 千瓦时，泰国人均用电量不足 3 000 千瓦时，越南、印度尼西亚和菲律宾人均用电量大约 1 000 千瓦时。由于国情不同，与中国的地理位置不同，各国的实际需求不同，中国与东南亚诸国的基础设施合作具有很强的针对性。湄公河下游国家（泰国、缅甸、老挝、越南和柬埔寨）的基础设施相对较差，中国与之合作的重点在于推动跨境基础设施建设。马来西亚的经济较为发达，中国与之开展了全方位的基础设施建设。印度尼西亚是地区的大国，人口众多，但是基础设施落后，中国与其开展了较大规模的合作。中国在该地区的合作出现了一些明星项目，如中老铁路、雅万高铁等。

中国是柬埔寨、老挝和缅甸最大的外国投资者。李克强总理在一次访问中，宣布将向湄公河下游国家提供总额为 70 亿元人民币（约合 11 亿美元）的政府优惠贷款。同时，中国还积极在湄公河沿岸修建水坝。

老挝是东南亚最贫穷的国家之一。中国对老挝的发展抱有很高的期望，因此中国企业"蜂拥而至，修建道路和购物中心，甚至在万象附近建造了一个完整的卫星城"①。中国已开始修建一条将中国城市昆明与万象连接起来的、长达 1 022 公里（约 635 英里）的新铁路，即中老铁路。中老铁路总成本估计在 60 亿美元到 70 亿美元之间，两国尚未就财务条款达成一致。这个项目需要五年的时间才能建成。其主要资金来源是中国进出口

---

①　Ate Hoekstra. Chinese Investment taking over Mekong?. DW Akademie, January 15，2018.

银行提供的贷款，预计债务融资占总成本的 60％①。老挝持有
该铁路 30％的股份，中国则持有其余股份。据传闻，老挝的份
额约为 20 亿美元。中老铁路将是贯穿整个东南亚的铁路线的第
一条海外线路。中国还计划将铁路线路向南延伸至曼谷、吉隆
坡和新加坡，共覆盖 3 000 公里（约 1 875 英里）。

根据"一带一路"倡议，缅甸有望成为下一个重要的经济
贸易中心，是中国进入印度洋的关键。中国努力将缅甸的深水
港与中国南方的工业基地连接起来。中国现已投资 20 多亿美元
用于修建连接缅甸和中国西南地区的石油和天然气管道，中缅
输油管道被视为重组欧亚能源流动的变革因素。目前正由中国
政府开发的皎漂港，将作为马六甲海峡的另一条替代路线。中
国计划出资 75 亿美元，希望有朝一日它能与新加坡和中国香港
媲美。

中国在柬埔寨修建了 2 700 多公里的公路，包括连接金边和
西哈努克城的高速公路。未来还计划在贡布建一个深水港，以
及在金边南部修建一个大型机场。湄公河沿岸还有 7 座大坝正
在规划或建设中②。中国在柬埔寨还建设了价值数百万美元的工
业园区项目。在万谷湖的开垦土地上，有两个中国公司正无偿
进行房地产开发，建造公寓和商业高层建筑。作为回报，中国
获得了柬埔寨的自然资源（石油、天然气和木材）。2018 年，在

① Wichit Chaitrong. "One Belt, One Road" Initiative Underway, but Experts Warn of Difficulties Ahead. The Nation, November 25, 2017.

② Christine Chaumeau. China's Destination of Choice. Le Monde Diplomatic, July 2018.

李克强总理访问柬埔寨期间，两国签署了 90 项协议，在中国南海问题上，柬埔寨对中国的立场表示支持①。

　　中国在泰国也有很强的影响力。由于过度依赖公路，泰国面临着高昂的运输物流成本。在推迟多次后，2017 年夏季，泰国政府最终批准了曼谷至中国南部之间的高速铁路第一阶段的建设。这条高速铁路长 252 公里，将从曼谷通往泰国东北部的纳洪拉查西马省的吉拉市。曼谷出资 52 亿美元（约 1 790 亿泰铢），计划建设时间为 4 年，由本国建筑公司修建铁路，中国将提供技术并监督采购。一旦建成，这条铁路将延伸 1 260 公里至中国云南省昆明市。新的铁路线是中国主导的大型基础设施计划的一部分，该计划旨在建设一个横跨东南亚的高速铁路网，将昆明与老挝、泰国、马来西亚和新加坡连接起来。

　　值得注意的是，经过一段时间紧张的中日关系后，中日两国决定在泰国这个第三国合作资助"一带一路"项目。中国和日本公司正在努力扩建曼谷轨道交通 Phaya-Thai 系统。两国还计划在苏瓦那不米机场和泰国中部城市之间修建一条高速铁路②。

　　中国与泰国未来的一个可能的大型合作项目是修建克拉运

①　日本在柬埔寨的基础设施和反走私方面给予支持：日本向金边提供高达 92 亿日元（约 8 600 万美元）的贷款，以确保金边的电力供应。东京将向柬埔寨提供两艘经过整修的巡逻艇，以加强打击走私。

②　Tamiyuki Kihara and Dai Nagata. Japan, China Set to Work Out Joint Development Projects. The Asahi Shimbun, July 20, 2018.

河。长期以来，修建运河以便推动本国经济的现代化是泰国的梦想。早在 1677 年，泰国就有人提出在南部地峡修建 140 公里长水道的计划。克拉运河将把南中国海和安达曼海连接起来，成为马六甲海峡①的替代路线。

克拉运河对中国有吸引力，因为它将绕过美国控制的马六甲海峡。这一耗资 280 亿美元的项目正由泰国军方、商人、政治家和学者推动。一群退休将军组成了泰国运河协会。该协会已与有关方面的研究人员共同调查这条拟议路线。该项目包括两条运河，每条长 140 公里，宽 400 米，深 30 米。双方还将启动开发项目，并在两端修建深水港。该预算估计为 1.68 万亿泰铢（约 550 亿美元）。预计运河建成后，将给泰国带来 36 亿美元的年收入。

马来西亚是新兴经济体国家，中国在马来西亚开展了广泛的基础设施建设活动，中国企业是这个新兴经济体建设的幕后推手。马来西亚是东南亚地区最先支持"一带一路"倡议的国家之一。在 2018 年大选之前，马来西亚的铁路和港口项目预计在未来 20 年内将获得价值 4 000 亿林吉特（约 7 280 亿港元）的中国投资。最新的项目包括新港口的建设和升级、工业园区和标志性城市发展、电力、铁路建设、投资制造厂、物流以及信息和通信技术发展。中国还是马来西亚房地产项目的最大外国

---

① 马六甲海峡位于苏门答腊岛和马来半岛之间，长 890 公里，最窄处宽 2.5 公里，最浅处深 25 米。每年有 94 000 多艘船只通过海峡，成为世界上最繁忙的船运通道。据估计，世界上 1/4 的贸易通过其实现，包括中国、日本和韩国 80% 的石油和天然气进口。

支持者，总投资超过 21 亿美元。马来西亚前驻华大使拿督马吉德曾对此持乐观态度，认为马来西亚"港口升级和新港口的建设已梦想成真"。在马哈蒂尔前任政府期间，中国在马来西亚积极参与基础设施建设[1]。然而，马哈蒂尔的当选导致了对先前政府承诺的重新审查。现在一切情况都在不断变化。中国和马来西亚都必须解决这个问题。马哈蒂尔在访华时，仍被中国视为"老朋友"。经验表明，在过去类似的情况下，基本上新政府最后都会继续履行前任政府签署的协议，因为他们发现中国是唯一能够满足其现代化需要的国家。

中国与印度尼西亚也开展了基础设施方面的合作。印度尼西亚的基础设施同样落后，它的人口是英国的 4 倍，但其耗电量却只相当于英国的 50%[2]。为解决电力不足的问题，雅加达希望通过建造 100 个新的发电站使本国的发电量翻一番[3]，这为中国与印度尼西亚的合作提供了充足的空间。当前，中国与印度尼西亚国有企业有 51 亿美元的合资项目。2017 年，印度尼西亚对基础设施投资 260 亿美元，中国与印度尼西亚合作的雅加达—万隆高速铁路也开始建设。中国还在印度尼西亚实施了一些公路项目。

随着相关公路和铁路基础设施的建设，东南亚的区域综合

---

[1] Bhavan Jaipragas. 11 Projects that Show China's Influence Over Malaysia- and could Influence Its Election. South China Morning Post，August 5，2017.

[2] Power Stations in Indonesia，Shock Therapy. The Economist，March 26，2016.

[3] 目前独立发电厂的发电量约占印度尼西亚电力的 20%。

交通一体化网络正在逐步形成。建设一个通过中国铁路连接东南亚和欧洲的亚太铁路项目[①]成为可能。

中俄蒙经济走廊

中蒙俄经济走廊是中国"一带一路"倡议规划的六大走廊之一。该项目旨在改善中俄蒙三国之间的基础设施联系，减少货运时间，为蒙古自然资源出口创造新的海陆路线；它还旨在减少边境的贸易壁垒，并为俄罗斯经由蒙古到太平洋港口的货运提供一条较短的路线。

俄罗斯是欧洲的一个大国，也是一个重要的"一带一路"沿线国家。莫斯科有着雄心勃勃的基础设施计划，其中之一是扩建西伯利亚的高速铁路。中俄合资的高速铁路喀山—莫斯科铁路耗资 150 亿美元，将在莫斯科到喀山之间修建 770 公里的铁路，使旅程时间从现在的 12 小时缩短到 3.5 小时。中国已同意为该项目投资 60 亿美元，该项目将成为中俄 1 000 亿美元高速铁路项目的一部分[②]。

俄罗斯希望成为欧亚大陆的过境国，但是原长 16 800 公里的西伯利亚铁路没有足够的运量。俄罗斯人希望建设一条横跨欧亚大陆的"一带一路"沿线公路：从中国出发，通过哈萨克斯坦，向北通往奥伦堡、喀山和下诺夫哥罗德，通过新建的中

① 一旦中国-印度尼西亚公路项目和中泰铁路项目完成，就可以实施亚太铁路项目。

② 一些国家在建立多边运输网络和基础设施项目方面与中国展开竞争。例如，美国与蒙古国签署了一项 3.3 亿美元的协议用来开发新的水资源。

央环路穿过莫斯科，然后穿过白俄罗斯到达波兰，或者经过圣彼得堡到达芬兰。

俄罗斯的战略是发展远东地区，同时还致力于使欧亚经济联盟国家彼此之间的联系更为密切，尤其是与哈萨克斯坦和白俄罗斯等国保持良好关系。莫斯科希望通过与中国和欧洲国家建立联系，来促进欧洲经济联盟发展，这是因为跨越欧亚大陆的货物只需要通过欧亚经济联盟即可。

然而，在俄罗斯建设基础设施存在的问题是俄罗斯的建设成本极高[1]，比将货物直接通过俄罗斯更具前景的选择是，将货物从新疆运往地处里海的哈萨克斯坦或土库曼斯坦港口，然后经阿塞拜疆和格鲁吉亚运往土耳其[2]。

与西亚北非国家的基础设施合作

西亚北非是"一带一路"建设的必经区域，中国与区域代表国家土耳其和埃及已经开展了基础设施领域的合作。

土耳其是连接中国和欧洲的一个特别重要的国家。土耳其是一个新兴经济体，其人均收入从 2000 年的 3 500 美元增加到 2010 年的 10 000 美元。自 2002 年埃尔多安上台以来，土耳其的年均经济增长率约为 5%。土耳其在历史上一直扮演着绕过俄罗斯连接亚洲和欧洲的战略桥梁。土耳其有两个目标：一是通过

---

① 例如，莫斯科的支路工程每公里建设成本为 5 000 万美元。

② Vladislav Inozemster. OBOR：Russian Dream Excess Reality. Eurasia Daily Monitor，June 6，2017.

新的高铁线路促进国内铁路网现代化,二是提高其进入中亚及其他地区出口市场的能力。叙利亚和伊拉克的战争导致局势不稳定、土耳其与伊朗在公路运输问题上的分歧以及其与埃及在政治问题上的争端,导致土耳其通往中东的出口路线受阻。因此实现这两个目标至关重要。

如今,土耳其正通过国内、次区域和跨国基础设施项目(如巴库—第比利斯—卡尔斯铁路)加强这一地位。土耳其还计划在"2023 年愿景"倡议下修建数千公里的新公路和铁路,这是土耳其独立后的具有世纪意义的标志。总的来说,这些举措将扩大土耳其的交通网络,加强其与亚洲和欧洲的联系。

土耳其希望以巴库—第比利斯—卡尔斯铁路的形式建立一个中间走廊倡议,该铁路将成为连接它与欧盟的导管(位于博斯普鲁斯海峡下面)。土耳其希望该中间走廊倡议与"一带一路"对接,因为巴库—第比利斯—喀尔斯铁路将连接哈萨克斯坦的阿克套港口,从那里它将与中国铁路相连。土耳其还计划修建从伊迪恩到卡尔斯的高速铁路。它还希望在安卡拉和伊斯坦布尔之间修建一条高速铁路。

"土耳其认为中国是一个合作伙伴,这有助于发展土耳其的基础设施和技术。"① 与中国签署的两项协议将有助于土耳其加速实现其制定的两个目标。在中国看来,投资土耳其的铁路项

---

① Vladislav Inozemster. OBOR:Russian Dream Excess Reality. Eurasia Daily Monitor,June 6,2017.

目是有意义的，因为土耳其可以为"一带一路"连接欧亚大陆提供了一个安全和稳定的选择。

埃及是"一带一路"北非沿线的重要国家。自 20 世纪 50 年代中期以来，埃及一直与中国保持着经济和文化往来。现在中国正在建设苏伊士运河经济区，同时它还计划参与在开罗东南部沙漠地区的一个价值 450 亿美元的商业项目[①]。中国正投资 150 亿美元在埃及的电力、交通和基础设施项目上，其中一些项目将由亚投行资助，而埃及也是该银行的创始成员之一[②]。

中国在中亚的基础设施建设

哈萨克斯坦与西欧规模相同。它是世界上最大的内陆国家。多亏了中国，哈萨克斯坦历史上第一次获得了稳定的海上通信和进入太平洋的通道。该国已充分利用连云港和连云港—霍尔果斯高速公路的作用。连霍高速公路，是连接中国境内的江苏省连云港市到新疆与哈萨克斯坦接壤的霍尔果斯口岸的 4 243 公里（2 636 英里）长的高速公路，这条公路为哈萨克斯坦提供了通往太平洋的通道。

2013 年 9 月，习近平主席在哈萨克斯坦的阿斯塔纳宣布了"丝绸之路经济带"倡议。对中国来说，哈萨克斯坦的地理位置和稳定的外交政策使其在"一带一路"倡议中占有一席之地。

---

① Tamer El-Ghobashy and Esther Fung. Soft Power: China Backs Egypt's New $45 Billion Capital. The Wall Street Journal，May 3，2016.

② Noha El Tawil. Why Egypt is significant to Belt and Road Initiative. Egypt Today，April 27，2019.

这个国家有一个长期的国家经济战略，即"光明之路"项目。对于哈萨克斯坦来说，"一带一路"倡议可以与国内投资 210 亿美元的"光明之路"基础设施项目（包括能源、金融、住房、教育和医疗保健①）融为一体②。通过建设"光明之路"，哈萨克斯坦希望成为全球价值链的一部分。其目标是创造一种多式联运的欧亚大陆运输通道，允许货物在三个大陆走廊（中国—欧洲，中国—高加索—土耳其，哈萨克斯坦—土库曼斯坦—伊朗）中畅通无阻地相互流通③。

2016 年，国务院总理李克强与哈萨克斯坦总理马西莫夫签署了价值 240 亿美元的重大协议。它们中的大多数侧重于基础设施和工业化合作。哈萨克斯坦是第一个在基础设施上投资超过 50 亿美元、支持中国建立陆地通信的国家。纳扎尔巴耶夫在北京称，哈萨克斯坦与中国的关系是高效团队合作的典范。

在"一带一路"和"光明之路"的对接过程中，中国和哈萨克斯坦正在霍尔果斯开发一个联合自由贸易区，从重庆到哈萨克斯坦、俄罗斯、白俄罗斯、波兰一直到德国杜伊斯堡的跨欧亚铁路（中欧班列）已经开始实施，中国向 8 个欧

---

① 2016 年，在哈萨克斯坦的外国直接投资超过 200 亿美元，投资者将哈萨克斯坦视为通往 1.8 亿人的欧亚经济联盟市场的门户。

② 哈萨克斯坦首任总统纳扎尔巴耶夫于 2014 年推出一项 90 亿美元的经济刺激计划，旨在改善与中国、吉尔吉斯斯坦、乌兹别克斯坦及俄罗斯的联系。Lim Yan Liang. Kazakhstan Aims to Be Regional Hub. The Straits Times，April 22，2017.

③ Dmitry Lee. National Railway Carrier KTZ to Build Eurasian Transcontinental Bridge. Business，November 29，2016.

洲城市发出了大约 1 700 列火车，其中 1 200 列火车经过哈萨克斯坦①。对接过程还包括建设中国西部-欧洲西部公路和运输走廊（8 445 公里）的哈萨克斯坦路段（2 787 公里）②。在哈萨克斯坦，正在建设的洲际铁路阿拉木图段长 112 公里以上，将用来运输散装货物和服务旅客列车。据瓦西连科③说，"我们在'光明之路'计划中修建的道路让我们能够更快地到达阿克套港以及哈萨克斯坦—土库曼斯坦—伊朗南部公路"④。

此外，中国远洋运输（集团）总公司正在哈萨克斯坦内陆开发一个"陆港"⑤。该港口位于哈萨克斯坦东南边境的霍尔果斯口岸，这是"一带一路"进入哈萨克斯坦的两条通道之一。该港是一个主要的运输和物流枢纽，可以确保从中国到欧洲以及中亚和波斯湾国家的货物运输的有效分配。哈萨克斯坦还计划修建一条从里海到黑海再到地中海的欧亚运河。如果这个梦想能够成真，那么中国的建筑公司可能首先会伸出援手。

---

① 其他中国的铁路建设包括从乌兹别克斯坦东部到首都塔什干附近的新铁路，以及吉尔吉斯斯坦和塔吉克斯坦新铺设的道路。

② 2017 年 10 月，第一列从英国开往中国的货运列车从东英格兰出发，途经哈萨克斯坦，运输婴儿产品和维生素等商品。陆上 12 000 公里的旅程预计需要 18 天，约为海上行程时间的一半。Lim Yan Liang. Kazakhstan aims to be regional hub. The Straits Times，April 22，2017.

③ 哈萨克斯坦外交部副部长。

④ 中国的其他建设活动包括从乌兹别克斯坦东部到首都塔什干附近的新铁路，以及吉尔吉斯斯坦和塔吉克斯坦新铺设的道路。

⑤ 中远集团持有霍尔果斯铁路枢纽 49% 的股份。Doug Tsuruoka. China's Landlocked "Port" in Kazakhstan doesn't Need Water to Succeed. Asia Times，January 9，2018.

数字丝绸之路建设

对于人类来说，中国第一次推动全球化是丝绸之路……在今天的互联网时代，我们应该把丝绸之路变成数字丝绸之路。

——马云[①]

积极推动数字丝路建设，共建网络空间命运共同体。

——陈肇雄[②]

当印度的数据流量加速其数据消费和增长时，我们很高兴参与到孟买的电缆铺设建设中。

——马修·欧曼[③]

数字丝绸之路是"一带一路"的数字版本。在 2017 年"一带一路"国际合作高峰论坛的联合公报中，数字网络被纳入"一带一路"框架内。中国承诺在双边、三边、区域及多边合作框架下，支持"电子商务、数字经济、智慧城市和科技园区的创新行动计划"。这是一个雄心勃勃的愿景，通过采用天基卫星服务技术，帮助中国企业进入国际市场，它涵盖了中国智能手机制造商的许多活动[④]。像中兴和华为这样的公司已经建

---

① 马云在 2017 年马来西亚数字自由贸易区（DFTZ）的演讲。

② 时任中国工信部副部长。A Web of Silk. The Economist, June 2, 2018.

③ 尽管印度反对"一带一路"倡议，但它是数字丝绸之路的一部分。马修·欧曼是信诚工业公司的总裁。

④ 小米和 Oppo 的智能手机在中国和海外都很受欢迎。

立了电信网络[①]。预计中国的 IT 规则和标准将被大多数"一带一路"沿线国家接受并作为规范[②]。

　　中国的数字经济被视为全球的开拓者[③]。在数字领域，从半导体[④]到电子商务，习近平希望中国成为自己技术的主人。中国的科技公司目前正在推进机器人技术和云计算的创新[⑤]，它们中的许多公司都是这个领域的世界领头羊[⑥]。中国正在大力支持半导体和电子商务。中国进口半导体的支出超过了石油，其目标之一是到 2020 年让所有中国人都能进行网上购物，并提供 48 小时送货服务。中国将实现这些目标作为"一带一路"倡议的组成部分。实现这些目标需要加强人工智能、量子计算、纳米技术、大数据和云存储等相关学科建设。历史上的西安是古丝绸之路的

---

　　①　为了赢得好感，中国采取了分享利润和资助教育项目的方式。

　　②　拥有世界最大专利宝库的华为、中兴和其他互联网公司都在购买专利。中国的高科技巨头，如华为和联想，以及阿里巴巴和腾讯，在云计算领域都取得了长足的进步，它们在海外也变得越来越活跃。Michael Gravier. Digital Trade Transformation：Ten Observation for 2018：Part 1. Supply Chain Management Review，December 7，2017.

　　③　John Thornhill. China's Digital Economy Is a Global Trailblazer. Financial Times，March 20，2017.

　　④　自 2014 年以来，中国通过并购和国内补贴相结合的方式，在这一领域投入了 1 500 亿美元。它还向本国的 Semiconductor Manufacturing International Corp. 注资，同时鼓励英特尔（Intel）和高通（Qualcomm）等跨国公司在中国设立分支机构。Louise Lucas and Emily Feng. China's Push to Become a Tech Superpower Triggers Alarms Abroad. Financial Times，March 19，2017.

　　⑤　中国在数字领域拥有一些领先的公司。百度、阿里巴巴和腾讯在海外上市，总市值约为 6 000 亿美元。中国的"BAT"增强了从谷歌、易贝和脸谱上学习到的模式，但其目标是在半导体和人工智能等领域处于领先地位。

　　⑥　阿里巴巴开发了"淘宝村"，以促进电子商务，即使中国一些最贫穷的县也能通过技术与世界相连。Michael Gravier. Digital Trade Transformation：Ten Observation for 2018：Part 1. Supply Chain Management Review，December 7，2017.

重要枢纽，因此中国计划把西安打造成"西部硅谷"。这座城市拥有 63 所高等学府，每年培养 30 万名毕业生，其中大多数成为工程师和科学家。它还拥有数百个研究机构。

问题是，中国在数字领域的实力如何惠及"一带一路"国家？中国主要通过建设海底电缆系统、发展跨境电子商务和打造"一带一路"空间信息走廊的方式推动数字丝绸之路建设，这将对"一带一路"沿线国家有着直接影响。

首先，建设海底电缆系统。在许多发展中国家，缓慢的宽带速度阻碍了它们经济潜力的发挥。数字技术的落后导致许多"一带一路"参与者无法共享全球电子商务的繁荣。中国已经开始研究构建世界上最长的海底电缆系统，作为"一带一路"建设的一部分以提供互联网基础设施服务。亚非欧一号电缆系统（简称 AAE-1）是由中国联合网络通信集团（简称中国联通）发起的 25 000 公里长的海底电缆系统，计划连接越南、新加坡、马来西亚、泰国、巴基斯坦、印度、阿曼、阿联酋、卡塔尔、沙特阿拉伯、埃及、希腊、意大利和法国等 19 个国家。中国联通是中国有线电视项目的主要参与者，它为参与"一带一路"的国家和地区建设互联网基础设施做出了很大贡献。它也是 AAE-1 联盟的重要成员，拥有基于 100Gbps 技术的潜艇系统；其他国家的外国公司也参与到 AAE-1 的建设中①。

---

① 许多贫穷国家都能享受到中国联通、CIL（Hyalroute）、吉布提电信、Etisalat、GT5L、Mobily、阿曼电信、Oredoo、Oteg、PCCW、PTCL、Reliance Jio、Retelit、埃及电信、也门电信、TOT、Viettel、VNPT 和 VTC 的服务。

除 AAE-1 项目之外，中国还计划建设其他项目，包括欧洲—俄罗斯—蒙古—中国网络、跨欧亚信息高速公路以及欧洲和亚洲市场的多样化路线。然而，内陆国家（如中亚国家）在获取国际数据和信息方面受到限制，因为它们与海底电缆存在距离上的限制。但是中国投资的相关技术项目，将沿着陆路连接丝绸之路帮助解决距离问题。中国电信服务提供商已在多个"一带一路"沿线国家进行了投资。华为和中兴积极参与到阿富汗和巴基斯坦的大型光纤网络建设中[①]。这些国家将受益匪浅，因为它们可以使用远程移动电话服务和互联网服务。

中国还在丝绸之路沿线的许多城市引入超高速宽带。中国的专业知识将帮助"一带一路"沿线国家在云计算、大数据分析、信用风险评估、移动支付和物流等不同领域学习。许多中国公司已经在与当地同行探索合作与建立合资企业的机会。例如，东南亚正走着十年前中国的路，提高互联网和移动通信的普及率。

其次，发展跨境电子商务。随着阿里巴巴、京东等中国电子商务巨头的崛起，全球电子商务市场正成为中美竞争的主要舞台。中国电子商务平台将在不久的未来超越美国同行亚马逊、沃尔玛和易贝。除了阿里巴巴、京东等大型电子商务服务商外，腾讯也有很好的电子商务平台[②]。中国的电子商务提供商都处在能充分利用欧

---

① 中国移动在巴基斯坦投资巨大。在中巴光缆项目建成后，巴基斯坦将受益匪浅。

② 马云于 2016 年提出了一项雄心勃勃的计划，即建立一个与世界贸易组织（WTO）相当的电子平台。据他介绍，世界电子贸易平台可以减少电子商务中的贸易壁垒，帮助小企业利用电子商务行业增长潜力。SanchitaBasu Das. OBOR's Digital Connectivity Offers Both Benefits and Risks. ISEAS Yus of Ishak Institute，August 4, 2017.

亚电子商务市场的有利地位。它们承认"一带一路"沿线国家之间的合作，将帮助它们增加电子商务平台上的产品品牌数量。

拥有快速交付和优质服务经验的中国企业将有助于"一带一路"跨境电子商务市场快速成长。"一带一路"沿线国家将受益于中国在航空和铁路运输领域的经验。典型的例子是顺丰速运，它是一家覆盖中国34个省级行政区域的快递公司，正在建设一个拥有50多架全货运飞机的航空物流中心，该中心不久将成为亚洲第一、世界第四的物流中心。顺丰在新加坡、马来西亚、越南和泰国都设立了服务点，拥有自己的本地服务团队，可以提供方便快捷的国际快递服务。京东利用"一带一路"框架下的中欧班列，成功地将从德国到中国西南地区的汽车运输时间缩短至两周，是过去海运时间的一半。

东盟是中国企业在信息技术领域并购的主要国家①。中国企业一直在寻求收购现有企业以扩大其规模②。中国电信和爱

---

① Major B&R Gains for ASEAN. Straits Times, June 19，2017.

② 2015年，阿里巴巴与印度尼西亚最大的在线支付提供商Doku签署了一项协议，以快速跟踪和简化为印度尼西亚客户支付的款项。2016年，阿里巴巴收购了东南亚大型电子商务公司Lazada，对Lazada的投资使阿里巴巴能够控制HelloPay。2017年，HelloPay与支付宝合并，从而将支付宝的业务扩展到东南亚。2017年早些时候，该公司与马来西亚政府合作，在2019年之前创建了第一个数字自由贸易区。该项目包括实体区和虚拟区，据说有助于小企业利用数字经济和跨境电子商务销售。它将提供物流设施、运营和在线服务平台。2017年4月，阿里巴巴宣布与信测科技（Emtek）合作，共同推出新的移动支付产品和金融服务；该合作随后促使对印度尼西亚另一家电子商务巨头Bukalapak的投资。阿里巴巴还对泰国支付提供商Ascend Money、菲律宾数字支付提供商Mynt、新加坡多货币交易初创企业M-DAQ进行了大量投资和收购。除了阿里巴巴，腾讯也进军东南亚市场。腾讯已经支持新加坡平台提供商SEA，SEA正准备首次公开募股并可能会获得10亿美元的资金。凭借腾讯的新资金，SEA还加速了Shopee（电商平台）在东南亚的扩张计划。

立信①推出了中国电信物联网开放平台②和全球链接管理平台，以支持中国政府的"一带一路"建设，并加快物联网解决方案和服务的部署③。

马来西亚④与阿里巴巴集团和马来西亚数字经济公司（Malaysia Digital Economy Corp.）共同推出了世界上第一个数字自由贸易区，将马来西亚打造成那些希望深入东南亚地区的互联网公司的启动平台。2018 年，马哈蒂尔当选为马来西亚的新总理。尽管马哈蒂尔对前政府签署的一些基础设施项目表示担忧，但他欢迎马云提出的使马来西亚成为中小企业出口的区域电子商务和物流中心的计划。到 2025 年，这将创造 6 万个就业机会，使贸易额增长到 650 亿美元，该计划也符合阿里巴巴的数据货币战略⑤。

中国正在努力使其数字规则成为全球规范。由于之前的 3G

---

① 爱立信的设备链接平台于 2012 年推出，现在作为爱立信物联网加速平台的一部分，支持超过 25 家运营商和 2 000 多家企业客户。它是一个开放平台，正被各个行业的多个企业客户用来管理全球的物联网链接服务。该平台根据服务水平协议及设备链接网络，统一为企业客户提供可靠的链接服务。

② 该平台将使企业能够通过合作伙伴关系部署、控制和扩展物联网设备的管理。通过该平台，企业客户可以将其业务流程与中国电信提供的托管链接服务相结合，从而创建可靠的物联网解决方案。中国电信及其行业客户可以利用该平台推动中国及其他行业的数字化转型。

③ 当下几乎所有技术与计算机、互联网技术的结合，实现了物与物之间，环境以及状态信息的实时共享以及智能化的收集、传递、处理、执行。广义上说，当下涉及信息技术的应用，都可以纳入物联网的范畴。

④ 中国房地产开发商碧桂园集团位于马来西亚柔佛巴鲁（Johor Baru）大型森林城市"迷你都市"的后面。

⑤ Nile Bowie. While Skeptical of China, Mathathir Embraces Jack Ma. Asia Times, June 21, 2018.

和 4G 协议与国际上采用的标准不兼容,中国为此付出了高昂的代价。中国认为,为了在竞争中生存,并迈向全球价值链上游,必须建立一个全球 5G 标准①。华为和德意志电信的合资企业是欧洲首个 5G 测试版网络的支持者,自 2017 年 9 月以来,该网络一直在柏林运行②。

最后,打造"一带一路"空间信息走廊。"一带一路"空间信息走廊建设,包括对地观测、通信广播、导航定位等各类卫星开发、地面和应用系统建设以及应用产品开发。中国的北斗系统(BDS)将大大造福"一带一路"沿线国家。中国的目标是 2016—2020 年在"一带一路"沿线建立空间信息走廊,届时北斗卫星网络将成为全球定位系统(GPS)的竞争对手③。北斗系统将为公路、铁路、港口和工业园区提供数字信息服务,该网络目前拥有 23 颗卫星,到 2020 年将增加到 35 颗卫星,用于运输系统、渔业管理和配电服务④。因此到 2020 年底,北斗将覆盖整个地球。

"十三五"时期(2016—2020 年),"一带一路"为中国北斗

① 中国将把发展本土半导体产业作为国家的首要任务,以减少中国对进口的过度依赖。

② 2017 年华为在研发上花费了约 140 亿美元。微软在 2017 年的研发支出约为 100 亿美元。华为拥有约 10% 的 5G 移动宽带关键专利,并于 2018 年 6 月在中国移动研究院完成 5G 核心网络技术验证测试。Frank Chen. Chinese Firms May Face Lock-out If Washington Seals Off 5G Networks. Asia Times,January 30,2018.

③ 登陆月球的背面展示了中国作为太空强国的实力。在一个理想的世界里,中国和美国应该以"嫦娥四号"登月为契机,开启太空科学探索的新时代,而不是使太空军事化。

④ Sanchita Basu Das. OBOR's Digital Connectivity Offers both Benefits and Risks. ISEAS Yus of Ishak Institute,August 4,2017.

卫星导航系统发展带来一个黄金机遇。中国的北斗卫星导航系
统将扩大其在泰国、斯里兰卡及整个东南亚的合作[①]。该地区
人口超过 6 亿。由于海外华人中的大多数都是活跃在商业领
域的人，因此中国企业可以从他们的推介中获益。鉴于北斗
系统的覆盖面广、创新能力和服务能力强，因此"一带一
路"国家将受益于其在智能交通、大型建筑变形监测、地下
公用设施和应急事务等多个行业的广泛应用。除基础设施部
门外，北斗系统还将广泛应用于天然气管道[②]和汽车工业，
其中包括汽车制造、汽车电子和智能交通服务。

　　中国正在帮助许多发展中国家从数字革命中获益并发展其
自身技术能力。

　　中国与中东的友谊包括开展卫星合作。中东地区是未来空
间信息走廊的关键所在。这对人口稠密的埃及和人口稀少的海
湾国家来说尤为重要。中国与埃及国家遥感和空间科学管理局
（NARSS）签署了两项协议。作为两国于 2017 年 3 月 21 日签署
的新合作协议的一部分，中国已同意向埃及地球观测卫星项目
（埃及卫星计划）提供 6 400 万美元[③]。这笔资金取决于埃及卫星
计划的可行性研究，但同时被认为是中国"一带一路"倡议中用
于建设苏伊士运河经济区基础设施的 70 亿美元赠款的一部分。

---

① 这是由系统运营商武汉光谷北斗控股集团于 2017 年 3 月提供的信息。
② 北京市天然气集团收购了俄罗斯石油巨头俄罗斯石油公司 20％的股份，
并正与印度尼西亚和马来西亚进行合作谈判。
③ 在 2016 年，开罗与法国空中客车公司防务与航天集团（Airbus Defense
and Space）和泰利斯阿莱尼亚宇航公司（Thales Alenia Space）签署了一项军事通
信卫星协议。

在第二项协议中，中国为埃及的卫星测试、集成和组装设施提供了 2 300 万美元。该设施符合埃及的政策意图，即在制造卫星和卫星部件方面实现自给自足。

阿拉伯海湾地区有潜力成为全球技术中心。中国企业正积极在海湾国家建设数字基础设施，为智能城市、电子商务、移动银行和数字健康解决方案提供服务。中国的电子商务巨头百度、阿里巴巴、腾讯、华为[1]在海湾地区极其活跃。像光启、头条和滴滴这样的中国新兴企业也在积极参与海湾事务[2]。在海湾国家，外来人口超过当地人口，这使该地区成为世界上最多元文化的地区之一，世界各地的视频和广播内容都能在该地区收看到[3]。由于许多海湾国家遭受政治动荡，专用卫星在灾难和紧急情况下就显得至关重要了。

在撒哈拉以南非洲，中国的科技公司在市场上有着强大的影响力。它们以低于西方公司的价格提供产品和服务。与保守的欧洲竞争对手不同，它们擅长根据当地人的需求定制产品[4]。

---

[1]　华为已向巴林总部投资 3 000 万美元用于发展电信和云服务。

[2]　2018 年，滴滴在区域出租车和权利分享应用中获得股权。

[3]　随着该地区主流媒体和广播服务的扩展，中央广播电视总台已经开始在迪拜运营。

[4]　例如，TECNO 是总部位于香港的母公司 TrimsOffice 旗下的智能手机制造商。它在尼日利亚有一个手机制造基地，专门用来针对非洲市场进行实用的创新，其中包括延长电池寿命，因为可靠的电源在当地很难获得。屏幕的抗灰尘功能和相机设置专门设计成适合深色皮肤。除此之外，手机的价格通常在 50～100 美元，让当地人比较容易接受。TECNO 发展迅速，根据 Transsion Holdings 网站，其在非洲的集体品牌在撒哈拉以南非洲拥有 40％以上的市场份额。TECNO 本身在非洲智能手机市场中占有 25％的份额。Transsion Holdings 的双 SIM 卡手机总销量也超过 2.46 亿部。"China is everywhere" in Africa's Rising Technology Industry. ETCNBC. com，July 28，2017.

2016 年 12 月，中国电信宣布将与吉布提数据中心合作，扩大其网络，推动东非光缆业务的发展。北京四达时代通信网络技术有限公司雇用和培训当地人，同时为增加其收视率，投资本地和国际节目。它在坦桑尼亚尤为成功。其低价格的服务使其市场份额迅速增长，特别是受到坦桑尼亚中产阶级的欢迎。在津巴布韦，中国水电正在进行万基扩建项目。泰隆通信项目将彻底改变津巴布韦的电信业。NetOne 公司 2018 年与中国华为签署了一项大规模协议，该协议将见证电信行业更有效的最新技术的使用。

中国正在非洲建设一个传统和数字基础设施相结合的现代通信系统。毫不夸张地说，这代表着非洲大陆新的"神经系统"的诞生，而非洲大陆之前被大多数西方专家诊断为"无药可救"。

冰上丝绸之路建设

"一带一路"提供了连接亚洲与北极和欧洲的替代方案。

——蒂莫·洛希[1]

冰上丝绸之路是"一带一路"倡议的一部分。2013 年，中国和其他四个亚洲国家作为观察员加入了北极理事会[2]。2018

---

[1] 蒂莫·洛希是北极走廊项目的发言人。Doug Tsuruoka. Finland Could Serve as China's Arctic Gate Way for OBOR. Asia Times，July 2, 2017.

[2] 北极理事会是一个政府间组织，由北极地区的 8 个国家组成，13 个国家拥有观察员地位。

年中国公布了一份概述其北极政策的文件。该文件称中国为"近北极国家"。随着格陵兰冰盖的消退，北极航线将在冬季可以通航，这样货船就有可能穿越北极水域。

北极航线可以直接从上海经过西北太平洋，再绕过白令海峡到达北冰洋，抵达俄罗斯北部和欧洲的港口。这样，将有三条中国特有的新航线。这三条航线包括印度洋至地中海航线、南太平洋航线和北冰洋航线。这三条蓝色航线将使沿线的国家从经济活动上受益。

新的北极航线将具有巨大经济效益①。对中国来说，利用包括锌、稀土和铀在内的北极资源将因此变得更加容易②，另一个好处是振兴中国东北部的港口城市。冰上丝绸之路还是一条比通过苏伊士运河从中国北部到鹿特丹要快得多的航线，它将上海和欧洲之间的距离缩短了 20％～25％③。在中国与北欧合作的背景下，芬兰有望成为中国在北极的"一带一路"门户。芬兰学术界和商业界强烈支持这一倡议。投资 34 亿美元的北冰洋走廊铁路将连接北欧和中国以及北冰洋深水港。芬兰的一项研究得出结论："一旦航线完全开放，海运成本就会降低。在多边基础设施项目下，船舶可以将中国的货物以及俄罗斯北极地区的石油和天然气沿着北海航线向西输送到基尔肯尼。货物将通

---

① 2016 年，一艘中国研究船完成了加拿大西北航道的首次过境，使从纽约到上海通过巴拿马运河的传统航线缩短了 7 天。新华社庆祝这次成功航行，认为这"为中国开辟了一条新的海上航道"。China Reveals Arctic Ambitious with Plan for "Polar Silk Road". China Daily, December 11, 2017.

② 根据美国地质调查局的数据，北极地区拥有世界天然气储量的 1/3 左右。

③ China wants to be a polar power. Asian Times, April 14, 2018.

过铁路输送到斯堪的纳维亚、赫尔辛基、波罗的海诸国和欧洲其他国家……北极走廊铁路也可以在芬兰边境连接到俄罗斯的铁路网，而俄罗斯的铁路网又连接到中国的铁路网。这将使中国的货物能够乘火车运输到欧洲。"①

　　鉴于中国在基础设施建设方面的专业性，中国企业可以在北极建设新港口，并在促进航运方面发挥重要作用。它们同时在考虑建设一条横跨芬兰的北极铁路②。根据该计划，"船只可以从中国运输货物，也可以从俄罗斯北极地区运输石油和天然气，沿着这条通往科克内斯的北方路线向西移动。货物将通过铁路输送到俄罗斯、芬兰、波兰等波罗的海国家"③。这将是一个长期的项目，至少需要 10 年的建设时间。根据可使用的资金情况，建设可能从 2030 年左右开始，预计到 2040 年完工，这将使亚洲和欧洲之间的集装箱运输量增加近 3 倍。即使只有从东亚到北欧的集装箱总进口份额 3%～4% 的运输量，也将给科克内斯港和通往罗瓦涅米的北极铁路带来足够的经济效益④。从战略上讲，这一路线将帮助中国绕行由美国控制的马六甲海峡，并进一步深化中国和俄罗斯之间的合作。

　　① Doug Tsuruoka. Finland Could Serve as China's Arctic Gate Way for OBOR. Asia Times，July 2，2017.

　　② Anne-Marie Brady. China as a Polar Great Power；Doug Tsuruoka. Finland Could Serve as China's Arctic Gate Way for OBOR. Asia Times，July 2，2017.

　　③④ Doug Tsuruoka. High Hopes among Scandinavian Backers of "Ice-Silk Road" East. Asia Times，January，26，2018.

第五章　工业化的扩展

（中国的技术转让）足以使几乎所有沿新丝绸之路发展的经济体同时实现工业化和现代化。

——林毅夫[1]

"一带一路"倡议为亚洲走上平衡而可持续发展道路提供了难得的机会。

——沙姆沙德·阿赫塔[2]

---

[1] Silk Road Vision for the Developing World. China Daily，December 21，2015.

[2] 联合国副秘书长兼亚太经济社会委员会执行秘书长。http://usa.chinadaily.com.cn/epaper/2017-03/22/content28641395.htm.

中国的产业升级与新的雁行模式

近年来，中国制造业的领先地位得到了显著提高。这个国家具有后发优势，在过去的十年里，令人印象深刻的制造业引擎使人均 GDP 翻倍，提高了人民生活水平。单这项成就在英国就花了 150 年时间。中国政府制定了雄心勃勃的《中国制造 2025》，这是一项为期 10 年的国家计划，旨在将中国从制造业大国转变为全球高科技制造业强国。到 2050 年，中国的目标是成为世界科技领导者，经济发展将以创新为主导[①]，到那时，中国的大学和研究机构将达到世界领先水平，科学和研究成为国家战略资源的支柱[②]。《中国制造 2025》以德国工业 4.0 为模型，描绘了一个将制造业从低附加值劳动密集型产业转移到智能技术时代的蓝图。随着劳动力成本的上升，这对未来中国的产业发展会十分有用。作为该计划的一部分，负责制定经济和社会发展政策的中国国家发展和改革委员会宣布建立 19 个国家数据实验室，其中大多数是在大学里建立的。其中，阿里云业务目前正在参与建设两个实验室：一个负责支持工业领域的在线数据挖掘和云处理技

[①] Khairy Tourk, and Peter Marsh. The New Industrial Revolution and Industrial Upgrading in China: Achievements and Challenges. Journal of Economic and Political Studies, Renmin University, 2016.

[②] Jing Fu. Finland, Switzerland Apt Models for Research, Innovation. China Daily, April 5, 2017.

术，另一个负责开发搭建大数据平台的软件系统。

根据联合国工业发展组织发布的《2016 年工业发展报告》，中国在全球竞争性工业绩效指数中排名第五。不断上升的制造成本使中国需要改进旧的制造方法，从而保持国家的竞争优势。对于中国企业来说，当务之急是提高生产率、改进产品开发方法。中国有宏伟的目标，能够克服一代又一代的技术难关。包括长三角地区（含上海）、重庆和成都在内的许多地区已经开始进行产业升级[1]。技术升级必然伴随着技术转移，中国国内的制造业正在从南部沿海地区向中西部地区转移。

有许多证据表明，中国将成功实现其产业升级的目标：

第一，中国拥有大量兼具纪律性和灵活性的劳动力[2]。

第二，中国教育体系的数量和质量不断提高。中国的制造业得到了令人印象深刻的教育体系的支持。自 1998 年以来，教育占 GDP 的比重几乎翻了 3 倍，高校数量翻了一番，仅在十年内，中国就建立起世界上完善的高等教育体系。

第三，科学与工程专业是中国教育的重点。每年中国毕业的 STEM（科学、技术、工程和管理）学生超过 500 万人。

第四，中国的研发支出占 GDP 的 2% 以上，占全球研发的 12.8%，远远领先于英国和其他大多数西欧国家。

---

① 例如，随着英特尔和惠普等公司在成都市的发展壮大，成都正逐渐成为高科技城市。

② 劳动力的灵活性是中国经济的一大优势，例如，在 8 700 名中国产业工程师的监督下，超过 20 万名中国工人参与了第一部 iPhone 的生产。他们在仅仅两周内被招募。在美国，仅这一过程就可能需要 9 个多月的时间。

第五，中国在 2016 年和 2017 年分别设立了两个国家级制造业创新中心，专注于动力电池和添加剂的制造。在未来十年，至少有三个中国制造业部门，即发电和输电设备、通信设备和铁路运输将在全球领先。

第六，中国拥有充满活力的创业文化。清华大学的 X-lab 吸引着最优秀的学术人才，它拥有 116 个致力于技术和智能制造的团队。

第七，根据世界知识产权组织的数据，2016 年中国专利申请量激增 45%，中国将超越日本和美国[1]成为国际专利体系的最大用户[2]。与其他主要国家相比，中国生命科学专利数量的增长是中国技术实力不断增长的一个体现[3]。如图 5-1 所示，从 2001 年到 2014 年，中国生命科学出版物的数量大幅提升，到 2014 年已经超过日本，更是远远超过韩国和印度。科学文献引文变化趋势也印证了中国科学实力的不断上升，在 2013 年，中国已经超过美国，成为世界科学文献引文第一大国。

---

① 尽管与中国的增速不同，日本和韩国企业也比大多数欧洲和北美公司更快地增加了其国际专利申请量，2016 年亚洲占所有专利申请的 47.4%，略低于欧洲（25.6%）和北美（25.3%）之和。

② 在迅速公正地裁决专利争端方面，中国仅次于德国。

③ 2018 年，"华为获得的专利数量排名第 16……比前一年高出 4 位。在 1 680 项专利申请获得批准后，华为仅落后于索尼 8 项，而索尼是日本成为一个创新的电子产业强国的标志……另一家中国集团，屏幕制造商京东方，在排名中仅落后华为一位，获得 1 634 项专利，首次超越通用电气。中国的专利大多是针对基础计算和通信技术的。Richard Waters. Chinese Companies Increase Number of Tech Patents Award in the US. Financial Times，January 8，2019.

令人印象深刻的是中国的技术成就。中国已将人类送入外太空，在月球上放置了一个登月器，并建立了自己的空间站。2016年，中国发射了世界上第一颗量子通信卫星。中国人已经开发出海洋深层潜水技术，这样他们就可以在4英里（约6.4公里）以下的海底探险了。中国连续六年拥有世界上最快的超级计算机，在移动通信和互联网领域也处于领先地位①。

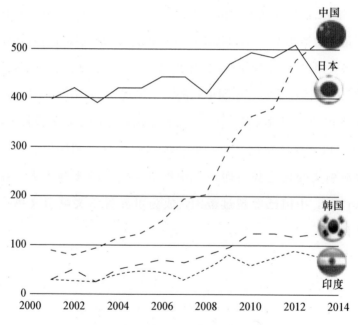

图5-1 部分国家生命科学出版物数量（2001—2014年）

资料来源：Financial Times.

———————————

① "嫦娥四号"的着陆无疑证明了中国的技术实力。一些评论员认为，遏制中国的企图给中国带来了好处，因为这迫使中国进行技术探索。

中国在技术领域取得的巨大进步[①]，将对"一带一路"沿线国家产生巨大的影响，因为中国可以将许多制造技术转移给它们。这种转移类似于雁行模式，该模式是基于这样一个假设：一个工业化国家的劳动力价格上涨将导致其劳动密集型产业向海外转移。例如1970年前后日本的工业政策引导了许多东亚国家的工业化。然而，雁行模式仅局限于亚洲的某些地区。根据"一带一路"倡议，工业化和城市化将会被拓展到亚洲以外的许多地区，包括中东和非洲。当前，随着"一带一路"建设的推进，在中国经济向价值链上游升级的同时，中国的周边国家可以通过接管中国的低附加值产业活动，以促进自身经济增长，获得更高的生产力和经济回报。

"一带一路"的技术转让与国际产能合作

长期以来，发展中国家在实现工业化方面面临着极大的困难。19世纪，欧洲殖民国家经过深思熟虑后，遵循了反工业化政策[②]。1945年后，世界出现了两个超级大国——苏联和美国。在苏联，无论是俄罗斯还是其他加盟共和国，苏联模式都不利于工业化发展。然而，西方国家也无法引导亚洲或非洲的任何前殖民地国家走向工业化。

---

① 德国公司对中国制造的高质量圆珠笔感到惊讶。对德国人来说，这些笔意味着中国现在已经发展出生产所需硬度的钢材的技术，能够控制精准的薄度，并掌握了制造笔尖所需的精密加工技术。李克强总理自豪地向一批访问中国的欧洲客人分发了这些笔的样品。

② 例如，19世纪上半叶在埃及由穆罕默德·阿里建造的工厂被欧洲列强强行拆除。在印度，许多传统纺织车间在英国占领期间倒闭。

二战后在美国霸权支持下的和平时期，或者受到由华盛顿领导的反工业化的多边组织的阻碍，或者是由于多边组织的资源限制和世界银行及国际货币基金组织的政策错位影响，贫穷国家未能发展起来。美国总是避开向发展中国家提供正经的工业政策支持。东亚是唯一在美式和平时期发展起来的地区。该地区的国家没有遵循美国的自由市场模式，而是遵循与1949年后日本国际贸易和产业部（MITI）所采用的相似产业政策。每当政府干预和引导经济时，华盛顿都会睁一只眼闭一只眼，因为该地区在战略上很重要，美国希望它在经济上具有强大的实力，这样它就可以起到抵御共产主义的堡垒作用。其他发展中国家就没那么幸运了。它们不得不忍受世界银行和国际货币基金组织强加于它们的新自由主义政策。一旦偏离这些政策，它们就会面对失去信贷的威胁。

1997年和2008年金融危机后，"华盛顿共识"的破产使发展中国家需要寻找一种替代发展模式。中国在工业化和城市化进程中取得了前所未有的成就，这使许多发展中国家相信，要采取"向东看"的政策。中国的工业化发展迅速，并涵盖了一系列产业。因此发展中国家对"一带一路"倡议表示热烈欢迎。随着中国将发展中国家的基础设施和工业区建设列为"一带一路"建设的重中之重，这些国家更为之鼓舞。发展中国家认为"一带一路"是从中国发展中吸取经验的工具。用中国国际经济交流中心研究员张永军的话说："新兴市场希望通过吸引大量外国投资和技术，摆脱对原材料出口的依赖。基础设施和交通的改善降低了运输成本，中国企业因此可以将更多的生产和分销转移到丝绸之路合作伙伴的手中。"

在 2017 年 "一带一路" 国际合作高峰论坛上，中国与 20 多个国家达成了建设国际生产能力合作项目的协议，通过这些项目，中国将对这些国家进行技术转让。东南亚国家（如印度尼西亚）和东欧国家（如白俄罗斯）已建立了多个产能和设备制造合作平台。国际产能合作项目在短时间内取得了显著成效。根据中国国家发展和改革委员会的数据，截至 2016 年 7 月，中非发展基金等合作基金已超过 1 000 亿美元。2013—2018 年，在 "一带一路" 沿线国家内设立 82 个海外经贸合作区，累计投资 289 亿美元，吸引了 3 995 家企业，为这些国家创造了 20 亿美元的税收收入，为当地提供了 24.4 万个就业机会[①]。国际产能合作并不意味着中国将过剩产能转移到其他国家，而是基于利用市场力量实现全球资源优化配置的双赢协议。它们还帮助中国在某些行业（如钢铁、玻璃、水泥）处理部分过剩产能。这些行业的产能对大多数 "一带一路" 沿线国家的基础设施建设至关重要[②]。

---

① Zhao Lei. Belt and Road Lifts Off. China Focus (Beijing Review)，Newsweek.com，September 21，2018.

② 例如，在中国钢铁行业，经过十年的两位数增长后，2012 年的年需求增长率降至 3%。其结果就是在 2010 年至 2012 年间，产能利用率下降，由于竞争激烈，行业平均利润率下降了 56%。中国已经将许多工厂迁到海外，其中一些业务转移到其他国家，这会影响国内产业的盈利能力。例如，中国钢铁工业的产能急剧下降。该行业于 2015 年实现销售收入 7.2 万亿元（1.1 万亿美元），同比下降 13.9%，利润总额 972 亿元（143 亿美元），同比下降 60%。随着中国进入高附加值生产领域，中国有望在将来从中亚邻国进口钢铁。

"一带一路"倡议包括建立六个以中国为中心的经济走廊，这也是丝绸之路经济带建设的最终目标，即建立一个连接众多枢纽的综合经济走廊，而不是仅仅建立连接两个点的运输线路。这六大经济走廊分别是：中俄蒙、新亚欧大陆桥、中国-中亚-西亚、中国-中南半岛、中巴、孟中印缅经济走廊。

建设六大经济走廊需要多个海外工业园区做支撑。迄今为止，中国已经建设了50多个海外工业园区，还有更多在计划建设中。正如中国社会科学院工业经济研究所研究员叶振宇所说："中国将加大顶层设计的力度，培育一批致力于海外工业园区发展的企业，协助实现现有工业园区和在建工业园区功能多元化，促进创造良好的生态环境，建设完善的投资融资体系，协调产业园区所在国的支持政策，建立健全产业园区管理组织体系。"[1]

"一带一路"的技术转让有助于发展中国家从中国的经验中获益。由于中国本身是一个发展中国家，所以它对技术的选择更适用于其他发展中国家。同时，中国越快登上技术顶层，技术转移到"一带一路"参与国的速度就越快。

中国向"一带一路"沿线国家加速转让技术的原因主要有三个。

第一，过去的30年里，中国的制造业增长了18倍。目前，制造业占中国国内生产总值的44％[2]。中国蓝领工人的工资每

---

① http://www.chinagoabroad.com/en/article/thoughts-on-the-strategies-to-construct-high-level-overseas-industrial-parks.

② 截至2016年，中国生产了世界80％的空调、90％的个人电脑、75％的太阳能电池板、70％的手机和63％的鞋子。

七年翻一番，随着自动化水平提高，中国的低附加值产业将向海外转移，这些产业与"一带一路"沿线国家的低工资相结合，仍然可以在国家市场上保持一定的竞争力。这些国家工业化的步伐有望加快，经济福利在不久的将来会取得巨大的改善。

第二，到 2030 年，中国人口的平均年龄预计将达到 43 岁，而"一带一路"沿线国家的平均年龄大多为 17～30 岁，这有利于中国从其邻国的"人口红利"中获益。而技术转让对这些国家的政治和社会稳定也是极为有利的。正如盛裕集团和新加坡樟宜机场集团的董事长廖文良所说："对于发展中国家来说，经济增长更为关键。大多数新兴经济体，如东南亚、中亚和南亚的国家，都面临着由年轻人数量不断增加引起的所谓'青年人口膨胀'。失业率对它们来说将会带来不稳定，任何促进经济增长和在这些地区创造就业机会的倡议都是受欢迎的。"[1]

第三，中国制造业和就业人口的规模巨大，这使中国的技术转让和产业转移有足够的带动力。当前，制造业占中国 GDP 的 44%，直接吸纳 1.3 亿多就业人口，在过去 30 年间，中国制造业扩大了 18 倍。中国最近的用工增长发生在拥有庞大劳动力的产业部门，2016 年达到 1.25 亿人[2]，其中 8 500 万人在劳动密集型行业工作。经济学家林毅夫认为："基础设施薄弱的国家可以考虑建设工业园区、出口加工区和经济特区，并提供一站

---

① 廖文良于 2017 年 5 月 25 日在新加坡麦肯锡咨询公司主办的"2017 年全球基础设施倡议"论坛上的演讲。

② 2016 年美国劳动力规模为 1.4 亿人。20 世纪 60 年代，美国有 25% 的劳动力投入工业生产，1979 年下降到 20%，2016 年下降到 10%。

式服务来吸引投资者。"以亚洲为例，林毅夫指出，1961 年当日本劳动力价格上涨时，制造业吸纳的劳动力规模为 970 万人；而就亚洲四小龙来说，当 20 世纪 80 年代劳动力价格开始上涨时，也只有 540 万人从事制造业工作。它们将部分制造业转移至像马来西亚和印度尼西亚这样的邻国。这些与中国劳动力价格上涨带来的就业机会转移的数量相形见绌。中国向发展中国家的技术转移将持续 20～30 年。由于大多数"一带一路"沿线国家都是发展中国家，随着中国劳动力价格的持续上涨，它们的工业化进程必然会加快。

重塑全球供应链和价值链[①]

从供应链的角度来讲，对中国而言，打造新的供应链是有必要的。现有的供应链是由发达国家的跨国公司构建的，具有一定的刚性，可能因中美贸易摩擦而面临困难和风险。"一带一路"成员国之间相互依赖性的增加，将有利于建立新的供应链，新供应链将更有弹性，它可以更好地应对中美之间贸易冲突。

对"一带一路"项目中的发展中国家而言，预计它们将通过两种方式获益：第一种是作为转运点，第二种是通过发展可融入国际供应链的新产业来实现收益。"一带一路"倡议旨在建立一个全球物流链——一条跨大陆和跨海洋的贸易路线。这些

---

① 本节基于：Bruno Macaes. China's Belt and Road: Destination Europe. Carnegie Europe，November 9，2016.

物流链将在降低成本、提高全球贸易效率和可持续性方面发挥关键作用。它们还将在工业和服务业领域创造更高收入的工作。据英国《金融时报》的马丁·沃尔夫（Martin Wolf）称，在发达国家之前建立的供应链显示出疲乏迹象之时，"一带一路"的出现对世界来说再好不过了，对已经为实现工业化奋斗了几十年的发展中国家尤其如此。为了帮助这些国家实现工业化的梦想，"一带一路"还有很长的路要走。

从价值链的角度来讲，在今天的全球价值链里，完全由单一国家生产的产品很少。各个国家的制造业往往是用于制造某种产品的中间环节（如零部件）。国际产能合作是推动全球经济、重塑全球价值链的创新方式。"一带一路"倡议将为国际合作创造巨大机遇。"一带一路"项目会将生产链的不同部分进行拆分，进而对全球价值链进行重组①。《推动共建丝绸之路经济带和 21 世纪海上丝绸之路的愿景与行动》文件中的一个优先事项就是改善"劳动分工和产业链分配"，这使得"一带一路"沿线国家有机会重新定义全球化游戏的规则。现在的中国经济已不再依赖血汗工厂的廉价劳动力了，由于进入供应链中附加值更高的部分要比提高低附加值部分的生产率可以获得更多收益，中国经济正稳步向价值链上游攀升，生产具有更高价值、更尖端的产品。因而，西方国家担心中国会打破西方公司的垄断，这些西方公司现在控制着全球供应链和生产网络中利润最高的

① Bruno Macaes. China's Belt and Road: Destination Europe. Carnegie Europe，November 9，2016.

部分。中国是世界第二大经济体，无疑将在改写全球经济规则方面发挥主导作用。

在某种意义上讲，"一带一路"就是一种跨国产业政策。在过去，传统的产业政策是必不可少的，各国都在努力提高自己在一个或多个部门的竞争优势。把欧洲和中国的产业政策做一个对比是很有意思的。欧盟为跨国生产活动制定了详细的规则和制度，在这一过程中，欧盟放弃了产业政策，理由是这些政策在跨国层面上无法复制①。而中国则一直坚持发挥产业政策的作用。如今，"一带一路"正在改变"产业政策"一词的含义。根据一位中国专家的说法，"一带一路"是跨国产业政策的首个例子，它允许每个国家在每个价值链中选择最适合本国的部分。西方的观点是，通过联合磋商，中国将其经济计划与其他"一带一路"沿线国家的经济计划相契合，从而能够制定出半跨国的产业政策。随着各国技术水平的提高，"一带一路"参与者将能够在每个价值链中选择与其新的比较优势相一致的最佳细分市场。因此，如果中国自己想专注于某一特定价值链的某些部分，就需要与其他国家有高度的互补性。只有在交通和通信等硬件基础设施到位，并且这些国家采取了正确的经济发展决策后，这些产业政策才会得到发展②。

中国对于实现某些国家的工业化并没有一个"伟大战略"。根据"一带一路"倡议，中国利用自己的发展专长和低成本融

①② Bruno Macaes. China's Belt and Road：Destination Europe. Carnegie Europe，November 9，2016.

资，帮助其他国家根据自己的经济需求实现工业化。通过联合磋商，各成员国正在将其工业计划与"一带一路"联系起来，以加快其现代化进程。中国公开主张国家共同发展，通过协商实现经济共同增长。

根据"一带一路"倡议的第一个进展报告，在顶层设计、政策沟通、设施联通、贸易畅通、资金融通、民心相通以及中国的国内政府努力方面，"一带一路"已经取得了重大进展。一系列关键项目正在进行中，承诺将通过联合协商实现各国共同发展和增长。中国与沿线的国家和地区正在建设绿色、健康、智能、和平的丝绸之路。"一带一路"为这些经济体的发展创造了动力，也带来了共同发展的巨大机遇。

目前，随着全球化的衰退，新的发展趋势将是供应链的缩短。如图 5 - 2 所示，这些供应链将"配合地缘政治的方向"发展。因此，"一带一路"倡议将集中亚欧地区的制造业活动，并由此缩短欧亚大陆的供应链。

工业化将为中国及其合作伙伴带来共同利益。推广工业化需要在过去被边缘化的国家内建立新的劳动力和资本密集型工厂，它们将成为中国零部件的可靠供应商。全球价值链的扩张也将增加"一带一路"国家之间的服务出口。当然，由于地形、发展状况和生产能力不同，经济、社会和环境成本和效益在不同的经济走廊上也各不相同。虽然经济走廊的社会效益很高，但有必要采取更具包容性的方法来应对偏远地区持续失业的社会风险。将"一带一路"倡议通过新的多国走廊与偏远地区连

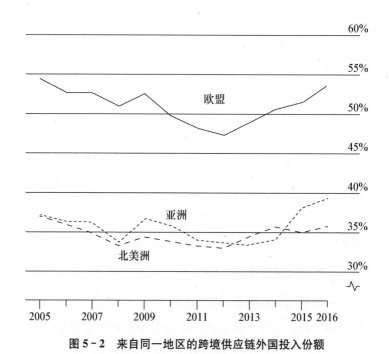

图5-2 来自同一地区的跨境供应链外国投入份额

资料来源：Slowbalisation. The Economist，January 26，2019.

接起来，将有助于农村地区的工业化，缩小城乡差距。因此，"一带一路"倡议的目标与其成员的发展计划之间的协同性和互补性是非常重要的，这有助于通过区域合作创造一个双赢的解决方案。联合国的研究表明，如果参与国降低进口关税和跨境交易成本，"一带一路"六大经济走廊将带来更多的好处。例如，进口关税和跨境交易成本下降30％将为中国带来1.8％的经济增长，其他合作伙伴的经济增长将从5.3％到16.9％不等①。

———————

① http://usa. chinadaily. com. cn/epaper/2017-03/22/content_28641395. htm.

欠发达地区工业化的推进

在东南亚、撒哈拉以南非洲、中东和北非、中东欧、中亚、南亚等地区，"一带一路"的参与者建设了许多新的工业园区，74 个"一带一路"海外产业园区遍布六大经济走廊①。在基础设施完成现代化后，工业园区建设有望加快。

在大湄公河次区域投资和建设工业园区

在东南亚地区，中国正在澜沧江-湄公河合作框架内资助 130 多个项目，将缅甸、马来西亚、泰国、柬埔寨、老挝和越南融入中国经济体系中②。中国在该地区发挥了重要的影响，扮演着事实上的领导者的角色，这主要从三个方面表现出来：首先，中国在东南亚，特别是在大湄公河次区域的经济发展和互联领域，发挥着越来越大的作用。当然，东盟和亚太经合组织都在开展互联互通活动，但中国在这方面的领导地位是不可否认的。其次，中国在将生产能力转移到该地区的国家。中国一些产业的生产能力是非常先进的，尽管没有西方国家先进，但在这个地区是足够先进的。因此，如果中国将部分生产能力转移到该地区，促进该地区工业化，在更多国家建立价值链，那将对它

---

① 安永. 中国海外产业园区开启"一带一路"合作新篇章. 引航，2020-07-09.

② Timur Shaimergenov. Belt and Road Initiative Gives Hope for Better Development. Shanghai Daily，July 11，2017.

们的发展非常有帮助。最后，根据中国的发展经验，建立经济特区将有利于实施长远的工业化发展战略。因此，中国正努力与区域国家合作，提出一个长期愿景，然后一步一步地朝着这个方向合作。中国可以和各国分享自己的成功经验，在这一领域发挥重要作用。但同时，中国也没有把自己的发展观强加于任何其他国家。

"一带一路"倡议是中国重要的外交和经济举措之一，它的真正目标在于通过交通连接和贸易一体化，将中国的邻国带入其经济和政治轨道。中国希望其他国家能够借鉴自己的经济发展经验，在这一过程中，中国成为周边国家优秀的经贸伙伴。如果"一带一路"倡议取得成功，将为中国带来非比寻常的地缘政治影响力。

缅甸被视为中国开展贸易和促进区域基础设施建设计划中的一个关键环节。缅甸拥有丰富的自然资源，其制造业实体包括90%以上的中小企业，在地理上与中国和印度等蓬勃发展的经济体相邻，可以与它们开展密切的经贸往来。缅甸位于东南亚地区大湄公河次区域的西侧，除了次区域内部的联系之外，东盟也为缅甸提供了许多机会，如东盟最近开放的区域自由贸易区，旨在促进更多的区域内贸易和投资。但问题是缅甸要如何与这些经济体联系。缅甸港口基础设施能力有限，缺乏现代港口装卸经验、劳动力和相关工艺技术。尽管缅甸有漫长的海岸线，从孟加拉国向东延伸，从泰国向西延伸，但缅甸只有9个港口，分布在多个地点并由不同的业主经营，其中一个位于仰光，目前仰光港处理缅甸 95％的海运贸易。

中国的投资承诺将改变这一切。中国正在开发位于若干邦的皎漂港，使其作为未来向中国西部内陆地区输送燃料的潜在枢纽。中国最近已完成建造和运营一条输油管道，将石油和天然气运输到中国。开发计划还包括建设连接中国和缅甸曼德勒市的铁路和公路，它们将从曼德勒向北通过木姐县国门到达中国边境。此外，"一带一路"倡议可能跨越十年时间扶持缅甸的农业、渔业和水产养殖发展。缅甸的港口年吞吐量较低。分析人士估计，随着目前港口建设的进行，到 2021 年，这个数字可能会大幅增加。缅甸官员认为，在未来缅甸可能获得更多收益，因为缅甸很快就可以成为横跨东南亚大陆及其他地区经济走廊的枢纽和通道。

缅甸欢迎外国直接投资。例如，作为监管机构和服务商的缅甸港务局（MPA）允许高达 100％的外国投资通过租赁、合资经营和公私合作等方式运营本国港口①。美国贝克-麦肯斯律师事务所的合伙人丹尼尔斯认为："外国直接投资将为缅甸提供更多支付港口基础设施费用的可行性选择。"

在马来西亚，中国帮助其实现工业化的努力使许多以前被认为几乎已经死亡的工厂复苏。例如，中国正在为马来西亚的汽车制造商宝腾集团注入新的生命力。在 2012 年至 2015 年，中国在马来西亚的投资增长了 1 064％。2017 年，浙江吉利控股集

---

①　缅甸港务局（MPA）副总经理谬迎埃在仰光举行的航运和港口会议上的发言。

团与马来西亚 DRB-HICOM 集团签署最终协议，收购 DRB-HI-COM 旗下宝腾汽车（PROTON）49.9％的股份。中国为宝腾提供了新的生命源，帮助解决宝腾多年来一直面临的技术和财务困难。

在泰国，"一带一路"倡议与泰国开发其东海岸的计划相结合，该计划是泰国东部经济走廊（EEC）的一部分，建设时间为 2017 年到 2021 年，投资 440 亿美元（1.5 万亿泰铢）。EEC 项目要求在高铁上投资 45 亿美元，在新型城市建设上投资 115 亿美元，在工业上投资 140 亿美元。EEC 的目标是改善基础设施和促进现代工业发展。EEC 希望取代新加坡在飞机维护维修工作上的主导地位，这也是花费 57 亿美元升级 U-Tapao 国际机场的目的之一。除了扩建机场外，海港码头容量的增加也将缓解每年超过 3 000 万游客涌入带来的压力。泰国希望吸引外国直接投资给 EEC[①]，尤其是得到中国的投资。泰国希望中国将其部分国外的区域供应链转移到东盟，因为泰国在东盟是连接柬埔寨、老挝、缅甸和越南的枢纽。

中国外交部部长王毅承诺，中国将真诚地向泰国东部经济走廊投资。为了获得中国的资金、技术和专业知识，泰国政府对在泰国工作的中国工程师和建筑师实行特殊豁免。它还允许铁路建设穿过森林保护区[②]。中国电子商务巨头阿里巴巴将在泰国建立一个中心枢纽。此外，老挝经济特区将成为中泰合作协

---

① 日本是泰国最大的投资者。
② 然而，泰国拒绝了中国提出的在铁路沿线开发土地的要求。

议的一部分，该协议将连接泰国东部经济走廊和昆明经济技术开发区。

在撒哈拉以南非洲推广工业化

非洲经济体只消费，从不生产。

——世界银行高级官员[1]

中国的贷款正在建设（非洲）大陆。

——约翰斯·霍普金斯大学[2]

中国的制造业投资是非洲实现工业化的最大希望。

——孙辕[3]

长期以来，非洲大陆一直受到来自西方国家的种族歧视。西方思维很少考虑非洲的工业能力。大多数非洲国家的经济长期以来都被视为"残缺无用"。在被边缘化的世界中，撒哈拉以南非洲是最糟糕的地区之一。西方人对其有着根深蒂固的偏见，即非洲没有能力实现现代化。一则逸事可以概括西方的态度[4]。一位非洲事务观察员回忆说："十年前，我在华盛顿会见了一位世界银行高级官员。我们就新兴经济体和发展中国家的先进技术和工业化进程交换了意见。我注意到，由于外国跨国公司和

---

① Dan Steinbock. Can Africa Benefit from a Greater G20 Role?. Economy Watch，August 29，2016.

② Report by the China-Africa Research Initiative (CARI) at the Johns Hopkins University School of Advanced International Studies (SAIS)，April 2016. The report was cited in The Diplomat，April 2016.

③ 孙辕是麦肯锡的合伙人，著有一部关于中国在非投资的书。Emily Feng and David Pilling. African Economy. Financial Times，March 28，2019.

④ 同①.

当地丰富劳动力的存在，新技术的扩散造就了亚洲多样化的产业结构。因此我认为一些非洲经济体在未来也有相似经历。然而这位官员对此表示怀疑。他说：'我同意你对亚洲技术扩散的看法，但我怀疑（技术转让）在非洲的可能性。因为非洲经济体只消费，从不生产'。"[1]

中国正在以前所未有的方式改变撒哈拉以南非洲的面貌。中国正在帮助非洲实现非洲联盟《2063 年议程》的目标，该议程旨在确保非洲大陆在 2063 年之前实现工业化。中国的帮助体现在提供资金支持、培养发展技能、发展制造业、建设经济特区等多个方面。

中国对非洲进行了前所未有的资金支持。2015 年，在约翰内斯堡举办的中非合作论坛峰会上，习近平主席承诺成立中非产能合作基金，首批资金为 100 亿美元。2016 年，中非产能合作基金正式成立，它已经批准了 10 个总价值为 17 亿美元的项目，其中包括中信建设在安哥拉投资 4 000 万美元的制铝项目。

中国帮助非洲大陆培养发展技能，以提高非洲劳动力的生产率。这对撒哈拉以南非洲地区尤为重要，因为那里的技能短缺是失业的主要原因[2]。麦肯锡咨询公司的一份报告显示，现在

---

① Emily Feng and David Pilling. African Economy. Financial Times，March 28，2019.

② 由英国文化委员会开展的一项研究表明，非洲约 49％的应届毕业生不具备劳动力市场准入资格。2017 年世界经济论坛发布的人力资本指数报告《非洲就业的未来：准备进入第四次产业革命》认为，撒哈拉以南非洲目前仅利用 55％的人力资本潜力，而全球的平均水平为 65％。Lucie Morangi. Jobs for Africa. China Daily，March 31，2018.

非洲至少有 10 000 家中国公司，许多中国公司正在为非洲应届毕业生提供先进的培训。例如，负责肯尼亚耗资 37 亿美元的铁路建设和管理项目的中国路桥工程有限责任公司与肯尼亚铁路技术研究所合作，为即将受雇于该公司的新人提供培训。另外，中国航空工业集团公司与各技术学院合作举办了一场区域性的竞赛，以提高学生的技术技能①。中国还向非洲学生提供奖学金。埃塞俄比亚是非洲大陆获得中国奖学金最多的国家，据估计在过去十年中共获得了 4 000 个奖学金名额②。

中国还在努力帮助非洲发展制造业。中国的态度与西方相比截然不同。中国认为非洲的一些城市有能力从装配中心发展成制造业中心。此外，由于外国直接投资（FDI）对中国经济的快速发展起到了至关重要的作用，中国认为外国直接投资在非洲也可以发挥类似的作用。非洲最需要的是加快工业化进程，加大基础设施的投资力度，提高农业生产力，加快城市化进程，并不断提升生产力、竞争力和人力资本水平。中国的经验强调装配工厂在制造业的自给自足、创造就业机会、扩大经济规模和促进正外部效应。中国在埃塞俄比亚、刚果、科特迪瓦、卢旺达、莫桑比克和坦桑尼亚的投资充分说明了这些③。发展制造业还有助于产业结构的多样化。现在许多非洲国家仍然过度依

---

①　Lucie Morangi. Jobs for Africa. China Daily，March 31，2018.

②　中国驻埃塞俄比亚大使腊翊凡对奖学金的情况给出了估算。Henok Tibebu. Ethiopia：Sino-Ethiopia Diplomatic Relations Exemplary in Various Areas. http://allafrica.com/stories/201702090450.html.

③　中国和非洲国家之间的工业合作有很多成功案例，比如中国鞋业制造商华坚鞋业集团在埃塞俄比亚建厂，并创造了数千个就业机会。

赖资源出口，并仍然暴露在国际商品周期中。能源价格的暴跌证明了那些经济来源依靠石油和天然气的国家经济体系十分脆弱。尼日利亚和安哥拉就是最明显的例子。

中国还鼓励非洲国家建设经济特区。为了按照中国模式推动非洲的工业化进程，中国建议非洲国家成立经济特区以吸引外资。经验表明，这是在短期内创造大量就业机会的最佳途径，也是建立外向型经济的第一步。许多非洲产品将在中国的大市场上销售，中国的中产阶级消费者对非洲产品的作用可能就像美国中产阶级过去对亚洲产品的作用一样。此外，中国还支持非洲自由贸易区的建设，认为非洲大陆自由贸易区的实施将有助于扩大非洲市场，同时促进非洲大陆的一体化。

中国在非洲推广工业化已经取得了明显的成效。据估计，非洲每年约5 000亿美元的工业产值中有12%是由中国企业实现的[①]，而这些企业中约90%是私营企业，这使人们对中国的国有投资理念产生了质疑。尽管国有企业在能源和基础设施等特定行业拥有更大的规模，但中国私营企业受市场驱动，为实现自身盈利会向非洲进行大规模投资。2015年，中国对非洲直接投资的13%流向制造业。相比之下，美国在该地区的投资只有7%流向了制造业企业。

林毅夫对非洲的未来发展持乐观态度。除了支持发展理论，

---

① Kartik Jayaram, Omid Kassiri, and Irene Yuan Sun. The Closest Look Yet at Chinese Economic Engagement in Africa. Mckinsey & Company, June 28, 2017.

他还向非洲各国政府提供发展经济的建议①。林毅夫认为，"一带一路"倡议和中非合作将为非洲带来改善基础设施的机会。只要这些非洲国家抓住机遇，利用其他国家产业结构升级的机遇，发展劳动密集型加工产业，发挥劳动力资源等比较优势，吸引外资在当地建厂，就能够实现像亚洲四小龙一样的经济繁荣。

中国与撒哈拉以南非洲的多个国家开展了密切合作，推动了这些国家工业化的发展。

埃塞俄比亚是非洲成功的典范，是非洲表现最好的经济体之一。该国已在基础设施、发电和工业化建设方面取得了重大进展②。有迹象表明，尽管全球咖啡加工量有所下降，埃塞俄比亚在2016年仍实现了8%的GDP增长率。许多学者认为，埃塞俄比亚的成功要归功于它的强政府。埃塞俄比亚人民革命民主阵线执政27年，一直是国家强有力的捍卫者。亚吉铁路是"一带一路"倡议在埃塞俄比亚的发展成就的体现。还有一个正在建设中的公路系统将把埃塞俄比亚与其邻国连接起来。中国鼓励从埃塞俄比亚进口货物，因为97%的货物都可以享受免税待遇。

肯尼亚是"一带一路"倡议的基石，是中国商品进入东非国家的门户。2017年，肯尼亚通过其产业转型计划对制造业进行了大量投资。该计划包括多个基础设施项目，例如建设肯尼亚皮革行业的500英亩工业园、20亿地热能生产以及投资40亿

---

① 林毅夫先生在北京大学建立了新结构经济学研究中心。该中心被认为是世界上最好的研究中心之一。它招收了许多来自发展中国家的政策制定人员，许多来自非洲的学生可以在这里接受关于发展问题的理论和实践培养。

② 中国企业华坚鞋业集团在亚的斯亚贝巴（埃塞俄比亚首都）有一家鞋厂。

美元的蒙内铁路^①。

津巴布韦是中国挑选出来的六个有潜力的非洲国家之一。而在此之前西方一直认为它是一个没有希望的国家。然而，中国已经开始与其中央政府和地方政府进行经济特区的投资合作。中国国家发展和改革委员会和国家开发银行正在研究向津巴布韦经济特区（从双威城和维多利亚瀑布城经济特区开始）提供资金支持的可行性。在与中国达成的涉及能源、农业和基础设施发展的协议中，津巴布韦政府将经济特区的建设明确为一个必须推行的行动纲领。这其中就包括位于哈拉雷的双威城经济特区和布拉瓦约市的经济特区，它们的业务将覆盖从牛肉到皮革工业、棉花到纺织工业、钢铁到铸造业，以及津巴布韦国家铁路的修复。中国北汽集团在津巴布韦建设的汽车企业是一个值得注意的例子。

在津巴布韦，威洛维尔工业区自 2012 年与马自达签订的一项组装从日本进口的配件协议到期后，就无法再正常运营。从那时起，汽车装配产业就很难重新站稳脚跟。2015 年，中国北汽集团（BAIC）与在过去一直经营不善濒临倒闭的津巴布韦 WMI 汽车厂合资成立了北汽津巴布韦合资有限公司。其中北汽持有 51％的股份，WMI 持有 49％的股份。合资公司负责整车、零部件和设备的进口，分销产品和售后服务，财务管理和日常运营等工作。合资公司的分销产品

---

① Diego Lynch. Kenya Gambles with Debt as China Zeros in on East Africa Markets. LIMA CHARLIE News，April 25，2018.

包括皮卡、SUV 和轿车,全部业务将覆盖津巴布韦的整个汽车市场。根据预测,北汽计划在三年内每年生产 1 500 辆车,并将开始向其他南部非洲国家出口。这是中国企业在南部非洲一次性投资规模最大的汽车工厂,也是南部非洲再工业化的新需求与中国产能合作新动能有效对接的范例,未来能够提升南部非洲的工业化水平。在与津方的合作中,北汽遵循中国政府建设"一带一路"的指导方针,为中津双方提供了相互理解的战略和机会。

北汽津巴布韦项目有很重要的意义,因为这是穆加贝总统和习近平主席在 2015 年 12 月签署的巨额协议的一部分。这项合作将为津巴布韦赢得急需的外汇,并有助于振兴与汽车制造业有关的其他行业。这是津巴布韦和中国之间互利合作的一个很好的例子。WMI 的复兴意味着创造成千上万的就业岗位。津巴布韦汽车工业将获得技术转让,当地工人将通过重新培训和调整技能,以满足现代汽车制造业的需求。WMI 可以将组装好的车辆出口到南部非洲发展共同体,并最终出口到整个非洲大陆。津巴布韦的汽车工业将再也不会像以前那样,仅一年时间,北汽津巴布韦项目就有望为政府带来至少 130 万美元的税收,这足以证明该项目对国家经济复苏的重要性。这也带动了当地政府致力于制定汽车产业发展政策框架,以期引领汽车产业的完全复苏。更重要的是,中国公司对津巴布韦表现出信任态度。北汽将带头发展汽车组装项目,帮助巩固两国关系。

北汽津巴布韦项目只是两国签署的巨额协议中的项目之一。由中国江苏国际经济技术合作集团有限公司建设并于 2016 年 11

月投入使用的维多利亚瀑布机场，是中津不断进行合作的标志之一。中国帮助建造的新议会大楼的设计已经完成。哈拉雷制药厂项目的检查工作也已经完成。中国企业家频繁对津巴布韦进行商务考察，寻找投资的好机会。津巴布韦与中国这个亚洲经济巨头签署的巨额协议正一步一步实现，为国家带来巨大的收益。

卢旺达是一个有趣的国家，因为有美国的军事基地而享有美国的支持，但它也遵循"向东看"的政策。它是非洲少数几个拥有高效政府的国家之一。效率背后的一个主要因素是，该国派遣了 15 000 名官员到中国进行技能培训。卢旺达的大部分生产活动是由其主要政党和国防部支持的大企业开展的，第一个是属于卢旺达主要政党爱国阵线（RPF）的晶体控股有限公司（Crystal Ventures）。第二个是国防部所属的军队投资公司 HORIZON。晶体控股有限公司拥有 5 亿美元的资产，是一家类似于日本财阀集团的控股公司，业务涉及金融、房地产、餐饮、家具、乳业①、安全和道路建设。其竞争对手 HORIZON 则从事物流建设。这种经济发展模式在"华盛顿共识"下是不被允许的。

因为火力发电厂没有足够的燃料资源发电，加纳面临着严重的电力短缺问题。因此加纳政府计划通过修建陆上天然气输送管道将西部地区塔科腊迪的天然气输送至东部的特马市，该管道也将作为加纳经济发展的引擎，因为沿着加纳海岸线将修建许多配电站②。

---

① 像 ISCO 和 Inyange Industries 这样的乳制品和饮料公司垄断了卢旺达市场。

② 位于中国烟台的杰瑞集团在全球 60 多个国家里都有业务分支，它专门从事石油和天然气服务，以及设备制造、技术服务、项目实施和工程承包。它以灵活、高效的方式帮助客户解决他们面临的问题与挑战。

2017 年 4 月，杰瑞集团与加纳国家天然气公司（GNGC）签署了阿博阿兹-特马天然气输送管道和天然气基础设施项目的协议。阿博阿兹-特马天然气输送管道项目和其他领域的项目在未来将有许多合作机会，如在管道、炼油厂、石油储存、液化天然气/天然气系统、液化石油气分配和天然气压缩等环节上的合作。在为期 15 年的融资模式下，该协议项目立即启动了初步工程建设以及目前正在进行的前端工程设计活动。杰瑞集团负责项目的设计、融资、建设、运营、维护和管理。该项目将进一步推进中国与加纳在"一带一路"倡议下的经贸合作。作为中国最大的独立石油和天然气公司之一，杰瑞集团将利用自身的资源和能力，为加纳能源部门创造许多机会，同时还将惠及其他西非国家。

在中东和北非地区推进工业化

中东需要推进工业化……如果把中国的生产能力和中东的人力资源结合起来，将为该地区提供越来越多的就业机会。

——习近平[1]

中国在现代化进程中的成功经验，极大地鼓舞了阿拉伯国家探索适合本国国情的发展道路。

——王义桅[2]

我们认为，中阿合作还有很大的发展空间。因此阿拉伯国家欢迎"一带一路"倡议，它为人们之间的联系架起桥梁，让

---

[1] 2016 年 1 月在阿拉伯国家联盟开罗总部的演讲。

[2] 中国人民大学国际事务研究所所长，"一带一路"研究项目高级专家。

我们在"一带一路"倡议的路线上交流文化。

——伊萨姆·沙拉夫①

"一带一路"倡议有助于国家间建立起和平合作、公正、平等和自由的关系。

——艾哈迈德-赛义德-纳加尔②

"一带一路"为突尼斯提供了一个机会……因为中国的投资将能够促进突尼斯的经济增长。

——穆罕默德·法德尔·阿布德克菲③

中国就像一台巨大的计算机，以色列可以作为它的处理器。

——希拉·恩格尔哈德④

中东和北非是一片广阔的地区，从摩洛哥一直延伸到伊拉克。它位于欧洲、亚洲和非洲的交会处，具有重要的战略地位。但是，受多种因素的影响，该地区一直冲突不断，影响了其经济发展。正如宁夏大学中东问题研究专家李绍先所说："政治稳定和经济振兴是确保地区和平的两个关键因素，它们是不可分割的。"随着当前国际格局的变迁，中东和北非地区在进行相应的深刻转型，外部势力也在调整对该地区的政策。

在过去的几十年里，中国在这一地区表现卓越。随着中国在该地区的地位不断提高，2016年占全球GDP 17％的中国引起

---

① 埃及前总理. New Belt and Road Bridge for China-Arab ties. China Daily, April 27，2016.

② 《金字塔报》主编，《金字塔报》是中东最受尊敬的日报之一。

③ 突尼斯发展、投资和国际合作部部长。

④ 以色列外交部官员。

了中东和北非国家的大多数决策者的注意，它们一直在"向东看"，以期寻求发展援助。随着"一带一路"倡议的实施，中国在商业和外交上对中东和北非地区的参与越来越多。中国在伊朗能源领域的投资不断增加，向中东和北非地区出售更多中国的商品和服务，这无不突显出中国在中东和北非地区与日俱增的影响力。

中国对中东和北非地区的非石油经济战略是多方面的，其在中东和北非地区的战略目标是：（1）促进区域间贸易和投资的进一步扩大，保持中国经济持续增长。这一战略的关键是为中国和区域集团之间的接触创造制度和商业平台。（2）在2000年启动的"走出去"战略的框架下，支持中国企业的国际化发展。（3）吸引更多中东和北非地区国家在中国的穆斯林地区进行投资，这些地区仍然相对不发达。例如允许建立伊斯兰银行和清真工业区。伊斯兰银行业在海湾合作委员会、中东和北非地区以及亚洲都有很强的影响力，但在中国还没有。宁夏目前正率先在中国发展清真市场，这对促进中国与伊斯兰世界的关系发挥着重要作用①。

中国将继续深化与该地区的政治经济联系，建立新的贸易路线，实现贸易多元化。2016年1月，《中国对阿拉伯国家政策文件》发布。文件概述了中国在中东的政策，并呼吁中国与阿

---

① 在过去的大部分时间里，中国与中东和北非的危机事件都保持着距离。但自2010年"阿拉伯之春"以来，中国在该地区变得更加活跃，但中国对中东的参与不包括任何军事行动。

拉伯地区加强战略合作。在推动"一带一路"倡议的同时，中国将帮助阿拉伯国家发展经济，提高其国际生产能力，加强基础设施建设、贸易投资、核动力等方面的合作①。中国将在该地区设立 150 亿美元的工业化专项贷款，用于产能合作和基础设施项目。中国还将与阿拉伯联合酋长国和卡塔尔发起 200 亿美元的联合投资基金，主要投资于该地区的传统能源、基础设施发展和高端制造业。

习近平在 2016 年访问中东时提出的具体措施在振兴该地区经济发展方面既务实又有效。为了加快结构调整，中国可以与该地区国家签署更多的货币互换和相互投资协定，扩大人民币结算服务，促进投资便利化。中阿资本将携手合作，为制造业和能源项目创造新的投资机会。联合资金还将扩大到其他"一带一路"重大项目中。中国国际问题研究所中东研究中心研究员李国富认为，中国决定在未来五年实现这些提出的目标措施，"以确保中国和中东人民的利益得到更快的传递"。

中国是一个文化多样化的大国。宁夏、新疆等穆斯林人口众多的省份可以作为中国与穆斯林人口众多的"一带一路"国家之间的桥梁。这些西部省份的文化优势将促进它们与阿拉伯和其他穆斯林国家在清真食品及能源领域的合作。在中央政府

---

① 为帮助建设"一带一路"项目，增强中国核电和海上能力，中国核电、江南造船厂、上海电力、上海国盛集团和浙江振能公司成立了合资企业，开发浮动式核电站。中国船舶重工集团公司也在 2016 年宣布为渤海造船业开发浮动核电平台的计划。中国计划建造 20 座浮动核电站，以支持包括石油天然气钻探和岛屿开发在内的海上活动。Jason Jiang. Five Chinese Companies Set Up Floating Nuclear Power Plant JV. Splash 247. com，August 14，2017.

的支持下，这些省份加深了与"一带一路"倡议所覆盖的国家的合作。2016 年 5 月，宁夏在阿曼建设了一个工业园区，吸引了 14 个投资项目。中国企业将很快进入它在沙特阿拉伯建立的工业园区。宁夏还计划在毛里塔尼亚建设一个工业园区。这些园区都将作为为中国企业提供服务的平台①。

在"一带一路"倡议实施中，中国不仅与埃及、伊朗、沙特、以色列等地区强国开展了务实合作，而且还与多个北非国家和海湾国家进行了卓有成效的合作。

60 多年前，埃及成为第一个与中国建立外交关系的阿拉伯和非洲国家，现在是中国在北非的最大贸易伙伴②。埃及与中国的双边贸易额（主要是非石油领域）从 2004 年的 16 亿美元增加到 2014 年的 115 亿美元，年均增长 23.3%。过去几年中，中国和埃及一直忙于建立密切的关系，作为"一带一路"倡议的一部分，埃及是确保中国通过苏伊士运河进入地中海的门户。开罗认为，鉴于埃及自 2011 年以来发生的政治动荡所带

①　Cui Jia. Ningxia a Leader in Arab Economic Links. China Daily，March 3，2017.

②　20 世纪 20 年代和 30 年代，许多中国穆斯林在开罗的阿兹哈尔学习，那里是逊尼派穆斯林世界里最著名的学习场所。中国领导人在 20 世纪 50 年代中期从埃及开始接触中东国家。中国的代表团途经开罗，派出杂技团赴埃及演出，并派出一批学生前往开罗大学学习。1956 年 5 月，埃及成为第一个与中华人民共和国建立外交关系的非洲国家和阿拉伯国家。今天，当中国和埃及领导人谈到他们国家间的关系时，他们几乎总会提到这种历史联系。事实上，每当中国和埃及领导人会面时，他们都认为两国共同代表伟大的文明。他们把金字塔和长城比作古代世界的不朽奇观。他们认为尼罗河和黄河滋养了古代文明。由于"一带一路"是一种古老现象的现代延伸，即丝绸之路的复兴，因此这有助于中国政府与埃及合作。

来的经济问题,中国是埃及的一条经济生命线。2014 年 12 月,在塞西总统首次访华期间,中埃关系由战略合作伙伴关系升级为全面战略合作伙伴关系。在习近平 2016 年 1 月访问埃及期间,中埃两国签署了 21 项协议,这将使中国在埃及的投资大幅增加。埃及和中国已经同意在"一带一路"倡议上共同努力。新苏伊士运河项目是中国海上丝绸之路的天然产物。2015 年 3 月,埃及和中国在埃及经济发展会议期间签署了多项协议。中埃关系的一个标志是技术转让。中国一直在为埃及提供投资、贷款和货币互换。同时中国还在致力于埃及新首都的建设①。

2016 年 1 月,习近平的伊朗之行加强了该国在中国"一带一路"建设中的重要性。在访问期间,伊朗和中国还宣布升级全面战略伙伴关系。两国在能源、贸易和工业等领域签署了 17 项协议。同时,双方同意在十年内使中国和伊朗之间的双边贸易达到 6 000 亿美元,比目前的 500 多亿美元大幅度增加。考虑到当时对伊制裁的缓解和"一带一路"建设的优先性,习近平主席这次访问的时机再好不过了。中国已经与伊朗建立了牢固的联系,并且两国关系正在通过"一带一路"建设得到进一步加强。货运列车现在通过哈萨克斯坦和土库曼斯坦,可以在 14 天内从浙江开往德黑兰。这很快将成为横跨欧亚大陆的高速铁

---

① "2017 年 2 月,一家参与项目的国有企业退出。"Kyle Haddad-Fonda. How China Uses "One Belt, One Road" to Foreground Longstanding Egypt Ties. World Politics Review,April 6,2017.

路网的一部分。伊朗铁路公司总裁说："从中国出发的火车不到两周就抵达德黑兰，这是一个前所未有的成就。"①

沙特阿拉伯拥有丰富的石油资源。利雅得正采取"向东看"的政策，将中国视为其石油出口最重要的战略市场之一。2016年1月19日，习近平主席访问沙特阿拉伯期间，中国和沙特阿拉伯同意将双边关系升级为全面战略伙伴关系。双方签署了14项协议，包括大规模的石油交易和加快中国-海湾合作委员会自贸区谈判和建造核反应堆的协议。沙特阿拉伯领导人赞赏两国经贸关系，但同时也鼓励知识共享和扩大文化交流。中国企业将大力参与沙特阿拉伯的"2030年愿景"及其国家转型计划。该计划涉及产业私有化以及建设更多发电厂和港口，预期在未来将看到许多中国承包商积极竞标沙特阿拉伯的"2030年愿景"及其国家转型计划。与此同时，沙特阿拉伯也将在中国开展互惠投资。

以色列②的生产力在富裕国家中是最低的③。然而，它的国家科技部门被认为是世界上最好的部门之一，并且现在正经历着出口繁荣。以色列的国家实力在其重要的公共机构——武装部队中最能得到体现④。最有才华的年轻人都被分配到以色列国

---

① Shakhawat Liton. Xi Out to Get Region in Silk Order. The Daily Star, October 12，2016.

② 本节基于：Tel Aviv. Tales from Silicon Wadi. The Economist, June 2，2016.

③ 以色列低端制造业面临的一个问题是缺乏竞争。

④ 大多数犹太以色列人被征召入伍，每年大约有10万名刚从中学毕业的新兵被征召入伍，任期约两年。

防军（IDF）的技术部门①，而这些新兵反过来又能够在那里磨炼他们的技能。IDF 培育的个人网络增加了留在以色列的技术工程师的好处，可以帮助该国留住宝贵的人才②。

随着中国迅速从一个制造大国转变为一个全球研发中心，其对风险的偏好和对尚未完全开发的技术的投资意愿正在持续增长。以色列是"一带一路"倡议的成员国。中国投资者蜂拥到这个拥有丰富知识的国家寻找商机。根据以色列双子座风险投资基金公司合伙人伊兰·瓦格纳的说法，中国企业在投资以色列时通常采用两种方式：要么将资金注入当地风险投资基金，从而有效地进入早期初创企业；要么直接将资金注入技术和产品成熟的后期企业。"显然中国投资者更偏爱投资后期企业。"③ 一家名为"与会者"的以色列公司是金融技术公司的孵化器。迄今为止，它已从由中国华熙生物科技股份有限公司支持的风险投资基金潘多集团国际有限公司筹集了 200 万美元资金，并计划在上海开设一家分公司④。2015 年，百度公司向托纳拉投资了 500 万美元，后者与以色列的风险投资合作伙伴卡梅尔创投一起开发了一款互动音乐教育应用程序。在此之前，百度还投资了 300 万美元给视频采集公司。中国 IT 公司东软集团与以色列-中国私募股权基金英菲尼迪集团联手，成立了一支 2.5 亿美元的基金用于以色列未来三

---

① 陆军 8200 分队是一支类似于美国国家安全局的情报部门。

② 与美国陆军及其技术部门一样，以色列国防军和以色列的初创企业存在共生关系；以色列国防军向这些企业提供人才和专业知识，反过来又是这些企业发明产品的买家。

③④ Ma Si. Destination Israel. China Daily, October 24，2016.

年的医疗技术开发。

叙利亚①是一个地理位置优越的国家，它在古代丝绸之路上控制着通向欧洲和非洲的陆路交通，在穿过帕尔米拉帝国的沙漠之后，货物经过地中海前往罗马。在帕尔米拉帝国灭亡后，新的贸易路线沿着幼发拉底河逆流而上，经过阿勒颇和安提俄克。中国计划在叙利亚的一个工业园区投资 20 亿美元、吸纳 150 家中国公司。在叙利亚内战之前，叙利亚的商人已经在义乌和黎凡特之间的小商品丝绸之路上异常活跃②。

中国在北非国家的合作也在逐渐展开。由于突尼斯在欧洲的地理位置和商业地位以及其与非洲的联系，该国在"一带一路"倡议中占据重要地位。中国和突尼斯于 2017 年在商业、技术和金融领域签署了三项协议。旅游业部门占突尼斯 GDP 的 7%，中国可以通过投资该产业促进突尼斯经济的发展③。阿尔及利亚是 20 世纪 50 年代末首批承认中华人民共和国的国家之一，2014 年 4 月，中国与阿尔及利亚建立了全面战略合作伙伴关系。这一升级是中阿关系未来发展的有力标志。

中国与海湾国家的合作也很有特色，这些国家经济发达、资本雄厚，但是面临着人口和劳动力不足、基础设施不足的问题。2012 年 1 月，中国与阿联酋建立了战略合作伙伴关系。阿

---

① 本部分基于：Chinese Firms Eager to See Syria as Part of New Silk Road Project. Sputnik, July 24, 2017；Pepe Escobar. The New Silk Road will Go Through Syria. Asia Times, July 13, 2017.

② Pepe Escobar. The New Silk Road will Go Through Syria. Asia Times, July 13, 2017.

③ 中国旅游业涉及 1 亿多游客，每年花费约 2 900 亿美元。

联酋是中国在海湾合作委员会中最重要的非石油贸易伙伴，是中国产品销售的枢纽。中国向阿联酋近60%的出口会再出口到海湾合作委员会其他国家，以及伊朗、非洲甚至到欧洲。在2015年12月阿联酋王储访华后，中阿金融合作达到新的高度。阿联酋在访问期间与中国达成了54亿美元的双边货币互换协议。在此之前，它已经与中国在2012年签署了一项初步协议。卡塔尔目前是中国最大的天然气进口国，满足了中国约20%的能源需求。2014年11月，卡塔尔和中国同意建立战略合作伙伴关系。在金融领域，中国决定在多哈建立人民币清算中心，以支持两国扩大的贸易。2016年，中国同意在阿曼杜古姆建立一个价值107亿美元的工业园区。中国将带来投资和项目（已经带来了10笔投资）。阿曼的一家鱼加工和出口公司已经开通了每天可处理120吨冷冻沙丁鱼的生产线，以满足国际市场对沙丁鱼的需求。此外，杜古姆渔港很快将全面运营。预计到2023年，阿曼的捕鱼量将增加两倍，达到140万吨。不过为了保护环境，10个保护区内的捕鱼活动仍将被禁止。

在中东欧国家建设工业园区

白俄罗斯是中国与中东欧国家合作的典范。当前，中国-白俄罗斯工业园正在开发中，匈牙利-塞尔维亚铁路的建设工作正在进行中。中国与中东欧国家的合作在不断扩大。货运列车定期在广州（中国东南部的主要枢纽）与卡鲁加附近的沃西诺工业园往返。现在这趟列车行程只需要两个星期。与海运相比，节省了超过一个月的时间。与空运相比，则节省了大约80％的成本。

在中亚和南亚地区推进工业化

中国企业希望在中亚地区进行投资，因为中亚拥有丰富的矿产资源和低廉的劳动力成本。随着该地区政府和私营公司增加在能源产业开发、交通基础设施和住宅建设方面的投资，中亚地区对钢铁产品的需求预计将在未来几年内迅速增长[①]。在"一带一路"建设框架内，新的交通基础设施既可以促进对钢铁的需求，也可以为中国从中亚进口钢铁打下基础，因为中国将进入生产更高附加值产品的产业链领域。由于"一带一路"沿线国家建立了现代化的铁路基础设施，陆路运输在速度和时间上能够与海运路线展开竞争。欧亚大陆的区域间贸易交流预计将迎来繁荣。

哈萨克斯坦是中国在中亚地区的主要贸易伙伴，也是从亚洲到欧洲的新兴产业链的主要受益者，这是因为中国部分产能将向其转移，这与哈萨克斯坦的工业发展计划相吻合。仅在首都阿斯塔纳，中哈产业合作项目就将创造15 000个就业机会。哈萨克斯坦有望成为中国生产商的主要市场之一。陕西重型汽车有限公司的中国卡车在哈萨克斯坦很受欢迎。该公司表示，哈萨克斯坦的需求量很大，通常每笔订单超过100辆。该企业生产线位于古代丝绸之路的起点西安市，一辆卡车在三四个小

---

① 中国的钢铁生产商必须与俄罗斯、土耳其和乌克兰的钢铁企业竞争，这些企业具有贸易制度上的优势。但是如果中国企业在中亚国家建立钢铁生产基地，那么这些竞争对手将失去这一优势。

时内就能完成生产。全厂每天可生产约 300 辆卡车。这些卡车有一张欧洲面孔，因为它们看起来和德国曼集团的产品非常相似。这是德国曼集团和陕西重型汽车有限公司长达十年的合作结果——欧洲的质量与中国价格的结合品。

在巴基斯坦，卡洛特水电站项目是 2015 年丝路基金的第一个投资项目。其他可能投资于"一带一路"项目的机构包括亚投行和金砖国家新开发银行。巴基斯坦是亚投行的第一个项目国[①]。从 2015 年 2 月开始，400 亿美元的丝路基金开始运作，计划为参与国的基础设施和工业走廊项目提供资金。在蒙古，一个价值 1.35 亿美元的中蒙跨境经济合作区正在建设中。

---

① 事实上，亚投行在巴基斯坦的第一个项目是一个挑战，因为该国面临着许多困难，其中包括恐怖主义和地区政治不稳定。因此，如果瓜达尔港建设取得成功，这将使中国政府能够挫败许多西方质疑者。

第六章　全球化 3.0 版本

人类文明进步历程从来没有平坦的大道可走，人类就是在同困难的斗争中前进的。

——习近平[①]

我们必须超越（国家）利益的狭隘框架，向全球利益开放，才能取得更大的成功……

——克劳斯·施瓦布[②]

[①]　习近平主席在世界经济论坛 2017 年年会开幕式上的主旨演讲（全文）. 新华网，2017-01-18.

[②]　克劳斯·施瓦布是世界经济论坛创始人兼执行主席，引自：The Top Five Priorities of Our Leaders for 2017. Les Echos, December 31, 2016.

随着中国的"一带一路"倡议的势头增强，它将进一步刺激国际贸易。

——任元林[1]

当全球化和自由贸易受到威胁的时候，"一带一路"项目显示出其空前规模的跨境野心。

——白容[2]

许多人认为从 1890 年至第一次世界大战爆发前的这十几年是全球化的黄金时代。贸易突飞猛进，资本自由跨境，外资为美国和其他一些国家的铁路建设提供资金。这是英国海军控制世界海上航线的时期。英国领导的时代可以称为全球化 1.0 版本。

最近几十年，美国领导的全球化被认为对包括中国在内的东亚地区的快速增长做出了贡献，美国领导的时代可以称为全球化 2.0 版本。尽管盎格鲁-撒克逊模式的全球化对一些地区的经济增长做出了积极贡献，但世界其他地区却没有享受到货物和资本自由流动带来的成果。如果有的话，那许多国家的情况会变得更糟。现在，随着西方的衰落和反贸易情绪的高涨，全球化 2.0 版本面临着巨大的压力。人们迫切需要找到一种新的

---

[1]　扬子江船厂有限公司董事长。

[2]　Helen Brand. China's Belt and Road will Help Shape the Future of the UK. City A. M.，July 13，2017.

框架来促进自由贸易和投资，同时使全球化体系更加开放，造福世界各国。

下一个时代的全球化可以定义为具有中国特色的全球化，它将以"一带一路"建设为基石，承诺帮助发展中国家实现现代化[①]。这个以政策沟通、设施联通、贸易畅通、资金融通和民心相通为重点的倡议将引领全球化的新面貌。

不列颠治下的和平与全球化 1.0 版本

大国作为全球公共产品提供者和公共利益维护者，在国际体系中承担着比中小国家更大的责任。目前，已有大量的文献研究伦敦和华盛顿在大不列颠治下的和平与美国治下的和平为世界提供全球公共产品所扮演的角色。这些大国主要采取的形式是保护海上航道。从某种意义上说，海军可以被认为是公海上的交通警察，向来往水域的船只发出信号。关于大国影响弱国经济现代化发展的文章不多。大国表现得像个交通警察，向那些被视为盟友的国家开绿灯，向其他国家开红灯。例如，英国在 1868 年给明治时期的日本开了一个绿灯，而在 1841 年摧毁了穆罕默德·阿里的强大海军。

---

① 《华盛顿邮报》的戴维·伊格纳蒂厄斯说："我们需要更多地担心我们没有做什么，而不是中国正在做什么……我们需要更多地关注与中国的竞争，而不是试图遏制中国。"我们知道（亚洲需要更多的基础设施），如果中国提供基础设施，让我们看看会发生什么。Tim Panzarella. It Isn't Our Money on the Line. Reason，December 5，2017.

随着弱小国家的现代化进程不断发展，它们必须与大国互动。这种互动的性质将决定其现代化是否会成功。大国可以产生正外部性和负外部性。正外部性即提供全球公共产品（如公海安全），同时大国有能力为穷国的发展创造负外部性。19世纪的情况与现在"一带一路"项目提倡无障碍现代化不同，霸权国的战略利益决定了非西方世界工业化尝试的命运。

非西方国家在19世纪经历了两次工业化尝试。第一次是在穆罕默德·阿里统治下（1805—1849年）的埃及。第二次是明治时期（1868—1912年）的日本。穆罕默德·阿里引进了外国专家，派遣学生到海外学习，开办工厂，并建立了强大的海军。这些政策与半个世纪后日本采取的政策几乎相同。埃及和日本都创建了强大的海军。但是，埃及海军的扩张对作为俄罗斯和中东之间缓冲区的奥斯曼帝国构成了威胁，英国为了阻止俄罗斯向地中海水域扩张和侵略土耳其，对埃及采取了军事行动，并在1841年摧毁了埃及海军。由此也结束了埃及由国家主导的工业化项目。日本的情况则有所不同，英国利用这个崛起的亚洲国家作为抵御俄罗斯在中亚扩张的壁垒，其目的是防止莫斯科侵占英属殖民地印度附近的地区。

埃及和日本的比较清楚地表明，对前者，英国以导致埃及军事失败的形式对其施加了负外部性。对后者，日本从英国的正外部性中受益匪浅。英国通过技术转让向日本提供全球经济公共产品。因此，作为现代化道路上的交通警察，英国霸权主义向埃及发出了红色信号，向日本发出了绿色信号。

中国的鸦片战争是大国施加巨大负外部性的又一例证。随着中国在自己命运上失去了决定权，中国的经济状况不断恶化。表 6-1 显示了中国经济的灾难性轨迹。与英国相比，中国的工业化水平在 1750 年至 1913 年迅速下降。在历史发展的关键时刻，比较北方国家和南方国家的经济财富的增长同样能说明问题。如表 6-2 所示，用第一次世界大战前的人均 GDP 增长率来衡量，1820—1913 年，北方国家的人均 GDP 增长率沿着一个积极的轨道发展，而同期南方国家的增长几乎陷于停滞。

表 6-1　　　人均工业化水平（1750—1913 年）

年份	1750	1800	1830	1860	1880	1900	1913
大不列颠	10	16	25	64	87	100	115
比利时	9	10	14	28	43	56	88
美国	4	9	14	21	38	69	126
法国	9	9	12	20	28	39	59
德国	8	8	9	15	25	52	85
奥地利/匈牙利	7	7	8	11	15	23	32
意大利	8	8	8	10	12	17	26
俄罗斯	6	6	7	8	10	15	20
中国	8	6	6	4	4	3	3
印度	7	6	6	3	2	1	2

注：所有条目都基于 100 的指数值（约等于 1900 年英国人均工业化水平）。

资料来源：P. Bairoch. Industrialization Levels from 1750 to 1980. Journal of European Economic History, Fall 1982：294. 大不列颠的数据是由英国提供的，因此包括爱尔兰、英格兰、威尔士和苏格兰。

表 6 - 2　　1820—1913 年人均 GDP 增长率（年均复合增长率，%）

区域		1820—1870 年	1870—1913 年
北方	西欧	0.95	1.32
	西欧旁支国家	1.42	1.81
	日本	0.19	1.48
	东欧和原苏联	0.64	1.15
南方	拉丁美洲	0.1	1.81
	亚洲（不包括日本）	−0.11	0.38
	非洲	0.12	0.64
世界		0.53	1.3

　　资料来源：Angus Maddison. The World Economy：A Millennial Perspective. Development Centre of the Organization for Economic Co-operation and Development. Paris，2001，Table 3-1a.

　　以苏伊士运河的修建来观察殖民条件下的基础设施建设更能看出全球化 1.0 版本时期的本质特征，进而揭示全球化 1.0 版本和全球化 3.0 版本的差异。"一带一路"项目的一个主要目标是在发展中国家建设基础设施项目。虽然西方许多评论家认为，对于财务状况不佳的国家来说，这是一个债务陷阱，但是中国的做法确实为所有参与者创造了一个多赢的结果。在整个 19 世纪，非西方国家几乎没有成功建造任何大型基础设施项目。唯一的例外是在埃及修建苏伊士运河。而运河建设则是欧洲银行和列强无情剥削和欺骗贫穷国家的典型例子[1]。从 1869 年运

----

　　① 历史上，基础设施建设从来都不是一件容易的事，因为许多条件并不具备。罗马人在欧洲和中东的军事征服中，利用奴隶劳动修建道路。在法国的路易十四统治时期，强制性劳动力被广泛使用在基建中。近代以来，外国工人广泛参与发达国家的基础设施建设。例如，中国劳工在美国铁路基础设施建设中发挥了重要作用。1945 年后，土耳其外来务工人员也被用来重建德国的基础设施。

河开通到 1956 年运河实现国有化，苏伊士运河对埃及经济的贡献几乎为零。下面将通过讨论运河的建设特许权、筹集资金的方式以及埃及政府与外国控制的苏伊士运河公司之间的关系来分析运河的历史[1]。

苏伊士运河建筑特许权的授予[2]充满了不公正和不平等。埃及总督在 1854 年和 1856 年向法国工程师莱塞普斯授予了修建苏伊士运河的特许权。埃及政府授予苏伊士运河公司七项特权：（1）99 年的租赁，自运营之日起计算；（2）挖掘修建连接红海与地中海的海上运河和开罗至添沙湖的淡水运河，并提供两个运河港口；（3）提供建设项目所需土地 13.3 万公顷[3]；（4）运河公司进口货物享受关税自由；（5）建设运河 80％的劳动力为当地劳动力；（6）通行费按"吨运量"和乘客人数定价；（7）埃及和公司之间按 15％和 85％的比例分配利润。

苏伊士运河公司的资金筹集方式损害了埃及的主权。1858 年 12 月，苏伊士运河公司的注册资本为 2 亿法郎（771.5 万英镑），分为 40 万股，每股 500 法郎（20 埃及镑），每年 5％的利息在施工期间支付给股东。该公司在许多国家之间分配股份。埃及享有 92 136 股，给英国、奥地利、俄罗斯和美国的

① Bent Hansen and Khairy Tourk. The Profitability of the Suez Canal as a Private Enterprise，1859—1956. The Journal of Economic History，Vol. 38，No. 4，December 1978.

② 具体的讨论参见：John Marlowe. World Ditch：The Making of the Suez Canal. New York：The Macmillan Company，1964：70—92.

③ 这片土地有 70 000 公顷，其中包括马里时代运河两侧两公里宽的狭长地带和 63 000 公顷可耕种的土地，这些土地沿着尼罗河的淡水运河延伸。除了从运河费中获得的收入外，可耕地为公司提供了大量收入来源。

股份各为 85 506 股。然而这些国家拒绝捐助，在工程师的压力下，埃及从外国银行借款 2 800 万法郎（198 万英镑）以购买其中一个国家的股份，最终埃及持有 177 642 股，价值 8 900 万法郎（343.3 万英镑），也就是说，埃及为该项目提供了 40％的原始资本。其余股份由法国和其他国家购买。

埃及政府与外国支配的苏伊士运河公司之间围绕运河建设及其建成运营的关系更是充满了屈辱。在运河建设期间，强制劳工的做法导致埃及人民生命遭受巨大损失。当埃及政府试图取缔强制劳动时，外国势力迫使埃及向苏伊士运河公司支付巨额资金。从一开始，英国就反对这个运河项目。除了对该项目的盈利能力表示怀疑外，英国还担心运河会让英国在埃及和印度的利益受到法国的摆布。人们认为，法国离运河如此之近，将在很大程度上不利于英国向印度洋派遣船只和军队。此外，法国人还可能禁止英国人使用运河。英国发起了一场反对运河的政治和新闻运动。由于埃及是奥斯曼土耳其帝国的一部分，英国以该项目违法为由，迫使土耳其停止修建运河。《泰晤士报》抗议强迫劳动，并认为这是变相的奴隶制。当时的总督伊斯梅尔很在意欧洲对埃及的看法，所以他决定废除强制劳动制度。毕竟，控制那些在低工资条件下工作的本地工人越来越困难[1]。但是，苏伊士运河公司认为废除强制劳动制度违反了它与埃及之间的协议。双方同意将分歧提交法国皇帝拿破仑三世仲裁。

---

① 据估计，大约有 12 万名埃及工人在运河修建期间死亡。Musawwar. Egyptian Weekly Magazine, November 21, 1969: 32.

1864年7月，皇帝要求埃及政府拨给运河公司8 400万法郎（324万埃及镑）作为赔偿。在废除强制劳动制度前，苏伊士运河公司使用劳动密集型技术，让伐木工人用粗糙的阿拉伯篮子进行河道疏浚①。在5年多的时间里，大约有1 500万立方米的河道是靠手工方式挖掘出来的。废除强制劳动制度后，运河公司转而采用资本密集型技术。使用的机器重达500～600吨，挖掘工作（6 000万立方米）在5年内几乎全部通过机械手段完成②。

　　强制劳动问题并不是埃及政府和苏伊士运河公司间分歧的唯一来源。运河公司的势力过大，使其成为一个"国中之国"。在1854年和1856年法案中最严重的让步之一就是免除该公司的进口关税。塞得港（公司的大部分进口货物到达的地方）已经成为一个免税区，它不仅对公司所需的材料免于征税，而且是家具、食品、奢侈品和其他各种物品的免税区，因此大量的违法现象也随之滋生。走私行为极其猖狂，极大损害了埃及的关税收入③。埃及还放弃了其在邮政电报

---

　　① 据估计，仅在厄尔吉斯海沟使用的篮子数量排起来就能绕地球三圈。J. Stephen Jeans, Waterways and Water Transport, E, & F. N. Span, London, 1890：257.

　　② 建设运河总开挖土方量（7 400万立方米）在十年零五个月内完成。使用劳动密集型技术的话，建造运河将需要十二年半（假设每个工人每天挖掘一立方米，平均有20 000劳动力，每年工作300天）。这还忽略了在海平面以下使用人工挖掘的困难（John Marllowe. World Ditch：The Making of the Suez Canal. New York：The Macmillan Company, 1964：203）。

　　③ 当埃及政府在海关问题上与苏伊士运河公司发生冲突时，莱塞普斯于1868年8月10日在赛得港举行的一次公开会议上呼吁听众抵制海关的"伪装"。8月15日，四位法国商人遵照莱塞普斯的劝告，在不缴纳关税的情况下强行取走了一些托运给他们的货物（John Marllowe. World Ditch：The Making of the Suez Canal. New York：The Macmillan Company, 1964：213）。

服务、运河和湖泊上的渔业等权利。1869 年 2 月，埃及政府收回了这些权利，当时支付了 3 000 万法郎（115.7 万埃及镑）。

苏伊士运河于 1869 年 11 月开通[①]。除庆典费用外，总费用约为 5.09 亿法郎，其中包括：（1）2 亿法郎（40 万股）作为原始资本。埃及支付了 8 700 法郎（177 642 股）。其余由法国和其他欧洲国家负责。（2）根据 1864 年 7 月的仲裁协议，埃及支付了 8 400 万法郎作为赔偿金。（3）1869 年 4 月，埃及政府向该公司支付 3 000 万法郎，以恢复其在运河地区的政治主权。（4）1867/1868 年在法国发行的两次债券获得 1 亿法郎。（5）埃及为与运河相关的公共工程支付了 5 500 万法郎。上述金额总计为 4.79 亿法郎，剩余的 3 000 万法郎似乎是从埃及政府就其持有的普通股所欠金额和赔偿支付的利息中获得的。埃及对运河资本的净贡献约为 2.52 亿法郎（约占总资本的 50%）。这些钱大部分是通过国外贷款筹集的。如前所见，埃及在运河修建的第一阶段还提供了土地和廉价劳动力。作为回报，该国最初仅收到了价值为 8 700 万法郎的普通股，外加 15% 的运营利润。

上述讨论表明，莱塞普斯通过对特许权中某一条款的极端解释，并在埃及放弃该条款时获得赔偿[②]。这种方法使他不

---

① 庆祝活动费用约为 3 700 万法郎（150 万埃及镑）。

② John Marlowe. World Ditch：The Making of the Suez Canal. New York：The Macmillan Company, 1964：211.

用任何成本就得到了埃及政府提供的 1.52 亿法郎（运河资本的 30%）。外国银行利用了埃及政府缺乏经验和埃及统治者伊斯梅尔帕夏总督希望埃及能成为欧洲的一部分的心理而大肆谋利①。在伊斯梅尔帕夏总督统治期间（1863—1879 年），埃及背负着巨额外债，任由外国银行家掠夺其财富。埃米尔·路德维希写道："欧洲最著名的银行业公司看准了伊斯梅尔帕夏的挥金如土，用银行的利息、私人佣金、虚假付款，以及巴黎和伦敦证交所的花招欺骗了他。"② 当时的一个英国人称大银行家为欧洲的渣滓，因为实际上他们只给这位兴高采烈的国王支付了 60% 的贷款。"一些银行家做得更甚，比如 1873 年名义价值为 3 200 万英镑的奥本海姆贷款，然而埃及只收到了 1 100 万英镑。"③ 在 1875 年，埃及政府迫于外国银行④的要求，不得不出售其持有的运河股份。法国人拒绝购买，但英格兰的迪斯雷利首相在 1875 年 11 月以 1 亿法郎（385.8 万埃及镑）的价格获得了股份⑤。因为埃及不得不放弃其 25 年息票支付

---

① 在苏伊士运河的开幕式上，伊斯梅尔帕夏总督说："运河把埃及和非洲隔开，并使埃及成为欧洲的一部分。"

② Emil Ludwig. The Nile：The Life-story of a River. New York：The Viking Press，1937：546.

③ John Marllowe. World Ditch：The Making of the Suez Canal. New York：The Macmillan Company，1964：270.

④ 到 1875 年，应付国外贷款的年利息约为 7 500 万法郎。John Marllowe，World Ditch：The Making of the Suez Canal. New York：The Macmillan Company，1964：245.

⑤ 英国首相迪斯雷利不得不在合作者罗斯柴尔德的帮助下，自己承担购买股票的责任。英国想减少法国在该地区的影响力。到 1910 年，这些股票的价值已经上升到 8 亿法郎。

的权利（以换取其在运河地区的政治主权），埃及和英国之间的协议包括一项条款，根据该条款，英国在接下来的 19 年内再支付 500 万法郎[①]（193 000 埃及镑），即直到息票免费。随着埃及财政状况的恶化，埃及政府于 1880 年 3 月以 2 200 万法郎的价格将运河利润的 15% 出售给出口信贷公司。这还没有埃及在运河开通庆典上花费的 3 700 万法郎（150 万埃及镑）多。这次出售标志着埃及对苏伊士运河所有权利的终结。

1876—1955 年，运河的总收入约为 5.42 亿埃及镑。在 1880 年 3 月灾难性的拍卖之后的半个多世纪里，埃及没有收到一分钱。所有的利润都流向了其他国家。随着埃及人民民族主义情绪的高涨，运河公司于 1937 年同意每年向埃及政府支付 150 万美元。1949 年 3 月，埃及签署了一项新的协议，埃及政府仅获得了运河年利润的 7%。这项协议一直持续到 1956 年 7 月运河国有化[②]。苏伊士运河危机之后，埃及享受到了运河的全部好处。除了一些极微小的收费率变化外[③]，运河基本上一直在同一

---

① 伦敦已准备好不要求这一规定。在一封英国外交部电报中，指示英国总领事斯坦顿不要中断交易。John Marlowe. World Ditch: The Making of the Suez Canal. New York: The Macmillan Company, 1964: 262.

② 1859 年至 1956 年，苏伊士运河对法国的回报率为 9.1%，而对法国股东来说，机会成本为 3.6%。英国政府的回报率则是 8.7%，机会成本为 3.3%。Bent Hansen and Khairy Tourk. The Profitability of the Suez Canal as a Private Enterprise, 1859—1956. The Journal of Economic History, Vol. 38, No. 4, December 1978: 938-958.

③ 1964 年，收费率提高了 1%。苏伊士运河的国有化赋予运河管理局每年增加 1% 过境费的权利。

收费系统下运行①，并且与船只通过运河所获得的利益不挂钩。由于该地区的政治不确定性，使得一些大型船舶（如超级油轮）无法使用运河。

美国治下的和平与全球化 2.0 版本

手工塑造的东西无法永存，这道理同样适用于二战后塑造的国际经济和金融体系。

——巴里·艾肯格林②

现在美国正将自己与世界其他国家隔离开来。

——雅各布·柯克加德③

二战后，大多数发展中国家获得了政治独立，美国霸权支配下的和平推动了全球化 2.0 版本的发展。由于历史原因，美国对殖民本能地反对④，它以自己是一个憎恶欧洲帝国主义的国

---

① 之前当运河公司掌控苏伊士运河期间，收费率变化了 28 次。除了 1914 年和 1939 年战争期间略有增加外，其他 26 次变化都是降低利率。通行费最初固定为每名乘客或每吨货物 10 金法郎。1950 年取消了对乘客的收费。到 1951 年，每吨货物的收费率下降到 36.5 埃及币（约 3.235 金法郎），装载船只的收费率下降到了 36.5 埃及币，压载船只的收费率下降到 17 埃及币。

② Barry Eichengreen. Versailles：The Economic Legacy. International Affairs，Vol. 95，Issue 1，January 2019.

③ 彼得森国际事务研究所的经济学家。Saibal Dassgupt. Donald Trump May Be a Challenge for AIIB and NDB. VOA News，February 13，2017.

④ 华盛顿抗议英国在中东的殖民政策可以追溯到第一次世界大战后的几年。美国金-克兰委员会的报告完全支持了阿拉伯世界的政治愿望。美国外交官对英国在埃及的殖民主义和法国在摩洛哥的殖民主义充满鄙视。然而在第二次世界大战的最后几年，英国又对美国进入石油资源丰富的中东地区感到不满，并试图阻止美国在巴林地区设立领事馆。

家而自豪①。美国作为超级大国，得到了许多发展中国家的尊重。这些都是美国主导世界秩序和推动全球化 2.0 版本的有利条件。但是，美国创造的全球体系具有全球化 1.0 时代的一些特点，为了得到美国对推动国家现代化的支持，各个发展中国家必须成为美国的战略盟友，并与苏联为敌。这就解释了为什么东亚是唯一一个在美国治下的和平时期能够发展工业的地区。在其他地区，如非洲，实现现代化则受到忽视②。因此，在美国治下的和平时期，南北收入差距不断扩大。表 6-3 显示了北方国家（包括日本）和南方国家之间的差距。

表 6 - 3　　　1950—1998 年人均 GDP 增长率（年均复合增长率,%）

区域		1950—1973 年	1973—1998 年
北方	西欧	4.08	1.78
	西欧旁支国家	2.44	1.94
	日本	8.05	2.34
	东欧和原苏联	3.49	−1.1
南方	拉丁美洲	2.52	0.99
	亚洲（不包括日本）	2.92	3.54
	非洲	2.07	0.01
世界		2.93	1.33

资料来源：Angus Maddison. The World Economy: A Millennial Perspective. Development Centre of the Organization for Economic Co-operation and Development. Paris, 2001, Table 3-1a.

---

① 美国如此反殖民是因为美国本身就是一个殖民地，英国希望美国只是一个原材料生产国，在南部有种植园，为兰开夏郡的工厂生产棉花，在北部有适合英国城市工人工作的场所。

② 贫穷国家的问题在于他们"不是被跨国公司剥削，而是被跨国公司忽视"。Martin Wolf. Why Globalization Works. Yale University Press, 2005: 115.

　　由表 6-3 得出的结论是，在西方经济呈现健康上升趋势的时期，除东亚地区外，南方发展中国家没有明显受益于这种增长。另一方面，由于 1973 年石油危机后西方的经济增长率开始出现相对下降，在 2008 年经济衰退后更是增长乏力，因此指望由西方决定发展中国家的未来是不现实的。在这一点上，通过"一带一路"建设，中国有望在帮助这些国家中发挥关键作用，这就是"一带一路"倡议的重要性。

　　全球化 2.0 版本的特点是美国将其自由市场模式推向其他国家。该模式对政府干预经济持否定态度，这一点在"华盛顿共识"中得到了集中体现，该共识为全球化 2.0 版本提供了理论基础。总的来说，1945 年后全球秩序的制定旨在保护西方的优势。世贸组织就是一个很好的例子，它阻止发展中国家利用产业政策。唯一的例外是东亚地区的发展，出于地缘战略的考虑，美国对该地区国家采取的产业政策另眼相看。东亚是在美国治下的和平时期最受益于全球化的地区①。这显示出二战后全球秩序的双重标准。美国盟国的产业政策可以被允许，而发展中国家的产业政策就会遇到重重阻碍②。

　　据丹尼·罗德里克称："自 20 世纪 70 年代以来，经济学家一直建议政策制定者减少对公共部门、实体资本和基础设施的重视，而是要优先考虑私营市场、人力资本（技能和培训）以

---

①　Robert H. Wade. Challenging the Wisdom of More Globalization. Financial Times，April 25，2018.

②　双重标准的另一个体现是投资者-国家纠纷制度。Robert H. Wade. Challenging the Wisdom of More Globalization. Financial Times，April 25，2018.

及政府机构改革。从各个方面看，经济发展战略都发生了大规模的转变。"① 市场原教旨主义的福音被大规模地传递给其他发展中国家。美国要求世界银行和国际货币基金组织等跨国组织大力传播其自由主义的信息②，结果就是这些二战后的成立的国际金融组织向发展中国家兜售错误的建议③（例如，基础设施不是优先建设项目）。

综上所述，对于大多数发展中国家来说，美国治下的全球化2.0版本对它们的现代化没有太大帮助。

全球化3.0版本：有中国特色的全球化

由于中国的发展，下一个全球化，即全球化3.0版本，将是一个具有中国特色的全球化，而"一带一路"倡议将是全球化3.0版本的基石④。全球化3.0版本在三个方面不同于以往的全球化。第一，它代表着一个完全开放的体系。正如"一带一路"是一个包容性项目一样，新的全球化也是如此。两个世纪以来，经济现代化第一次不再受制于大国的阴谋。与某个特定

① Dani Rodrik. The Return of Public Investment. Project Syndicate，January 13，2016.

② 英国和美国的霸权主义者都试图把他们的自由放任模式强加于发展中国家。这与他们自己在保护主义条件下进行工业化的经验形成了鲜明对比。

③ 该制度的一个主要缺点是，它很少关注发展中国家的需要。一般来说，军事联盟和经济发展的问题是次要的。

④ 中国利用其基础设施技术和人力资源为这一全球化进程做出贡献. http://www.thefinancialexpress-bd.com/2017/03/28/65457/Chinese-vision-for-globalisation-in-21st-Century.

国家为敌也不再是融入现代世界的必需条件。"一带一路"倡议
强调成员国之间的合作,各国现在可以无条件地追求经济现代
化。第二,经济现代化不再受制于特定的经济意识形态。各国
可以自由采用任何适合本国国情的模式。"一带一路"将恢复产
业政策在经济中的重要作用。结束发展中国家应该遵循自由放
任经济和自由市场体系的神话。第三,经济现代化不受制于特
定的政治制度。在之前,西方社会普遍认为多党制有利于现代
化建设。然而全球化 3.0 时代允许所有类型的政治制度,这意
味着各国可以按照国情需要,不应采用可能威胁其社会稳定的
政治制度。

在全球化 2.0 时代,发展中国家的表现不佳。它们的原材
料出口比较优势陷入了一种李嘉图式的静态贸易模式。在全球
化 3.0 时代,"一带一路"倡议将促进中国对发展中国家的技术
转让,使发展中国家获得动态的比较优势,在技术阶梯上越走
越高。中国特色的全球化将成为发展中国家实现全球化的黄金
时代。

现在,中国已经是 100 多个国家的主要贸易伙伴。中国商
务部 2018 年 8 月介绍,过去五年来,中国与"一带一路"沿线
国家的贸易总额超过了 5 万亿美元。中国已成为"一带一路"
25 个沿线国家最大的贸易伙伴①。中国的金融产业具有比较优
势,香港的全球金融中心和上海的区域金融中心地位加强了其
在金融领域的领导作用。中国的资本、资本市场和金融机构在

---

① Zhao Lei. Belt and Road Lifts Off. Beijing Review,September 21,2018.

21世纪对世界经济的影响与美国在20世纪的影响一样大。

"一带一路"倡议受到国际社会的广泛欢迎和支持。截至2018年9月，已有100多个国家和国际组织参与了这项倡议。中国与"一带一路"沿线30多个国家签署了合作协议，与20多个国家开展了国际产能合作。"一带一路"成员国的工业化将促进新的供应链形成。"一带一路"建设还将大幅提高贸易、投资和工业化的水平，使参与者能够重新书写全球贸易和投资增长规则。

全球化3.0的来临还意味着消费动能的转化。在全球化1.0时代和全球化2.0时代，世界市场的主要消费动力来源于占全球人口相对少数的发达经济体的人口。然而，在全球化3.0时代，中国的城镇化将为世界经济提供更大的消费动能，从而带动更多的国家实现工业化。图6-1显示了不同国家公民国外旅游支出情况，中国人的旅游消费支出一直处于增长状态，且涨幅较大。

除此以外，由于其他"一带一路"国家的经济增长，其中产阶级的规模也将大幅增加。在2009年，亚太地区的中产阶级仅占世界的18%；到2030年，根据经济合作与发展组织的数据，这个数字将上升到令人震惊的66%。北美和欧洲的中产阶级在2009年占全球的54%；而到2030年时，就会降到只占21%了。

全球化3.0将促进先进技术在更大范围和领域内的扩散，并引导发展中国家本土技术研发，这将在技术上支持发展中国家的发展。西方国家的相对衰落和中国的和平发展是决定全球化未来

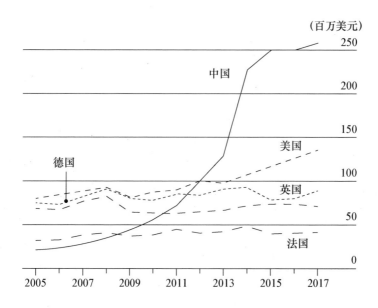

（百万美元）

图 6-1 不同国家公民国外旅游支出

资料来源：Holidaying for the Motherland. The Economist，February 23, 2019.

的两个因素。特朗普政府的保护主义政策对美国的全球化动向造成了沉重打击。为阻止中国发展，西方国家对中国采取了越来越多的限制措施，设置投资障碍的重要目标之一是阻碍《中国制造 2025》的实施[①]。在美国，人们担心中国在美国的投资可能会使美国将大量的工业和技术转移到中国。特朗普总统甚至以国家安全的名义通过了《外国投资风险评估现代化法案》，

① 从中国的角度来看，这些技术转让是《中国制造 2025》工业政策的一部分，旨在使中国成为 10 个优先领域的技术领导者：先进信息技术，自动化机床和机器人技术，航空航天设备，海上设备和高科技航运，现代化铁路运输，新能源汽车，电力设备，农业设备，新材料，生物医学及先进医疗产品。这些部门将得到国有机构的融资支持，并避免公开竞争。

扩展美国对外国投资的审查范围。然而它们的恐惧是毫无道理的。从数据来看，1990 年至 2017 年，中国在美国的投资仅为 2 500 亿美元[①]。此外，防止技术转让预计很难成功，原因有两个：首先，以前对某项特定技术的垄断尝试早已证明无法成功；其次，中国自身已经具有了技术创新的能力，中国在人工智能等重要领域处于世界前列。发展本土技术对中国至关重要，这使中国能够摆脱中等收入陷阱。中国的在许多领域都取得了进步，现在它又成为一座灯塔去帮助其他国家。因此，现在阻止中国在先进科技领域的崛起为时已晚。

全球化 3.0 还为维护全球自由贸易体系和开放的世界市场提供了新的动力。当前，民粹主义和保护主义的兴起对全球化本身的理念构成了威胁。中美之间的贸易摩擦可能对世贸组织等机构造成实质性威胁。特朗普当选美国总统后带动的西方保护主义的兴起对全球化产生了负面影响。幸运的是，中国现在成为了自由贸易的捍卫者。"一带一路"国家间的贸易额占 2017 年全球贸易额 13.4％。2017 年，习近平主席在达沃斯世界经济论坛上发表了关于捍卫自由贸易和全球化的讲话。2018 年中国外交部部长王毅表示，虽然保护主义和单边主义正在抬头，但"一带一路"倡议将帮助经济全球化变得更加普遍和有益。2013 年中国与"一带一路"沿线国家的贸易总额约为 1 万亿美元[②]，预计到

---

① 这只是美国在比利时投资总额的两倍。

② 从 2014 年到 2016 年，贸易额超过 3 万亿美元。Sophia Yan. China Pledges More Than ＄100 Billion in Belt and Road Projects. World Economy，May 14，2017.

2025 年将达到 2.5 万亿美元[1]。根据中国出口信用保险公司董事长周立群的说法，未来 10 年中国对"一带一路"沿线国家的投资将达到 1.6 万亿美元[2]。从 2001 年到 2014 年，中国从其他国家进口了价值近 15 万亿美元的商品，为这些合作伙伴的发展做出了贡献。在跨境资本流动方面，"一带一路"沿线国家吸引了 1 554 亿美元的外商直接投资和 3 237 亿美元的外资，占世界外资流入量的 31.6%[3]。

但是，"一带一路"倡议和全球化 2.0 时代兴起的自由贸易协定不同。自由贸易协定主要以接触为主，"一带一路"则致力于鼓励参与，并将在沿线国家之间产生新的项目。中国已经签署了许多自由贸易协定。比如它与格鲁吉亚的自由贸易协定已经生效，与毛里求斯举行了第一轮自由贸易协定谈判，与巴基斯坦举行了第二轮自由贸易协定谈判。它还与欧亚经济联盟签署了一项经贸合作协定。中国和"一带一路"沿线国家志同道合。许多人认为，最终"一带一路"将超越基础设施建设范围，成为区域和双边自由贸易区的基础。不过这一目标在短期内很难实现。

---

① 中国与"一带一路"沿线国家的双边贸易同比增长 26.2%，达到 1.6 万亿元人民币（2 400 亿美元）；2017 年第一季度中国对西太平洋至波罗的海 60 多个国家的出口同比增长 15.8%，达到 9 370 亿元人民币（1 350 亿美元），占中国出口总额的 28.2%。这些国家的进口额达到 7 170 亿元人民币（1 040 亿美元），同比增长 42.9%，占这些国家进口总额的 25%。

② Li Qiaoyi. Making It Work High Hopes for "One Belt, One Road" Initiatives. AIS, October 24，2017.

③ "一带一路"的资本流入量超过前北美自贸区 23%，超过欧盟 21.2%。

第七章 人民币国际化

要抓住"一带一路"的机遇，提高人民币在贸易定价和结算中的比重，增加人民币在与实体经济密切相关的外商直接投资、贸易融资、贷款和债券发行中的使用。

——陈雨露[①]

人民币国际化将受益于与"一带一路"的相关业务，因为金融一体化是"一带一路"倡议的重要组成部分。

——屈宏斌[②]

[①] 时任中国人民银行副行长。One Belt，One Road Could Help Lift Yuan Globally. China Daily，October 9，2015.

[②] 汇丰银行大中华区董事总经理。Financial Times，May 4，2017.

一般来说，大国的崛起与其货币成为主要储备货币有关。19 世纪，英镑是全球主要货币，直到 20 世纪被美元取代。但是，全球货币秩序的演进从根本上符合西方发达国家的利益，却不利于广大发展中国家。"一带一路"倡议与中国的发展并进，它必然会有力地推动人民币国际化的进程，不仅将重塑全球货币体系，而且还会为广大发展中国家带来福音。

美元体系

资本主义世界体系形成以来，全球主要储备货币经历了从英镑到美元的转换过程，这从侧面反映了世界强国国力消长的过程。但是，全球货币秩序仍然存在很大的缺陷，这既体现了美元制度的缺陷，也体现了当前全球货币秩序混乱、日元和欧元都无力承担全球主要储备货币的角色的现状。回顾全球货币秩序的演进历程，有助于我们深刻理解"一带一路"建设所包含的货币融通的深刻内涵。

金本位和英镑制曾经支撑了一战前世界经济体系的正常运转。19 世纪是帝国主义称霸的时期，英国是主要的殖民国家，伦敦成为世界上最大的金融中心。那时世界经济体系以金本位制为主。欧洲各国央行相互合作，互相发放贷款，协调货币政策，以应对经常账户失衡。然而，从 1875 年开始英国的经济开始衰退，新崛起的经济强国是 1880 年 GDP 超过英国的美国。第一次世界大战后，欧洲列强负债累累。从 1915 年起，美国的出口增长超过英国。

美国的崛起标志着英镑的下跌。在经济上，美国在1914年从净债务人转变为净债权人。同年，英国从净债权人转移到净债务人。美联储于1913年成立，从此美元在海外的使用范围不断扩大。到1917年，美国建立了具有深度流动性的金融市场，使美元超过英镑成为一种新的世界储备货币①。1918—1945年，美国积累了大量的贸易顺差。在金本位制下，英镑和美元都是世界储备货币。然而两国的国际合作在关于赔偿和战争贷款的激烈争论中崩溃了。世界货币形势变得混乱且不稳定。

在第二次世界大战接近尾声时，世界银行和国际货币基金组织成立了，成立的部分原因是为了确保各国之间的合作不会再破裂。此后，由于英国经济基础薄弱，英镑迅速下跌，美元开始崛起，由此形成了以美元为核心的战后世界货币体系，它支撑了战后世界经济体系的正常运转。由于美国经济的强劲和美元与黄金挂钩的特质，人们对美元非常信任。然而，随着20世纪60年代美国长期贸易赤字的累积，形势开始发生变化。1971年"黄金窗口"的关闭意味着外国央行无法再将美元兑换成黄金。美元的浮动导致了货币市场的不稳定。随着美国在1985年从净债权人转变为净债务人，情况变得更糟②。

---

① 然而，随着1933年美元贬值，英镑暂时恢复了作为主要储备货币的地位。

② 自一战以来，第一次美国欠外国人的要比外国人欠美国的还多。

虽然美国经济仍然是世界第一，但这个国家长期向贸易顺差国家借款。比如，世界上最富有的国家美国不断向人均收入相对较低的中国借款，这是一种十分反常的现象。2008年的国际金融危机使许多观察家对美元继续作为世界主要储备货币的未来产生质疑。人们担心，一旦出现新的金融风波，美国就失去其能够无限借款的资格了。

尽管美元作为支付手段、价值储存和储备资产在世界货币体系中仍占主导地位①。但很明显，它的基础已经变得脆弱。这给当前以美元为基础的全球货币体系的可信性蒙上了一层阴影。

全球货币体系的缺陷首先在于美元对全球货币体系的威胁，这主要基于三个因素：首先，美国经济在全球贸易体系中的比重正在下降；其次，美国货币政策的质量令人担忧；再次，美国作为全球货币供应商的能力也受到严重质疑。

首先，美国经济在全球贸易体系中的比重正在下降。美国在全球经济中的相对比重一直在下降。以市场价格衡量的话，美国在全球GDP中所占的份额在2016年降至22％。美国公司在国际公司投资中所占的份额已从1999年的39％下降到2015年的24％。美国商品贸易仅占全球的12％。在过去的10年里，它在全球商品进口中的份额从16％下降到13％。而中国的进口则占全球GDP的14％。

与美国经济衰退形成鲜明对比的是，中国正在成为一个贸易大国，贸易地位稳步上升。中国已成为至少70个国家的第一

①　2015年，55％的全球资产由华尔街管理，而10年前，这个数字为44％。

大进口伙伴国。它的进口量约占世界总进口量的 10%～11%。就占世界进口份额而言，中国很快就会超过欧盟。在出口市场上，1994 年中国仅是两个国家的最大出口市场，到 2015 年，中国已是 43 个国家的最大出口市场。同时，美国是别国最大出口市场的国家数从 1994 年的 44 个下降到 2015 年的 32 个。根据印度经济学家对原始影响力的综合衡量，基于世界 GDP、贸易和累计净外资的份额，中国的经济影响力可能已经超过美国[①]。

其次，美国货币政策的质量令人担忧。2008 年金融危机之后，各国央行阻止全球经济崩溃的努力备受赞扬。然而，中央银行制定货币政策的工具和质量愈发令人质疑，美联储前主席珍妮特·耶伦对此表示担忧，她认为美联储的"潜在理论模型的核心已经腐朽了"[②]。目前，大多数经济学家担心缺乏应对未来金融危机的有效措施。降低利率、增加政府开支和减税等传统工具可能难以恢复经济增长，甚至可以说是毫无用处了[③]。据爱尔兰央行前副行长斯特凡·格拉赫称："中央银行可用于防止通货紧缩和实体经济崩溃的工具严重不足……如果今天发生新的金融危机，那么其对实体经济的影响可能比过

[①] Arvind Suabramanian & Martin Kessler. China's Currency Is Rising in America's Backyard. Financial Times，October 22，2012.

[②] Chris Giles. Setting Policy in the Dark. Financial Times. October 12，2017.

[③] 美联储前主席本·伯纳克表示："货币政策制定者通过传统的降低短期利率的方法在解决深层次经济衰退方面的空间有限。"Sam Fleming & Chris Giles. G20 Economists Fear Lack of Firepower in Future Downturn. Financial Times. October 12，2017.

去更严重。"①

最后，美国作为全球货币供应商的能力也受到严重质疑。如果未来再发生全球性金融危机，美国极有可能缺乏作为最终贷款人的能力。查尔斯·金德尔伯格认为："20 世纪 30 年代的大萧条持续了很长时间，那是因为英国的无能和美国不愿意承担责任使国际经济体系变得不稳定……当每个国家都转向保护本国的私人利益时，国际公共利益就消失了。"② 稳定的世界秩序需要一个拥有巨大市场并保持市场开放的霸主存在。为了稳定全球货币秩序，金德尔伯格建议霸主应充当"最终贷款人"，向陷入困境的银行提供短期和长期贷款。金德尔伯格在 1973 年担心美国不能再扮演向全球金融机构注入流动性的角色。幸运的是，他的预测被证明过于悲观。在 2008 年的国际金融危机中，美国依然可以拯救银行，让世界从危机中恢复。同样，中国在 2009 年的 4 万亿元人民币（5 800 亿美元）的刺激计划，毫无疑问是历史上最大的经济刺激计划，为世界经济提供了新的生命线。

现在的问题是，美国的救世主角色还能扮演多久？据《经济学人》报道，"美国对 2007—2008 年金融危机的反应也可以看作是最后的努力"③，因为自 20 世纪 70 年代以来，全球金融流动速度加快，全球金融体系的不稳定加剧，将面临更多危机。

---

① 高收益和新兴市场公司债券尤其容易受到市场波动的影响。Benjamin J. Cohen. How Stable Is the Global Financial System. Project Syndicate，September 29，2015.

②③ Dominant and Dangerous. The Economist，October 3，2015.

而且从美国应对危机的能力来看，在 2008 年国际金融危机期间，美国只提供了短期和非长期贷款。在 2008 年国际金融危机之后，美联储向外资银行和中央银行注入了约 1 万亿美元，以拯救世界金融体系。然而，应对未来危机所需的资金预计将高得多①。此外，考虑到国会的反对，美国能否发行大额互换货币信贷额度还未可知。

上述因素都表明，美国很可能无法继续充当最终贷款人。目前的全球货币体系正面临着一个可能对世界经济构成致命威胁的真空。《经济学人》质疑，目前的"美联储配发"的体制很不稳定。"以美元为主导经济体系的成本似乎已经开始超过其能带来的利益"，"各国还需要多久才能将自己的金融体系同美国功能失调的政治联系起来"②？

但是，美国经济的相对疲软并不意味着美元会立即走低。从短期来看，美元依旧是不可替代的。它在未来一段时间内仍有可能是世界储备货币，原因有四：其一，目前，中国不太希望人民币（马上）国际化；其二，由于美国经济的开放性，美元仍然是一种可靠的交换媒介；其三，在一个政治动荡的世界秩序里，美元是一个"避风港"；其四，国际货币体系的惯性使美元在未来的一段时间内依旧是理想的世界货币。因而，当前美元主导的贷款有望在"一带一路"项目融资中发挥重要作用。

---

① 目前的离岸美元是 2007 年的两倍。预计到 21 世纪 20 年代，它将与整个美国银行业一样庞大。

② Dominant and Dangerous. The Economist，October 3，2015.

许多中国国有企业将从国际金融中心募集资金。中国企业对亚洲美元债券市场的需求强劲，它们选择通过美元债券市场筹集资金，而不是从海外商业银行获得贷款。由于中国政府鼓励企业"走出去"从事并购活动，对美元债券市场的需求也在持续增加。2017 年 10 月，中国财政部在香港发行价值 20 亿美元的以美元计价的主权债券①。新发行的债券旨在为中国的其他美元债券发行商（如国有企业）提供一个基准，这有利于它们在亚洲美元债券市场以较低的借贷成本筹集资金②。

当前全球货币秩序的缺陷还在于日元和欧元无法取代美元成为主要储备货币。一种储备货币的诞生通常与外部冲击有关。例如，在大英帝国衰落后，美元成为国际储备货币。在 1971 年美国关闭黄金窗口后，欧元作为一种潜在的欧洲货币赢得了人们的信任。这标志着布雷顿森林体系的终结③。

二战结束后，欧洲追求更紧密的一体化，最终建立了欧洲联盟，并于 1992 年创造了欧元。欧洲各国频繁抱怨美元的支配地位，如戴高乐将军认为美元被高估，法国也抱怨美元"过度特权"使得美国投资者购买法国资产的价格要低于其他国家。欧元虽然由稳定的欧洲经济体支撑，其储备价值正在缓慢上升。

---

① 自 2004 年 10 月以来首次发行的美元债券包括 10 亿美元的五年期债券和 10 亿美元的十年期债券。Karen Young. China to Issue First Dollar Bonds Since 2004，in Hong Kong. South China Morning Post，October 11，2017.

② 商业银行对回报率高于美国国债的美元债券的需求强劲，这就解释了亚洲的美元债券市场受欢迎的状况。

③ Adlai E. Stevenon. Regional Financial Cooperation in Asia. Journal of Asian Economics，Vol. 15，No. 5，2004.

但其存在一个主要弱点：它是一个没有统一税收和支出权力的货币联盟的产物。因此尽管欧元作为储备货币的角色越发明显，在欧洲以外的贸易交易中却很少用到它。

对亚洲来说，日本长期是亚洲经济最强劲的国家，日元亦是备受关注的货币。日本一直渴望将日元作为国际储备货币。在20世纪70年代日本政府的大力支持下，日本约30%的出口使用日元作为结算货币。20世纪80年代，日本试图使日元成为一种亚洲的区域货币。1998年，东京推出"金融大爆炸"计划，旨在将日本发展成为一个主要的金融中心。然而，由于日本经济规模相对较小，以及日本资本市场在债务和流动性方面的限制，东京建立"日元区"的尝试没有成功。

尽管数十年来日本企业在许多亚洲经济体中发挥着巨大的作用，但日元在亚洲外汇市场上的作用十分有限。经济上，日本的相对经济权重已从1989年占全球GDP的13%下降到2019年的6%。同时，日本在安全方面非常依赖美国，这使得日本的一举一动都要受到美国的限制和影响[1]。即使日本在世界的地位很高，日元作为参考货币的地位与美元相去甚远[2]。日元成为国际储备货币更是一个遥不可及的梦想。

因此，目前欧元和日元都无法作为取代美元的主要储备货币。全球货币秩序仍然在动荡中演进，面临着历史性重塑。

---

① 美国反对日本设立亚洲货币基金组织，担心它会削弱国际货币基金组织的权力。Joseph Stiglitz. Globalization and Its Discontents. London：Penguin：134.

② 1989年，日本的GDP占全球GDP的13%。到2019年，已经减少到6%。

人民币的崛起

从长远来看，货币的价值是由国家的经济发展决定的。鉴于中国的快速发展，大多数观察家认为，人民币被世界接受为主要国际货币只是一个时间问题。2010 年，中国货币在全球数万亿美元的外汇储备中所占的比例微乎其微，它在当时任何一天的全球交易中只占不到 1%，在全球用于支付的货币中都没排进前 30 名。2017 年，人民币在货币交易中的使用量是 2010 年的 4 倍，进入世界十大支付货币行列。这是人民币通向国际化的第一步[①]。

有三个主要要素决定了一国货币的地位：经济规模、流动性和稳定性。中国的 GDP 位居世界第二，其经济增长速度令许多国家羡慕不已。它还拥有亚洲最大的金融市场和 9.5 万亿美元的债券市场。

货币有三种功能。第一个功能是被单位账户用作计价交易，第二个功能是作为交易结算的媒介[②]，第三个功能是作为储备货币进行价值存储。要使一种货币真正国际化，它必须在国际范围内履行这三项功能。由于人民币缺乏可兑换性，目前还不能

[①]　Renminbi is Merely Pausing, Not Retreating, in Its Global Growth. Financial Times，May 4，2017.

[②]　使用这种货币进行贸易结算的危险之一是它为货币投机者打开了大门。在人民币作为结算货币使用方面，中国政府非常谨慎，因为它担心投机者会破坏人民币在离岸市场的自由交易。

成为真正的国际货币。由于中国的金融体系尚为薄弱，中国还没有准备好开放资本账户。然而也有迹象表明，中国对人民币的管制正在逐步地放松。人民币在世界市场上承担上述三种功能的作用都在增强。

首先，人民币作为记账单位进行交易的功能有所扩大。

随着时间的推移，人民币有望获得更大的影响力，这是由三个因素决定的：第一，"一带一路"建设将带来更多的贸易结算和信贷机会。由于贷款规模的增加，人民币在"一带一路"沿线国家的使用将快速增加。特别是在美元不占主导地位的中亚地区，作为主要大宗商品生产国的中亚国家将成为人民币集团的一部分。随着中国银行向海外扩张，其大量业务将以人民币计价。第二，由于美国削减对巴基斯坦的援助，巴基斯坦政府宣布允许人民币用于双边贸易和投资活动[1]。第三，作为对美国保护的回报，能源丰富的海湾国家在 1977 年同意只使用美元进行石油交易。海湾国家认为美国是安全的避风港，因此大量投资美国国债。然而今天美国在能源方面变得自给自足，中国成为海湾国家石油的主要进口国。主要产油国正与中国经济紧密相连[2]。随着中国成为世界上最大的石油买家，中国在上海设立了一个期货市场用人民币购买石油，这无疑挑战了美元在全

---

[1] 巴基斯坦在 2016 年 11 月推翻了先前的一项决定，该决定禁止使用人民币，理由是人民币会损害国家的经济主权。Business Recorder，January 8，2017；Express Tribune，November 21，2017.

[2] 2016 年，沙特阿拉伯与中国签署了价值 1 300 多亿美元的协议。

球能源交易中的主导地位[1]。

其次，人民币作为支付方式的功能在扩大。尽管中国的许多主要贸易伙伴仍在使用美元[2]，但随着人民币的崛起，它在贸易和对外直接投资方面的应用迅速增长。据估计，中国 25% 的贸易和对外直接投资都是使用人民币结算。人民币已经越来越多地用于国际能源支付。到 2018 年，人民币已是全球支付结算的第五大热门货币。在"一带一路"沿线的能源生产国中，伊朗向中国出售石油不以美元计价，卡塔尔向中国出售液化天然气以人民币计价，俄罗斯和中国在能源交易中都使用本国货币结算。这将让中国政府在未来提到"石油与人民币挂钩"问题时拥有更多话语权。

最后，人民币作为参考货币的作用受到重视。因为很难购买人民币政府债券，所以以人民币作为储备资产的用途仍然很小。在 2014 年，仅有 1.4% 的国际债券以人民币发行。然而随着西方在 2008 年国际金融危机后陷入经济困境，人民币日益成为一种参考货币，并在东亚地区及其他许多国家的使用越来越频繁。全球有 60 多家中央银行将人民币纳入外汇储备货币[3]。2019年，全球 3% 的外汇储备以人民币被持有。这个数字是 2017 年的两倍，而且正在迅速增长中[4]。将人民币作为参考货币意味着

---

① Andrew Korybko. The Petroyuan: Pipedream or Possibility?. Trendstorm, November 4, 2017.

② 韩国对中国出口的 94% 是用美元结算，只有 2.9% 是以人民币结算。

③ Elliot Hentov. Monitory "Glue" Bonds China and the US. Financial Times, March 13, 2019.

④ Sonny Atumah. The Petrodollar-Petroyuan Controversy. Vanguard, August 11, 2018.

新兴市场的汇率正与之密切相关。根据研究，自 2010 年人民币恢复浮动汇率以来，与美元和欧元挂钩的新兴国家货币数量有所下降，而追随人民币的货币数量有所增加①。在东亚的 10 个经济体中，有 7 个国家和地区以超过美元的速度钉住人民币，包括韩国、印度尼西亚、中国台湾、马来西亚、新加坡和泰国。除东亚以外，印度、智利、以色列、南非和土耳其的货币都加速与人民币挂钩。预计这一趋势在未来将更加明显②。

在"一带一路"倡议提出以前，中国已经在采取措施不断推进金融体制改革，扩大人民币自由兑换的范围，以此推动人民币国际化。中国在 1993 年将人民币在贸易和投资中的自由兑换设为一个长期目标。为了获得更多外汇市场的认可，自 2009 年以来，中国积极推动人民币国际化，于 2015 年成功地将人民币纳入国际货币基金组织的特别提款权（SDR）货币篮子。这在很大程度上极具象征性，因为 SDR 是将一国货币推向全球使用的强大引擎③。中国还通过放宽外汇监管，在欧亚大陆建立双边货币互换网络以促进人民币国际化。中国还致力于进行外汇和金融改革，改革货币体系以确保人民币不受其他储备货币的波动影响。由于资本管制导致人民币不可自由兑换，中国正在逐步谨慎地推行改革，如引入具体的计划和配额来管理资本

---

① Arvind Subramanian & Martin Kessler. China's Currency Is Rising in America's Backyard. Financial Times, October 22.

② 在同一时期，只有中国香港、蒙古和越南的货币钉住美元。

③ 经济学家阿文德·萨布拉马尼安在 2011 年的一本书中预测，人民币将在未来 10 年左右成为全球储备货币，他认为，一国获得经济和货币主导地位的时间差比人们认为的要短。

流动①。这也都有利于推动人民币国际化。

人民币国际化

"一带一路"倡议提出之后，人民币国际化的步伐明显加快。"一带一路"的目标就是通过对基础设施和工业化的大规模投资，整合欧亚大陆经济体系，由此将形成一个完整的"一带一路"金融市场，进而增加人民币作为全球货币的重要性。建设"一带一路"从以下几个方面加快了人民币国际化的步伐：

首先，通过开发人民币安全资产推动人民币国际化。

安全资产是整个金融系统的支柱，因为它们在金融交易中起着抵押作用。长期安全资产对于养老基金和人寿保险融资至关重要。尽管当今世界的流动性充裕，但安全资产严重短缺②。许多跨国公司将大量现金投资于美国国债。世界银行前行长金塘表示，2017 年，有 40 万亿美元资产的回报率低于 1%，还有价值 5 000 亿美元的债券是负利率③。安全资产缺乏的一个主要

---

① 一些西方评论员抱怨改革的步伐"缓慢"。他们把中国的改革比作在没有汽车的情况下修建快车公路。然而一个更好的类比应该是，考虑到银行业危机的频率，中国正在建设一家医院来应对（银行）突发事件。这就要求首先建立重症监护室。

② 在欧洲，德国政府债券是欧元区最安全的资产。然而，这些债券的供应正在枯竭。这就解释了为什么法国正在推动建立欧元区共同债券安全机制。

③ Sophia Yan. China Pledges More Than $100 Billion in Belt and Road Projects. World Economy，May 14，2017.

原因是西方生产力增长缓慢[①]。但是,"一带一路"建设为创造安全资产提供了前所未有的机会。例如在中国,绿色丝绸之路股权投资基金已经建立,专门用于投资"一带一路"国家的绿色经济项目[②],由于许多"一带一路"沿线国家都面临着缺水、水土流失和荒漠化的问题,发展绿色经济有着广阔的市场需求。

　　发达国家的金融市场也体现出对人民币安全资产的兴趣。2017年9月,美国金瑞基金摩根士丹利资本国际公司"一带一路"ETF在纽交所挂牌上市,以追踪全球中国基础设施风险指数[③],该基金旨在建立一个由中国企业和非中国企业组成的投资组合[④],致力于为全球投资者提供跨境投资解决方案,这些企业将从中国政府的合同中获得业务[⑤]。欧洲央行将人民币纳入其外汇储备中,显示出对人民币日益增长的信心。同时这也将增加对人民币债券作为全球安全资产的需求。

　　目前,中国的银行在积极开拓国内和区域的债券市场。然

---

　　① 一些经济学家将此归咎于缺乏技术突破,如19世纪的技术突破(如电力技术),同时西方国家也面临着人口增长缓慢的问题。

　　② 成立的公司和机构包括亿利资源集团、中国泛海控股集团、平安银行等。Li Qiaoyi. Making It Work High Hopes for "One Belt, One Road" Initiatives. AIS, October 24, 2017.

　　③ 中国基础设施风险指数是以中国30家最大的基础设施公司为复制模板,以此规制整个行业的业绩。

　　④ 美国金瑞基金的最大组成部分是新加坡银行、俄罗斯石油公司、马来西亚企业集团森那美和泰国最大的石油公司PTT全球化工,其他组成部分包括波兰铜矿公司、顶峰控股和马来西亚石油巨头国家石油化工。Alex Mcmillan. Follow Chinese Money as It Dominates Global Infrastructure. The Street, Inc. , November 24, 2017.

　　⑤ Alex Mcmillan. Follow Chinese Money as It Dominates Global Infrastructure. The Street, Inc. , November 24, 2017.

而，中国的金融产品与华尔街的产品大不相同。前者专门与实体经济联系在一起，而后者则是通过货币交易来赚钱。与"一带一路"项目相关的贷款往往是长期的，因此中国的银行正在筹划发行专门用于欧亚大陆的标准化债券。这些债券必须被视为安全资产，因为它们不仅要用于支持商品和服务的生产，而且它们中的大多数都与基础设施和产业项目有关。

其次，通过对外直接投资和贷款推动人民币国际化。

在"一带一路"沿线国家运营的中国公司将使用人民币作为投资工具，从而增加这些国家的人民币供应和对当地货币的需求。出于对冲目的，人民币的需求也将增加。对外直接投资将有助于人民币国际化，中国的这一举措将加速人民币在全球的使用。中国可能创立一个多国集团，集团中国家的货币与中国货币的联系将更紧密。

由于中国向"一带一路"沿线各国提供支持基础设施现代化的贷款，人民币的供应预计将增加。这些国家将从中国借（长期）贷款以支付给那些实施基础设施项目建设的中国公司。对它们来说，获得人民币有两个来源。它们可以向中国的开发银行（如进出口银行）进行"在岸"借贷。它们也可以"离岸"借款（例如发行熊猫债券，也称为点心债券①）。为了成为一种可靠的储备货币，人民币需要大量的离岸供应。中国政府通过与许多中央银行签订交换协议进行合作，在国际上的表现一直

---

① 当离岸（例如香港）利率低于在岸利率时，这就增加了香港作为金融中心的优势。

很活跃。根据中国国家发展和改革委员会的报告,中国计划通过与"一带一路"建设参与国的双边货币互换促进金融一体化,并在亚洲发展债券市场。"一带一路"沿线各国政府和企业凭其良好的信用评级可以在中国发行人民币债券(中国拥有亚洲最大的金融市场)。此外,中国还鼓励符合条件的中国金融机构及企业以人民币和外币在中国境外发行债券,并在"一带一路"国家使用这些资金。

现在中国以人民币计价的债券已获得国际认可。中国的债券市场正在迅速增长,2018 年,中国的债券市场规模是 10 年前的 5 倍多①。熊猫债券是由一个国家发行并出售给中国贷方的(人民币)债券。熊猫债券的发行量在 2016 年增加了 9 倍,达到 190 亿美元,并在 2017 年继续增长了 50%。葡萄牙政府于 2017 年夏季在中国发行主权债券。这表示葡萄牙认可了中国的人民币国际化计划。葡萄牙是第一个在庞大的中国债券市场上借入和卖出人民币债券的欧元区国家。对葡萄牙而言,中国是仅次于美国和日本的第三大融资市场。意大利、比利时和爱尔兰政府也可以通过发行人民币(主权)债券向中国借款。2017 年 7 月,匈牙利发行了价值 10 亿元人民币(约合 1.4 亿美元)的熊猫债券。2018 年夏季,土耳其计划通过发行人民币债券向中国

---

① 中国已采取措施减少对外国投资的限制,并增加外资进入其股票市场。上海香港证券交易所于 2014 年成立,允许外国投资者在没有政府批准的情况下在上海购买中国股票证券,并在中国证券交易所上市。深圳证券交易所也有类似的待遇,但债券市场的自由化相对较为缓慢。Felix Lim. Renminbi's SDR Inclusion—More Yuan Denominated Assets?. BESA, WordPress. December 26, 2015.

借款。土耳其政府打算用所得资金支持 400 个新的基础设施建设项目，估计约 90 亿美元。

最后，通过成立新的机构和深化合作推动人民币国际化。

中国带头建立了亚投行和金砖国家新开发银行等多边金融机构，建立了丝路基金等投资基金，它们都是促进人民币国际化的有力推手。中国还拟建立上合组织融资机构，从而加强与上合组织银行联合体的合作，中国还计划深化与中国东盟银行联合体的合作。中国正积极与其他亚洲国家合作建立新的信贷机构以更好地了解亚洲的商业环境。中国认为有必要建立区域性金融风险预警系统，加强征信监管机构、征信机构和信用评级机构之间的跨境交流与合作①。

由中国主导的金融体系的一个主要优势是，它非常注重基础设施融资，从而避免了世界银行将有限的资源分散在大量项目上的问题。中国贷款的一个特点是对环保项目格外重视。发行绿色债券是为了资助与可再生能源、能源效率、水资源管理、清洁交通相关的项目。此外，为了使为基础设施融资而进行长期借款的国家避免外汇风险，亚投行和中国国家开发银行计划用"一带一路"和金砖国家沿线国家的货币提供贷款。

需要注意的是，人民币国际化与美元国际化并不相同，人民币也不会走美元的老路。美元贬值曾经动摇了世界对布雷顿

---

① 中国国家开发银行正在与主要信贷机构接洽，以便在 2017 年底获得信用评级，这将促使金砖国家的银行在国际市场上以美元和其他硬通货发行债券。Banking on Sustainability to Spur Growth. China Daily, September 4, 2017.

森林体系的信心。随着美国金融业的发展，许多从事投机活动的投资者脱离了实体经济，华尔街从美元作为储备货币中获得了极其丰厚的利润。通过使用人民币作为"一带一路"项目建设的主要货币，中国正逐渐恢复实体经济为主、金融为辅的国际经济秩序。

人民币国际化虽然意味着人民币在更大范围和程度上实现自由化，但是并不意味着资本流动的绝对自由。中国人民银行副行长潘功胜表示，中国的自由兑换愿景并不意味着在1997年亚洲金融危机和2008年国际金融危机期间破坏新兴市场稳定的资本自由流动。对中国来说，自由化是一个渐进的过程，中国奉行"有管理的自由兑换"政策①。中国不完全遵循自由经济模式的一个好处是，政府可以采取严格的经济措施，遏制货币投机活动。此外，中国虽然在积极推动人民币国际化，但并没有放松监管。由于外国向中国借款意味着资本外流。在其他条件相同的情况下，人民币在外汇市场上供应量的大幅增加会降低人民币相对于其他货币的价值，因此中国货币管理部门无时无刻不在密切关注可能导致货币不稳定的资本外流。

塑造新的全球货币秩序

"一带一路"建设将成为加速人民币国际化的重要工具，而人民币的国际化具有中国特色，人民币的崛起与其他储备货币

---

① 近年来，由于引入了管理资本流动的具体计划和配额，这些管制有所放松。

的兴盛有所不同。人民币国际化将惠及众多国家，它有利于保持发展中国家的币值稳定、打造区域金融市场、稳定国际金融体系和重塑全球货币秩序。人民币的未来是乐观的，但人民币国际化的进程也是长期的。

大国的崛起与其货币作为储备货币的使用有关。在英帝国的统治下，伦敦成为世界的金融中心。美国崛起后，美联储在1914年后通过鼓励美元在贸易结算中的使用，开始了美元国际化时代。这两个盎格鲁-撒克逊模式的国家在军事和经济上都享有优势。但是，中国不具备英美那样的军事影响力。在人民币国际化过程中，中国正沿着美联储在1914年后最初使用的贸易结算路线前进。这种方法的主要优点是：贸易结算比单纯的金融交易风险小，因为交易的商品可以作为抵押品，并且贷款在货物运达后会被立即付清。外国公司一旦收到人民币付款，就向当地银行存款，银行再将这些钱投入中国金融市场。这样，人民币在贸易结算中的频繁使用自然会增加其在金融投资中的使用[1]。

人民币国际化具有鲜明的中国特色。增加外汇市场货币供应量的一种方法是经常账户赤字。由于中国经常账户保持着盈余的趋势，不可能使用这种方法。但是政府已经想出了前所未有的解决方案。第一个方法是首先依靠离岸市场发展金融中心，鼓励这些市场用本国货币对人民币进行直接交易。第二个方法是通过涉及贸易、基础设施和产业投资的"一带一路"倡议推

---

① Barry Eichengreen. The Renminbi Goes Global. Foreign Affairs, March/April 2007.

动人民币国际化。

人民币国际化将惠及众多国家，它具有显著的优势。

首先，人民币国际化有助于发展中国家保持币值稳定，减少亚洲的货币不稳定，也将使大国难以迫使弱国改变汇率。"一带一路"将加速人民币在全球的使用，这有助于建立一个货币体系不受外部压力影响的国家集团。德国和日本的案例就很有启发性。

自 20 世纪 60 年代以来，美国的贸易赤字迅速累积。因此美国向其贸易伙伴施压，使伙伴国家的货币升值以减少美国贸易赤字①。当联邦德国在 20 世纪 70 年代成为一个工业强国时，美国迫使德国马克大幅升值。联邦德国马克汇率从 20 世纪 60 年代的 4.2 马克兑换 1 美元升值至 70 年代的 1.5 马克兑换 1 美元，增长幅度约为 64%。到了 20 世纪 80 年代，美国向日本施压，要求日元升值。根据 1985 年的广场协议，日元从 1985 年的 263 日元兑换 1 美元升值至 1988 年的 128 日元兑换 1 美元，上涨了约 51%。这对日本经济造成了巨大负面影响，持有美国国债的日本寿险公司遭受了极大的外汇损失。许多日本经济学家认为，该协议是日本"失去 20 年"的罪魁祸首。

20 世纪 80 年代，联邦德国和日本都依靠美国市场来维持经济。然而在货币政策方面，美国在 1985 年能够使日本屈从于自己的意志，但在同一年里却没能让联邦德国做同样的事情。使

---

① 根据国际货币基金组织的数据，实际有效汇率贬值 10%，净出口增长 1.5%。Colby Smith. China Isn't Weaponising Its Currency（yet）. Financial Times, July 23, 2018.

日本陷入困境的原因之一是经济因素，日元一直生活在美元的阴影下。而德国和其他欧洲国家之所以能避免日本的命运，是因为它们通过欧洲货币体系相互联系，并且在欧元诞生时达到顶峰。这保护了它们"不受美国利益的侵害"[①]。研究表明，1979—1999年，与日元相比，德国马克相对稳定[②]。

对于"一带一路"沿线国家来说，增加人民币的使用可以减少美国迫使本国货币升值的压力。一般来说，超级大国很容易强迫弱国推动其国内议程[③]，但如果这个弱国是一个大货币集团的成员，那么这个超级大国就很难再欺负这个弱国了。

其次，人民币国际化有助于打造区域金融市场。欧亚大陆的金融一体化是"一带一路"的主要目标，也是该倡议的五个优先合作领域之一。一个完整的"一带一路"金融市场可以增加人民币作为全球货币的重要性。加强跨境资本流动需要建立经济合作区、发展债券市场[④]、协调监管、进行信用评级合作和推动新的金融机构（如丝路基金、亚投行）开展合作。因为减少了监管壁垒，增加了投资组合、对外直接投资和银行活动[⑤]，

[①] Tetsuji Murase. The Internationalization of the Yen: Essential Issues Overlooked. Pacific Economic Papers. No. 307，September 2000.

[②] Dongsheng Di. Why the World Needs a Reserve Asset with Hard Anchor?. Frontier of Economics in China，November 2017.

[③] 1997年的危机暴露了亚洲在跨境短期资本流动中的脆弱性。决策者认识到金融监管对预防和管理危机的重要性。清迈协议、2 400亿美元的货币互换协议及"东盟＋3"宏观经济研究办公室等一些步骤已经到位。

[④] 本地和区域债券市场提供了银行融资的替代方案。

[⑤] Elisabeth Smits. Belt and Road a Path to Financial Integration. China Daily，September 15，2017.

这些计划的实施将增加跨国界的资本流动，也有助于中国打造新的区域金融市场。

中国不仅将成为建设欧亚区域金融市场的引导者，而且还将成为欧亚金融中心。正如德国在欧洲金融市场上发挥的作用一样。德国是欧洲经济最强劲的国家。德国马克长期以来一直是欧洲大陆的主要货币，直到被欧元取代。德国联邦银行是欧洲领先的中央银行，因为它成功地维持了德国马克的价值稳定。同样，中国央行在实现人民币相对稳定方面也取得了成功，因此获得了欧亚大陆各国的尊重。中国在金融部门的持续改革、庞大的外汇储备，以及其异常精干的中央银行家和监管者，都预示着中国在未来会成为欧亚大陆的经济中心、货币中心以及金融中心。正如德国马克最终成为欧洲货币浮动的内部驻锚一样，人民币在未来可能会起到同样的作用，为建设欧亚货币联盟铺平道路。如果欧洲的经验有指导意义，那么这一前景将在未来几十年内发生。

从区域一体化的角度来看，欧亚区域金融市场的形成将为欧亚大陆一体化奠定基础。成功的经济一体化应有坚实的制度基础和大国引领。在欧洲一体化建设中，美国对创建两个超国家机构——欧洲支付同盟和欧洲煤钢共同体起着决定性作用。前者对欧洲经济合作组织内部贸易的发展至关重要，后者则涉及法国钢铁工业的现代化。美国的想法是让法国在与德国钢铁业的竞争中更加安全。这两个重要的制度间接促成了法德轴心的诞生，如果没有美国的推动，这两个制度是不可能建立起来的①。在欧亚一体化的设想中，中国的存在至关重要，而"一带一路"倡议是达成欧亚一体化的主要工具。中国政府一直是创建重要机构（如亚投行、丝路基金和金砖国家新开发银行）的主要推动力，"一带一路"倡议代表着中国从规则追随者到规则制定者的一大进步。

最后，人民币国际化有助于塑造新的全球货币秩序。"一带一路"建设有助于中国在塑造新的全球货币秩序中发挥积极作用。诺贝尔奖得主迈克尔·斯宾塞认为中国是"全球经济的新规则制定者"。他说，中国"可以继续奉行以规则为基础的多边做法，并期望得到其他发达国家和发展中国家的广泛支持"②。当前的国际金融体系仍然是由西方国家主导和控制的，通过向发展中国家施压，它们可以通过扭曲全球货币秩序的方式维护自己的利益。如图 7-1 所示，美元仍是主流货币。

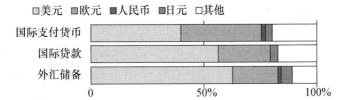

图 7-1　截至 2017 年第四季度，每种货币在国际货币体系中所占份额

资料来源：根据国际清算银行、国际货币基金组织、环球银行金融电信系统、欧洲央行计算。

---

① Heribert Dieter. Report on East Asian Integration. Notre Europe，Studies & Research，No. 47.

② Michael Spence. The Global Economy's New Rule-maker. China Daily，September 28，2017.

当一个超级大国拒绝"不友好"国家进入全球金融体系时，就会发生金融瓶颈。这种金融瓶颈不仅给国际金融体系带来不稳定，而且是从思想和组织原则上对本应开放的国际金融体系的否定。例如，当美国推翻伊核协议，重新实施的制裁将禁止与伊朗有经济联系的公司使用美元或美国金融机构①。人民币国际化有助于防止类似金融瓶颈的发生。

世界经济的发展需要一个大国在全球范围内提供稳定的储备货币。"一带一路"倡议的一个显著特点是，它使人民币成为国际储备货币的日子越来越近。美国不再是自由贸易的捍卫者，它在自由贸易市场中的退却会减少全球对美元的需求。相反，中国现在支持世界自由贸易体系，"一带一路"沿线国家间贸易的快速增长将加速人民币的广泛使用。另外，发展中国家对美国在 20 世纪 90 年代大力推动的"华盛顿共识"失去了信心。"北京共识"在实现高增长率方面的成功增加了人民币在"一带一路"参与国中的受欢迎程度。因此，"一带一路"建设将加速人民币作为下一个重要储备货币的出现。以中国为首的自由贸易区预计也将增加人民币在贸易和投资交易中的使用。

人民币要成为国际储备货币，首先应在亚洲某一地区的国

---

① 这会伤害许多与伊朗达成数十亿美元协议的欧洲公司，如空客、西门子、道达尔和标致。比利时的欧洲官员在寻找应对美国法律和金融交易影响的措施。其中一个策略是，无视新的制裁措施，并希望美国政府没有能力应对这种大规模抗议，从而接管整个美国金融体系。Michael Peel et al. Europe Fights to Protect Trade Ties with Iran. Financial Times，October 13，2017.

际贸易中被用作结算货币。这种情况已经发生在东南亚，在那里人民币是仅次于美元的最常用货币①。中国正在鼓励内地企业提供以人民币计价的出口信贷，这将有助于中国的出口。通过与新兴经济体的货币互换，鼓励增加区域人民币贷款，将利于东南亚各国货币与人民币保持紧密联系，并最终减少它们与美元的联系。

中国发展的主要影响之一是打破目前全球经济秩序中的准垄断。为了与国际货币基金组织和世界银行竞争，中国正在建设新的多边机构；美元虽然现在仍然占据主导地位，但人民币成为国际储备货币只是时间问题。布雷顿森林协定故意将发展中国家排除在规则制定程序之外。而"一带一路"倡议呼吁各国之间建立和谐关系，强调南南合作。这和导致世贸组织谈判陷于停滞的南北对话的旧模式形成鲜明对比。

人民币的未来

中国是一个制造业强国、中等规模的外汇和金融市场大国②，也是贸易和对外直接投资的巨头。人民币的崛起将提升中国在这些领域的地位，使中国更快地成为一个金融巨头。习近平认为金融是现代经济的命脉，只有血液循环顺畅，才能茁壮

---

① 人民币在越南全国各地广泛流通，在老挝东北部地区，人民币几乎取代了当地货币。

② Dominant and Dangerous. The Economist，October 3，2015.

生长①。这一目标被多次重申，并被列入中国共产党于 2013 年 11 月批准的具有里程碑意义的经济改革蓝图。人民币的自由兑换具有鲜明的中国特色。中国人民银行已经明确表示，货币的自由兑换不涉及（在 1997 年亚洲金融危机和 2008 年全球经济衰退中）破坏新兴经济体稳定的自由资本流动。中国人民银行行长周小川表示，中国将采用"有管理的自由兑换"，其目的是建立一个监管框架，以促进人民币自由跨境流动，同时保护中国经济免受资本流动波动的风险，避免中国遭受货币投机攻击。

2015 年②，投机者对人民币下了很大的赌注，预测中国将面临金融危机，这将迫使政府增加人民币供应，导致人民币贬值。投机者卖空人民币的行为与 1997 年导致亚洲金融危机的行为相似。然而，中国不是一个典型的新兴市场。由于其庞大的经济实力、高素质的政策制定者和高品质的金融监管机构③，中国能够成功地保护本国经济。首先，相对于其庞大的经济规模，中国的美元债务规模较小。其次，中国拥有巨大的外汇储备。最后，中国保持对资本流动的严格控制。这些因素使中国能够阻止人民币币值的下跌④。中国的经验证实了谨慎推进资本账

---

① Elisabeth Smits. Belt and Road a Path to Financial Integration. China Daily，September 15，2017.

② 2015 年 8 月，中国政府试图在人民币汇率变动中引入双向弹性，并允许人民币适度贬值。这被投机者解读为人民币进一步贬值的信号。

③ 2018 年 8 月，监管机构提高了押注美元的成本。远期卖出美元的银行应该有 20% 的准备金要求。银行将把新要求的成本转嫁给客户。

④ 捍卫人民币需要花费中国 5 000 亿美元的外汇储备。

户自由化的明智之处①。人民币自由化并不意味着取消资本管制。可以在实行金融自由化的同时，保持资本控制，以便在危机迫近的情况下为监管审查和干预留出空间。在危机时期，中国的监管机构能够将人民币波动降至最低，这是非常了不起的。

中国的主要目标之一是保持人民币币值稳定②。中国领导的多边机构（如亚投行）和签署的货币互换协议为亚洲货币稳定做出了巨大贡献。中国将其双边本币互换计划扩展到了21个"一带一路"沿线国家，向7个国家提供了人民币境外机构投资者配额，并在8个沿途国家设立了人民币结算银行③。中国在许多"一带一路"沿线国家设立了子公司的金融分支机构。它还在欧洲复兴开发银行的框架下开展第三方合作。当人民币成为亚洲的区域货币时，将大大降低其波动的风险。

人民币国际化将是渐进的，它在短期内不会完全取代美元的地位。中国是许多亚洲国家的头号贸易伙伴，中国在未来很有可能使人民币成为亚洲主要的区域货币。传统的看法是人民币作为主要储备货币的实现还需要数年的时间。然而在当前的

①　目前，中国只允许人民币在中国央行设定的基准美元汇率的上下限各浮动 2%。

②　埃斯瓦尔·普拉萨德说道，自 2014 年 6 月以来，中国干预了外汇市场，为维持人民币值稳定花费了近 1 万亿美元。Renminbi Is Merely Pausing, Not Retreating, in Its Global Growth. Financial Times, May 4, 2017.

③　Shen Lan. Initiative has Made Significant Headway. China Daily, November 4, 2016.

全球货币秩序下，这个看法恐怕要改变了①。中国大多数货币专家都意识到了将本国货币用作国际储备货币的国家所面临的经济风险，这些国家在向世界上其他国家提供流动性的同时，很难保持自己货币的价值稳定②。2009 年，中国人民银行行长周小川认为中国致力于建立一个不由任何单一国家发行或控制的国际储备货币体系，他建议由超主权储备货币（国际货币基金组织特别提款权）来保证货币的稳定性，并降低潜在危机的风险。因此，中国只希望扩大与其他国家在金融领域的合作，对人民币在全球范围内发挥与美元相同的作用不感兴趣③。

---

① 考虑到使用本国货币作为储备货币的固有问题，世界现在已经认识到 20 世纪 40 年代早期凯恩斯建议的明智。凯恩斯曾建议国际货币基金组织发行以商品为定价基础的国际货币，中国对这个想法很感兴趣。

② 这被称为"特里芬难题"。比利时裔美国经济学家罗伯特·特里芬在 1961 年表示，美国的贸易赤字是向世界提供流动性的工具，这也导致其货币政策的效率低下。

③ Adam Garrie. No Single Nation Should Control a Post-dollar Reserve Currency. CGTN，April 16，2019.

第八章　强力政府

民主程序没有内在价值。重要的是好政府。

——李光耀[1]

中国特色的国家治理体系

中国领导人能够将中国从世界最不发达国家之一转变为一个主要的经济大国[2]，原因有以下几个：

高质量的人力资本。在中国，通过公务员考试被认为是获

---

① Mark Peter. Singapore's Founding Father Loathed Democracy. Financial Times，January 4，2019.

② 按购买力平价计算，2010 年中国人均国内生产总值是 1990 年的 40 倍。美国 1980 年的人均国内生产总值是中国的 40 倍。而到了 2017 年，美国人均国内生产总值仅为中国的 3.4 倍。

得高级职位的先决条件。由见多识广、精练能干的决策者组成的政府体制，是中国在非自由主义模式下取得巨大经济成功的主要原因之一①。中国通过严格的精英制度选择顶尖水平的官员，那些登上榜首的人首先要在许多具有挑战性的任务中证明自己。他们设计和实施政策的目标是提高公民的福祉。中国的政策制定者已经建立了一个能够有效激励和分配物资并积累人力资本的环境②。

鼓励改革成为推动现代化的宝贵经验。中国政府允许尝试创新政策，包容犯错，这是中国独有的特点。在政策实施过程中，党和政府都积极保护改革者不断变化的创新思维。政府有推进改革的政治决心，同时也具有巧妙引导改革的政治智慧。根据世界银行中国区负责人的说法，"一个不起作用的试验可能会被放弃，而不是被谴责为政策失败"。随着时间的推移，中国政府一步一步通过改革，从最有可能取得成果的改革入手，树立了改革的良好声誉，增强了改革的可信度③。每一次成功的改革都有助于下一次改革。这造就了具有丰富现代化经验的高素质人力资本。

---

① "美国自由主义模式衰落的一个原因是当今的美国制度是'精英政治的产物，对亿万富翁的低税收政治，（和对穷人的低社会支出）'。这导致了民粹主义和人们不满的情绪。"Martin Wolf. How We Lost America to Greed and Envy. Financial Times，July 18，2018.

② Fang Cai. Perceiving Truth and Ceasing Doubts: What Can We Learn from 40 Years of China's Reform and Opening up?. China & World Economy, Vol. 26，No. 2，2018.

③ 回顾历史，我们只能惊奇地看到中国有能力建设长城、大运河等大型工程。

独特的政党制度维护国内团结。中国的政党制度渗透到中国社会的各个方面。中国从苏联解体中吸取的教训是，如果没有一个强有力的政党，那么国家将陷入混乱。在中国，忠于党是青年干部事业发展的最高标准。他们磨炼自己的能力，培养在各省工作的战斗精神（基层工作经验）。他们通过勤奋的工作向上攀登，并针对他们面临的挑战提出切实可行的解决方案。根据世界银行中国区负责人的说法，"政党制度是中国经济活力背后的主要力量"。党的成员是从众多有前途的青年中选出的。中国还将地方省份的利益与中央政府的利益结合起来。那些推动地方省份成功发展的省领导都将被提拔到中央工作。习近平认为，领导干部应该来自"五湖四海"，这意味着要实现自己的愿景，必须具备多样化的背景和积累。中国的政治体制要比西方国家的"冲突驱动"和"金权互通"更能满足人民的需要。其政党制度的灵活性允许接收人们的反馈，因此能够快速调动实现优先任务所需的资源。像"一带一路"这样的大项目不仅需要巨额资金的支持，还需要强大的机构能力和人才队伍的保障。除此以外，中国还需要不受利益集团的施压，实施稳健的政策。特别是在经济领域，制度体系需要善于使用"看不见的手"和"看得见的手"。国家要适时出击，防止市场失灵。西方国家宣传的"自由"可能会成为不利于社会和谐的动因，进而导致民族冲突并威胁到国家经济的发展进程。这就是为什么中国的国家和党总是时刻准备好纠正"不健康的"发展趋势。

毫无疑问，中国政府的强大实力是确保"一带一路"取得成功的主要力量。它们包括以下三点：

一是中国政府领导层的坚定承诺。在中国，所有省份都被动员起来以确保"一带一路"倡议的成功。充满激情和辛勤工作的政府官员们是"一带一路"倡议成功的人力保障。

二是中国政府的高质量建议。中国的发展经验能够为其他发展中国家提供成功的模板。这些发展中国家能够从与中国的交往中获得丰厚的回报。例如，通过"一带一路"倡议，它们从"中国式解决方案"中获益①，它们从负责探索中国成功发展模式的顶级技术专家那里获得高质量的建议。这是中国向世界提供的宝贵全球公共产品。

三是中国政府的完工能力②。中国是唯一一个可以承担像"一带一路"这样充满技术挑战的项目的国家。在今天的中国，工程和科学是最吸引顶尖学生的领域之一。许多主要的政策制定者都具有工程专业背景，所以中国"做事"的声誉名传万里。

国家治理能力的重要性

中国的发展引起了许多地区的关注。根据小弗里曼的说法：

---

① 第二次世界大战后，由于资金短缺和机构薄弱，发展中国家在经济发展上面临严峻挑战。它们在黑暗中摸索，寻找合适的经济模式。1945 年后的两个超级大国提供了两种发展模式：美国式的自由放任和苏联社会主义。一些发展中国家仿效自由市场的做法，而其他国家则推行进口替代政策。然而，前者没有正确的政策来纠正市场失灵，后者没有利用规模经济。因此大多数改革都以失败告终。

② 发展中国家的另一个好处是，它们可以享受中国制造的产品，如高速铁路。如第三章所述，高速铁路行业的建设需要各级政府机构之间的高度协调，高铁提案由科学技术委员会共同研究。

"在21世纪的第二个十年里，像中国这样的国家在政府工作实施方面被普遍认为是优于民主国家的。民主的印度步履蹒跚，美国和欧洲陷入经济低迷、政治僵局和自我怀疑，而中国的发展则遥遥领先。"① 然而，这一声明不应被视为对整个民主制度的控诉。任何政治制度的成功都应该以其满足人民需要的能力来判断。每个国家的情况必须具体分析，不能单独讨论一个特定国家的经济运行和民主问题。

中国的发展证明了"中国式解决方案"的有效，而"一带一路"建设则使"中国式解决方案"有了更宽广的施展舞台。在当今世界，美国与中国之间正在进行激烈的全方位竞争，而治理成效在其中占据着重要地位。美国将美中之间正在进行的激烈辩论界定为两个政治体系之间的竞争，即一个民主的美国与一个专制的中国的争辩。这是错误的做法，因为它掩盖了美国经济增长乏力的一些重要缺陷。这里我们将只分析金融在美国和中国经济中的作用。

在中国，习近平表示，金融行业是经济的"血液和脉搏"，以服务实体经济为行业的"神圣使命"。在美国，金融的重点是通过金融工程实现利润最大化。20世纪80年代，华尔街开始在美国经济中施加巨大影响。在那个时期，华尔街的崛起伴随着游说活动的普遍增加。当时在美国有许多强有力的声音宣称

---

① Chas W. Freeman, Jr. China's Rise and Transformation: Towards Pax Sinica. Washington Journal of Modern China, Vol. 10, No. 2, 2012.

"贪婪是好事"①。寻租活动（如风险投机）导致的对实体经济的忽视是美国工业停滞的主要因素。其结果是华尔街偏离了为实体经济服务的原有职能，成为美国金融的主人②。新的金融环境强调放松国家对经济的管理，以牺牲穷人的利益为代价偏袒富人，造成了巨大的社会压力。由于美国的金融业成为一个很容易通过风险投资获得财富的领域，这对亚洲经济也产生了影响。1997 年，由于对冲基金在经济中的投机行为，亚洲遭受了一场重大的金融危机。一位分析人士指出："在 1991 年苏联解体后，西方国家没有找到正确的经济发展政策，更不用说帮助其他国家了。"1997 年亚洲金融危机后，亚洲人终于意识到美国经济已把华尔街的利益看得超过美国的亚洲盟友利益了。

盎格鲁-撒克逊模式下的国家和中国对金融业持不同的态度，其主要原因之一是两国管理者的本质不同。在美国，最优秀和最聪明的人都喜欢法律和金融。而中国的情况并非如此，中国的高层决策者大多都具有工程专业背景。因此中国决策者强调利用其资金来源，这不仅促进了中国的实体经济增长，而且有助于发展中国家实现经济现代化。"一带一路"建设就是传播"中国解决方案"的一个很好的抓手。

中国的中央集权可以为公民提供良好的国家治理、经济进步和社会稳定。它还强调将经济福祉的利益分配给公民，不允

---

① Martin Wolf. How We Lost America to Greed and Envy. Financial Times，July 18，2018.

② 高管们受到股票期权的激励，这要求他们实现利润目标。他们受到投资者的威胁：如果他们"表现不佳"，就可能会被解雇。

许利益狭隘的群体扰乱客观决策的进程。

"一带一路"倡议遵循中国的经济模式，即金融行业向参与增加 GDP 份额的企业提供流动性。在决策过程中占主导地位的是工程师而非金融工程师。他们以现代基础设施、工厂、学校和医院的形式建立了真正的资产，为中国赢得了"一带一路"建设参与国家的感激。"一带一路"本身是一个纯粹的经济项目。中国不试图将其意识形态模式输入其他国家。有缺陷的自由主义模式不再能够为全球挑战提供解决方案，所以中国计划利用"一带一路"建设为世界问题提供"中国式解决方案"。

当然，"中国式解决方案"也受到了美国的质疑。一方面，美国对中国政府体制充满蔑视。美国还表示中国模式的成功将使世界偏离"18 世纪欧美启蒙运动的真理"，并对中国偏离这一标准感到愤怒[1]。另一方面，美国强烈担心中国政府干预经济。它反对《中国制造 2025》[2] 等产业政策，反对它们在"一带一路"沿线国家强调产业政策的重要性。实际上，"一带一路"倡议是一个基于健全道德原则的项目，指导具有不同经济文化背景的国家实现经济发展[3]，并为实现参与者之间的和谐付出努

---

[1] Chas W. Freeman, Jr. China's Rise and Transformation: Towards Pax Sinica. Washington Journal of Modern China, Vol. 10, No. 2, 2012.

[2] 《中国制造 2025》并非独一无二，它是德国工业 4.0 政策的中国版本。此外，联合国贸易和发展会议的一份报告指出，全世界至少有 84 个国家有这类政策，包括美国本身在内。

[3] "一带一路"倡议创造了一种新的模式，在建立多边运输网络和其他基础设施项目方面，别国大型企业与中国展开竞争。

力。这项倡议的最大创意在于它能够为所有成员国带来双赢的结果。如果《中国制造 2025》成功，将不仅有助于"一带一路"沿线国家通过技术转让加速实现工业化进程，也有助于减少沿线国家对西方产品和技术的进口。

第九章　娴熟的外交

"一带一路"倡议，是中国向世界提供的公共产品，已成为规模最大的国际合作平台。"

——王毅①

在亚投行成立之初，美国……将这一新机构视为对其在世界经济秩序中的主导地位的威胁……但我们相信，在全球经济舞台上有足够的空间供多个机构共同运作。

——金立群②

---

① 王毅："一带一路"已成为规模最大的国际合作平台. 新华网，2018-09-29.

② Growing Campaign for US to Join AIIB under Trump. Asia Times，November 16，2016.

一个国家的影响力和威望取决于其领导素质和治理体系。大国外交能力是"一带一路"倡议成功实施的主要支柱之一。中国认为"一带一路"倡议是其和平外交政策的核心。中国外交的一个特点是中国高层领导频繁进行海外访问，他们的访问对象则是那些长期被西方忽视的国家。

当"一带一路"倡议宣布时，大多数国家都热情欢迎它。因为中国外交强调国家主权，拒绝以人权或民主的名义干预别国事务。随着"一带一路"建设的推进，即使是那些最初持谨慎态度的国家，现在大多数的态度也都有了改变。在中国外交的巨大努力下，中国坚定不移地推进"一带一路"建设，认为研究不同国家对于跨国运输基础设施建设的愿景有助于了解所涉及的问题①。中国已经在化解反对势力方面做了令人钦佩的工作。下面我们将解释中国的娴熟外交是如何为"一带一路"项目赢得强有力的支持的。

共通之处

历史上的丝绸之路对世界文明产生了重要影响。今天，面对全球化的发展和欧亚大陆的复兴，美国、印度、日本、俄罗斯、土耳其、韩国等国家和地区都对丝绸之路建设有自己的

---

① 过去建立跨境基础设施之所以失败有两个原因：第一，主要目标是地缘战略便利，而不是有关国家的长期经济利益；第二，其他国家负担不起或不愿投入实际资源建设国家间运输网络。

计划。"一带一路"倡议提出后，这些国家和地区对中国的
"一带一路"倡议的看法也有不同。但是，不同版本的丝绸
之路建设计划和愿景存在着共通之处，这是各国开始合作的
基础。

美国

美国在 2011 年提出了它自己的丝绸之路建设计划，然而由
于各国政府对其缺乏信心，该项目进展不大。资源的缺乏阻碍
了这项倡议的实施。仅在阿富汗，美国就在能源传输线、水电
站、铁路和公路方面投资了 20 多亿美元，美国计划的中亚-南
亚电力建设项目，旨在打造连接吉尔吉斯斯坦、塔吉克斯坦、
阿富汗和巴基斯坦的电力运输线路。"但在中亚北部，美国的融
资相对匮乏，这使得许多专家和内部人士认为美国有关恢复旧
丝绸之路的言论很荒谬。"[1]

为了应对美国国务卿蓬佩奥所说的"中国积极的海外发展
政策"，美国政府已拨出 1.13 亿美元用于扩大亚太地区的基础
设施和能源项目建设[2]。根据亚太投资计划，私营企业可以为海
外项目借款。白宫正在与政府开发机构千禧年挑战公司（Mil-
lennium Challenge Corp）达成协议，向斯里兰卡的基础设施项

---

[1]　Reid Standish. The United States' Silk Road to Nowhere. Foreign Policy,
September 29, 2014.

[2]　美国将通过拟议的合并机构美国国际金融发展公司（USIDFC）增加对亚
洲地区的财政支持。Shi Jiangtao and Owen Churchill. US Competes with China's
"Belt and Road Initiative" with ＄113 Million Asia Investment Programme. SCMP,
July 30, 2018.

目投资数百万美元①。

印度

　　印度是一个雄心勃勃的地区大国。根据美国国际战略研究中心的说法，"印度主要希望能提高本国境内的交通便利性。莫迪政府的努力反映了印度的地缘政治利益。印度认为南亚区域合作联盟基本瘫痪，因此莫迪政府专注于聚集其邻国的小团体或'联盟'，以支持其区域经济目标"。通过在伊朗开发查巴哈尔港，印度打算绕过巴基斯坦，并通过陆路到达欧洲和中亚。印度总理纳伦德拉·莫迪的"东进政策"旨在加强印度与东盟国家之间的联系，使印度东北部内陆地区更好地进入这些国家的南部港口，并通过缅甸建立连接印度与泰国的新陆路走廊。

　　印度对于中国的"一带一路"倡议，一直存有防范心理，认为"一带一路"是"中国中心主义"的产物，印度政府一直在尝试联合其邻国，反制"一带一路"倡议，其具体措施包括：一是推动 2000 年 9 月由印度、伊朗和俄罗斯共同建立的国际南北运输走廊，这可以通过波斯湾将印度与欧洲连接起来。二是投资伊朗查巴哈尔港与阿富汗之间的贸易走廊。三是在美国的支持下，印度和日本建立了亚非增长走廊（AAGC）②，以应对中国在非洲的活动。一些学者指出："'一带一路'是以建设以

---

① Shi Jiangtao and Owen Churchill. US Competes with China's "Belt and Road Initiative" with $113 Million Asia Investment Programme. SCMP，July 30，2018.

② 就在中国主办了第一届"一带一路"国际合作高峰论坛的几天前，莫迪总理在非洲开发银行年会上宣布了亚非增长走廊计划。

连通性为中心的经济走廊和基础设施为开发理念，而 AAGC 是基于增长极理论的概念，设想了几个三边和四边的区域生产中心。"该计划试图通过日本的专业技术和基础设施建设经验，以及印度的"非洲经验"来加强亚非一体化。AAGC 拷贝了"一带一路"倡议，"将重点关注四个领域：发展合作项目、优质基础设施和机构连接、提高技能和人与人的伙伴关系"。AAGC 的一个目标是实现非洲、印度和南亚、东南亚、东亚和大洋洲一体化。与需要开发陆地走廊的"一带一路"倡议不同，AAGC 要建立一条连接非洲与印度、东南亚和大洋洲其他国家的海上走廊，通过创建新的走廊，将印度贾姆纳加尔（古吉拉特邦）的港口与亚丁湾的吉布提连接起来；同样，蒙巴萨和桑给巴尔的港口也将连接到靠近马杜赖的港口；加尔各答将与缅甸的实兑港相连。印度认为 AAGC 是"金融项目"，而不是"一带一路"倡议奉行的"政府资助模式"①。四是印度已加入联合国国际陆路运输协定。五是根据东进政策，印度计划修建由亚州开发银行根据南亚次区域经济合作计划的印度-缅甸-泰国公路，并提议将缅甸-泰国线延至柬埔寨、老挝和越南。这将缩短从湄公河到印度的水路运输时间。印度还希望与东盟和环孟加拉湾多领域经济合作倡议建立更紧密的关系。

然而，印度的许多战略并没有被有效地转化为行动。印度的战略只涵盖到孟加拉国、尼泊尔和不丹。印度政府机构的行

---

① Pepe Escobar. China and India Torn between Silk Roads and Cocked Guns. Asia Times，July 25，2017.

动能力被繁文缛节缠住了。更重要的是，印度缺乏用于建设项目的资金。而中国的"一带一路"倡议得到了丝路基金和亚投行的大量资金支持。

尽管印度反对"一带一路"倡议，但中国和印度已经有许多可以合作的项目。例如，印度将很快与数字丝绸之路合作，印度电信公司信诚工业公司推出了 25 000 公里的亚非欧海底电缆的印度站①。印度（和巴基斯坦）加入的上海合作组织是中国与印度互动的另一个平台。巴基斯坦的加入预示着印巴和平的到来。在这个平台上，巴基斯坦和印度可能会找到合适的方式来讨论它们在克什米尔问题上的分歧。同时，上合组织还可以帮助中国与印度建立更好的关系，缓解印度对中国海军出现在印度洋的敌意。资本丰富的中国是 2016 年印度第 17 大外国直接投资者，比 2010 年排名第 36 位有所提升②。

日本

日本是亚洲最早实现现代化的国家。二战结束后，日本走上了商业和平的发展道路，也曾经在一个时期内以雁行模式引领区域经济发展。日本的海上生命线经过东南亚地区，因此，日本对东南亚地区特别重视。日本数十年来对东南亚不断投资，

①　AAE-1 电缆系统采用最先进的 100 Gbps 传输技术，最小设计容量为每秒 40 兆字节。根据信诚工业公司总裁马修·欧曼的说法："当印度的数据流量继续加速其数据消费和增长时，我们很高兴参与到孟买的电缆建设中。"

②　另一方面，印度仍然不愿意接受中国的某些投资。据彭博社报道，上海复星医药（集团）股份有限公司收购位于海得拉巴的格兰德制药有限公司的计划被印度内阁经济事务委员会否决。

将贸易通道的畅通放在首位。在东南亚投资建设基础设施反映了日本供应链的需求，即保持通往海洋的通道。但在 20 世纪 70 年代，日本政府开始对大型基础设施项目感到失望。它认为这些项目可能是腐败的根源，因为它们涉及巨额资金，而且许多国家的政府都存在腐败现象。

20 世纪 90 年代，日本首相小渊惠三承诺在亚洲各地建设由日本资助的基础设施项目①。然而这项计划以失败告终。这是因为从一开始，这项计划就因为"建设条件和腐败争吵不休"，与东京宏伟的梦想相去甚远，仅有少数基础设施项目完成建设。这项计划不仅没有巩固日本在亚洲的经济优势，反而埋下了隐患，标志着日本金融业在该地区的退却。

美国国际战略研究中心的研究表明："日本正在通过其高质量基础设施伙伴计划，增加在该地区扩展'高质量和可持续基础设施'的资金。与东盟互联互通总体规划一致，日本正在支持一些新的陆地和海上走廊，这些走廊将增加孟加拉湾和中国南海之间的联通。日本首相安倍晋三也扩大了日本的外交覆盖面，成为首位访问中亚五国的日本领导人。"

2012 年后，中国和日本在东海的领土和海事争端上一度处于紧张状态。为了在基础设施领域与"一带一路"倡议展开竞争，日本采取了以下步骤：第一，2015 年，日本提供 2 亿美元

---

① 日本建筑业雇用了 11％的劳动力。该行业在日本建立了一流的基础设施。然而，这是一个受到当地政客庇护的行业，它也深受投标操纵和腐败的困扰。与之相反，中国公司与政治家之间不存在这种关系，因此中国企业间保持着激烈竞争的关系。

启动高质量基础设施伙伴计划，目标是在整个亚洲建立"从长远来看，高质量的基础设施"。第二，2016 年，日本还通过发起日本基础设施倡议，提供 8.78 亿美元以帮助私营部门参与基础设施项目。第三，日本发起了新的印太战略。第四，日本和印度联合提出了亚非增长走廊。

尽管存在分歧，中国仍然争取日本参与"一带一路"建设，中国的耐心外交终于得到了回报。2017 年 6 月 5 日，日本首相安倍晋三宣布"一带一路"具有"连接东西方以及不同区域的潜力"，这表明日本的态度发生了变化，最重要的是，"日本已准备好将中日合作延伸到这一倡议中，这种对中国的明显靠近给中日关系带来了可喜的变化"[1]。2017 年 11 月，安倍晋三与习近平在越南会晤时一致认为，"日中业务的发展，不仅对两国都有利，而且对其他相关国家也有利"。他们还提到了两国参与泰国东部经济走廊工业园区的联合开发也是必要的[2]。

日本之所以改变其过去对"一带一路"建设的消极态度，主要有以下四个原因：一是美国退出了日本主导的亚洲开发银行，尽管美国是亚洲开发银行的最大股东，拥有与日本相同的投票权；二是特朗普退出了跨太平洋伙伴关系协定（TPP），并开启了同中国的贸易摩擦；三是西方国家的保护主义增加了

---

[1] Comment China, East Asia, Foreign Policy, Japan, OBOR, RCEP, Shinzo Abe, Xi Jinping. RSIS, July 26, 2017.

[2] 新的指导方针强调，日本政府鼓励中日两国在私营领域开展经济合作，政府对进行可行性研究的公司进行一对一的审查，或以政府支持的金融机构提供支持。Gov't Urges Japanese Firms to Take Part in "One Belt, One Road" Initiative. Mainichi Japan, December 4, 2017.

由中国主导的区域全面经济伙伴关系（RCEP）对日本的吸引力；四是亚投行和亚洲开发银行都表示愿意相互合作。

其他国家和地区

俄罗斯、土耳其、韩国等其他国家也都提出了自己在亚洲建设基础设施项目的愿景。因此，"一带一路"项目和这些计划之间的协调需要用娴熟的外交手段来操作。

俄罗斯的愿景融合了软硬件基础设施。欧亚经济联盟是俄罗斯进行区域经济一体化的主要工具，俄罗斯的政府官员们认为可以将欧亚经济联盟与"一带一路"建设联系起来。现在俄罗斯正拟议通过一系列天然气管道进入中国能源市场，以加强其向东方的经济和外交支点。在俄罗斯南部，它的目标是通过南北运输走廊增加与阿塞拜疆、伊朗和印度的联系。在俄罗斯北部，随着北极变得更触手可及，俄罗斯正在准备更多的项目来促进其能源和国防利益。

土耳其在历史上一直是一座绕过俄罗斯连接亚洲和欧洲的战略陆桥。今天，土耳其正通过主要的国内、次区域和跨国家基础设施项目（如巴库—第比利斯—卡尔斯铁路）来加强这一地位。土耳其 2023 年远景规划提出修建数千公里的新公路和铁路，这将成为土耳其自独立以来的一个世纪性成就。总的来说，这些努力将扩大土耳其的交通网络，加强其与亚洲和欧洲的联系①。

---

① Reconnecting Asia. Projet Baku-Tbilisi-Kars Railway，CSIS.

　　韩国也提出了自己版本的丝绸之路建设愿景。"前总统朴槿惠的欧亚倡议包括从首尔到欧洲中心的铁路、穿过北极的航线以及光纤网络的增强建设，如贯穿整个东南亚的跨欧亚信息网络（TEIN）。韩国正通过外交手段为加强与该地区各国联系奠定基础，尤其是扩大与哈萨克斯坦的商业关系。鉴于当前的地缘政治障碍，前总统朴槿惠的倡议似乎既包含了外交上的雄心壮志，也包含了具有实际意义的战略目标。考虑到朝鲜因素，倡议中包括一条穿过非军事区的铁路线，以及一条绕过朝鲜并连接到俄罗斯铁路网的替代海底路线就在预料之中了。"[①] 这显示了韩国倡议的宏大图景。

中国外交政策的显著特点

　　外交是中国的强项。中国著名的航海和探险家郑和是一名外交官。他的探险之旅（1405—1433 年）无疑是一项巨大成就。与美国依赖于建立联盟和制定规则的外交模式不同，中国的历史、地理和文化使其拥有 1 000 多年的外交经验，与周边众多国家打交道。因此中国注重建立互利、密切的经济关系。

　　中国外交的特点是中国能够与超过 68 个"一带一路"沿线成员国进行合作的主要原因之一。中国外交政策的显著特点有以下几个：

---

　　① Reconnecting Asia．TEIN Brochure 2014．CSIS，2014．

第一，中国不干涉别国内政。

不干涉别国内政是中国外交政策的基本原则。这使得中国能够与不同政治经济体制的国家合作。中国还特别善于利用西方对某些国家（如俄罗斯、伊朗）的敌对政策，从而将它们纳入中国的阵营①。

第二，中国保持同美国的合作。

美国对"一带一路"倡议的反对并没有阻止两国之间的合作。例如，中美两国共同协调在苏丹和南苏丹的维和任务，以及共同应对非洲之角的海盗活动与西非的埃博拉病毒问题。

第三，中国奉行不结盟政策。

中国政府对参加对抗超级大国的军备竞赛不感兴趣。中国外交的一个主要原则是不希望与任何国家或国家集团结盟。中国的"一带一路"倡议是一个开放的项目，"一带一路"与以俄罗斯为首的欧亚经济联盟的合作只是为了推进基础设施建设和促进贸易往来。这与普京旨在建立一个反对西方的欧亚集团的计划相反。

第四，中国是和平使者。

以下三个案例表现了中国在应对他国政治动荡方面的成就：

（1）中国在巴基斯坦除了依靠军事力量来确保中巴经济走

---

① 俄罗斯在因乌克兰危机受到西方的制裁后，加深了与中国的关系。中国的资金援助缓解了由西方制裁导致的亚马尔液化天然气厂的财务紧张状况。中国石油天然气集团公司目前控制着该项目20％的股份，丝路基金则持有该项目10％的股份。

廊的安全，同时也在利用其高超的外交技巧在巴基斯坦和阿富汗之间进行斡旋与调停。中国外交部部长王毅提议扩大中国在阿富汗的经济合作，通过中巴经济走廊的经济利益外溢提高阿富汗地区民众的生活水平，从而减少地区的恐怖活动。中国、巴基斯坦和阿富汗还同意加强反恐协调工作，打击分离主义的东突伊斯兰运动等恐怖组织[1]。

（2）中国在缅甸已经启动了缅甸和平委员会和北方联盟之间的一系列谈判。美国刊物《外交官》认为"这是结束中缅边境冲突的曙光"[2]。

（3）中国政府在苏丹的长期稳定中扮演了关键的中间人角色。中国在石油领域投资了150多亿美元，并协助建造了一条从南苏丹到红海的管道及喀土穆的一个炼油厂。中国证明了它有能力调解交战派系之间的争端，它能够与非洲联盟高层对北方石油管道价格的争议进行巧妙的谈判与合作[3]。

第五，使用对话等"软方法"解决争端。

在像"一带一路"这样涉及大量沿线国的大规模建设计划中，部分国家与中国存在想法分歧是很正常的。特别是当一些国家在经历政府换届时，情况尤其如此。在大多数争端中，中国外交在寻求妥善解决分歧方面取得过许多成功。大多数争端

---

① Zhang Yunbi. With Help from China, Pakistan Finds Common Ground with Afghanistan. China Daily, December 27, 2017.

② Amara Tahiha. Myanmar Speeds Up Progress on China's Belt and Road. The Diplomat, December 8, 2018.

③ Carly West. China Serves as a Stabilizing Force in South Sudan's Fragile Peace. Global Risk Insights, September 19, 2018.

的紧张局面并没有持续太久。

中国外交一般会通过对话解决争端。例如，中国在与马尼拉、河内、内比都和科伦坡的争端中都进行了友好的妥协。在没有找到永久解决方案的情况下，中国会说服外国领导人将经济问题与政治问题分开，以此控制双方紧张局势①。尽管马哈蒂尔批评了一些"一带一路"项目，但在 2018 年夏天访问北京时，他依旧得到了"老朋友"式的欢迎。证明中国外交技巧的另一个例子是中国与东盟国家在 2018 年 8 月宣布形成"南海行为准则"单一磋商文本草案。新加坡外交部部长将该协议描述为两国关系的"里程碑"②。它显示了亚洲领导人通过对话解决问题的智慧，以及中国与邻国分享南海财富的意愿。

当中国的核心利益受到威胁时，中国政府有时会施加轻微的经济压力来加快找到解决方案。大多数情况下，中国都能快速与其他国家找到问题的解决方法，恢复友好关系。总的来说，中国不喜欢并尽可能避免诉讼。

自 1982 年以来，中国一直致力于双边投资协议的谈判和执行。中国已经与"一带一路"沿线的大多数国家签订了部分协议。然而，这些协议绝大多数是在 20 世纪 80 年代或 90 年代签

---

①　中印边界争端就是一个很好的例子。习近平和莫迪一致认为，战争的源头应该被控制住。

②　中国外交部部长王毅表示，这就像"中国和亚洲国家共同建造一座房子……11 个国家提供了设计版本。现在我们已经为这所房子选好一种设计图纸"。Catherine Wong and Kinling Lo. China and Asian Reach "Milestone Draft Deal on South China Sea" Code of Conduct. South China Morning Post，August 2, 2018.

订的。按照西方的标准，这些协议对投资的保护非常有限，而且在面对投资者与国家间的争端时，协调力度也极其有限。

"一带一路"倡议包括许多贫穷国家，其中大多数国家在世界银行的经商环境排名和世界司法项目的法治指数排名都很低[1]，其中许多国家，特别是中亚国家，曾经是许多投资国仲裁的对象[2]。这些国家的法律制度薄弱，投资争端记录不佳。只有15个"一带一路"沿线国家没有受到投资者与国家争端解决机制仲裁。但是，中国并不认为自己的长期利益会因为达成"严格的"投资协议而得到满足。中国认为通过投资者与国家间的仲裁强制执行投资者的权利会破坏"一带一路"国家间的和谐。中国反对使用侵略性的方法来解决问题。因此，中国很少将其对手告上法庭，而是倾向于采取温和的方式解决双边和非正式的冲突。

第六，理解其他国家的忧虑。

中国在中欧和东欧地区成功打造了"16＋1"合作模式。李克强总理及其他官员的频繁访问使这些国家相信"一带一路"倡议的良好前景。然而欧盟最开始认为这些国家将成为中国的特洛伊木马，因此认为中国企图分裂欧洲大陆，并反对中国与欧洲国家建立紧密的双边关系，并把中国列为"系统性竞争对手"。为了缓解人们对"一带一路"倡议的担忧，习近平于2019

① Vivienne Bath. "One Belt，One Road" and Chinese Investment. Oxford Business Law Blog，January 5，2017.

② 印度尼西亚、印度和埃及等国正在认真审查它们对国际投资体系的参与情况。这些国家希望限制它们的风险敞口，而不是增加风险敞口。

年 3 月出访意大利、法国和摩纳哥，旨在消除这些担忧。欧盟已经明确表示不会寻求与世界第二大经济体对抗。

第七，善于通过峰会和论坛搭建合作平台。

通过不同的机制，中国正努力与"一带一路"沿线国家进行建设性对话①。在 2014 年至 2015 年对非洲的访问中，习近平主席和李克强总理为达成更具多边化的议程奠定了基础。他们向非洲领导人保证，除了进行基础设施援助外，中国在非洲的援助还将包括产业合作、环境保护和扶贫，这些新增援助都是过去易被忽视的领域。2015 年 12 月，在约翰内斯堡举行的中非合作论坛上，习近平宣布了包括工业化、农业现代化、基础设施、金融服务、绿色发展、贸易和投资便利化、扶贫和公益、公共卫生、人文交流、和平与安全在内的 600 亿美元的援助计划。有学者认为，通过产能合作，中国正在向沿线国家转移优势产业和技术，从而加速全球技术和经济增长的扩散。产能合作在短时间内就能够取得显著成就。根据中国国家发展和改革委员会的数据，中非产能合作基金和中哈产能合作基金在"一带一路"沿线的双边和多边产能合作基金超过 1 000 亿美元。中国在印度尼西亚等东南亚国家和白俄罗斯等东欧国家建立了多个产能和设备制造合作平台。国际产能合作并不意味着中国将过剩产能转移到其他国家，而是基于供需和全球资源优化配置的双赢合作。

---

① 中非两国的双边关系可以追溯到 20 世纪 50 年代，这个关系是建立在同殖民主义进行斗争的共同历史基础上的。

第八，充分发挥领导人个人外交的作用。

中国特别重视培养中国领导人与其他国家领导人之间的人际关系。中国领导人重视通过访问增信释疑，减轻"一带一路"建设的阻力。除了英国和意大利等少数国家外，许多西欧国家都对"一带一路"倡议冷眼旁观。一些人认为中国的投资是一种威胁①。因此李克强总理和中国的其他高层官员频繁访问欧洲，让欧洲相信与中国合作的好处。中国领导人还积极对包括许多小国和穷国在内的国家进行友好访问，推动双边关系的发展，为"一带一路"建设创造良好的环境。

2016年，一个由甘肃省企业组成的中国代表团前往津巴布韦，其中包括中国国家发展和改革委员会的官员和几家大型中国企业工作人员。中国从甘肃等贫困省份派出专家是因为中国西部省份的发展模式与几十年前的津巴布韦并无太大不同。这些中国公司在采矿、农业、建筑和旅游等经济领域开展业务。这次访问对于推动中津经贸关系发展发挥了重要作用。在访问期间，双方为了促进贸易和投资召开了几次会议。中国国家发展和改革委员会敦促津巴布韦优化其经济政策，解决包括商业环境、税收、本土化和其他技术问题在内的问题，以吸引更多来自中国的投资，特别是对经济特区的投资。

2016年10月6日，中国的高层领导也出现在亚吉铁路的开工仪式上，其中包括习近平主席特使、国家发展和改革委员会

---

① 在中国投资增加后，2017年采取了收紧欧盟审查程序的措施。Brussels Seeks Tighter Vetting of Foreign Takeovers. Financial Times，August 14，2017.

主任徐绍史等。

中国的娴熟外交无疑为其带来国际赞誉。盖洛普关于中国外交的最新调查显示，2018 年中国领导层的国际认可度已经超过美国。

第十章 儒家道德观

2000 多年来，佛教、伊斯兰教、基督教等先后传入中国。

——习近平①

佛教同中国儒家文化和道家文化融合发展，最终形成了具有中国特色的佛教文化。……中国唐代玄奘西行取经，历尽磨难，体现的是中国人学习域外文化的坚韧精神。

——习近平②

我们想带领我们的邻居……走上发展之路。

——汪洋③

---

①② 习近平. 在联合国教科文组织总部的演讲. 人民网，2014-03-28.
③ 时任国务院副总理。China Wants to Take Nepal Along on the Development Path：Wang. Kathmandu Post，August 16，2017.

中国的道德观对现代世界的意义重大。

——伯特兰·罗素①

在特朗普的世界里，自私自利似乎是不可避免的。但这样无法产生一个全球体系。

——大卫·伊格内修斯②

与美国和俄罗斯不同，中国的地缘政治行动通常不是由情绪突发驱动的。

——马凯硕③

今天，国际合作是实现世界和谐的关键。而"一带一路"倡议可以在中国和其他国家之间产生卓有成效的合作与团结。

——让-皮埃尔·拉法兰④

在古典经济学理论中，实现利润最大化是人类行为的驱动力。中国传统价值观建立在互惠互助的人际关系基础上。根据傅立民（Chas W. Freeman，Jr.）的说法，激发这些关系的情感纽带要高于"私利的计算"。中国传统文化认为"做正确的

---

① Five Years on，Xi's Vision of Civilization More Revealing in an Uncertain World. Xinhuanet，March 26，2019.

② Trump's American First Selfishness Express. Newsmap，June 28，2017.

③ Kishore Mahbubani. Asean Still the Critical Catalyst for China's Future. The Straits Times，November 22，2016.

④ 法国前总理。

事要比实施权力更加重要",社会礼让要置于自私自利和法律规范之上①。中国的价值观反映了儒家所强调的群体概念,尊重家庭,并希望通过对话和平解决争端,崇尚和谐。儒学也代表着东亚华人群体的道德精神,其中严格遵循纪律与规则是推动东亚各国发展的动力。"一带一路"倡议强调国家间的友好关系,以公平共赢为己任,充分体现了中国传统道德价值观的诸多特点。

中国传统道德价值观

"一带一路"是一个道德项目。习近平是一位有着很强道德修养的人,而中国的"一带一路"倡议又代表着习近平的外交政策,同时,中国是一个深受儒家文化影响的社会,因此"一带一路"倡议很自然地体现了中国的伦理道德,是一个具有中国特色的道德项目。同时,"一带一路"倡议也是由经济和利他主义动机组成的混合体。中国的利他主义揭示了为什么中国认真承担起支持所有国家福祉的责任,使贫穷国家的发展成为其主要政策议程之一。中国也为自己是发展中国家的朋友而自豪。这种道德责任代表着国际关系中一个受欢迎的新变化。

中国认为,1945 年后西方主导的机构规则对发展中国家是

---

① Chas W. Freeman, Jr. China's Rise and Transformation: Towards Pax Sinica. Washington Journal of Modern China, Vol. 10, No. 2, 2012.

不公平的。自由经济秩序在西方垄断决策的过程中发生了变异，从而不利于广大发展中国家的利益。相反，"一带一路"倡议及其投资机构亚投行将赋予发展中国家解决不公正的权力。中国向弱国伸出援助之手，以仁义的行为、礼貌得体的方式处理与大小国家间的关系。在"一带一路"倡议的愿景中，中国的耐心体现出这个国家的智慧。中国对其以"中国方案"应对发展中国家面临的严峻挑战的能力充满信心。

儒家伦理以一个人的行为为基础，以仁、义、礼、智、信五大美德为指导。在"一带一路"倡议框架中，同样的价值观也适用于国际关系。

6C："一带一路"项目的本质特征

6C概括了"一带一路"项目的本质特征。它们分别是礼让（comity）、合作（cooperation）、协作（collaboration）、互联互通（connectivity）、沟通（communication）和协商（consultation）。

礼让是一个有双重含义的英文单词。一方面，它代表一个旨在实现共同利益的国家联盟；另一方面，它代表了对他人的礼貌和体贴行为。这两个意思都能说明中国的主动性。该项目强调成员国的共同利益。同时，中国强调尊重每个成员国，决不称霸。

合作意味着通过提供资源和信息与他人合作。在"一带一路"倡议的指导下，中国正通过建设基础设施和提供技术转让引导贫穷国家实现工业化。

协作意味着与某人一起工作以实现某个目标。根据"一带一路"倡议，中国将尽最大努力确保其他国家的发展计划与自己的发展计划相吻合。

互联互通是指建设基础设施，帮助成员国相互联通。"一带一路"倡议计划建立铁路、港口和电信网络以连接亚洲、非洲和欧洲大陆。

沟通，根据"一带一路"倡议的规定，中国不会将自己的意志强加于他人，而是努力保持沟通流畅。该倡议旨在增进人文交流，深化中国与世界的社会文化关系。

协商是指各国在平等的基础上交换意见，这是达成共识的第一步。

6C支撑着"一带一路"倡议的道德基础，为和平与繁荣做好了准备。"一带一路"倡议反映了一个正在发展的大国希望其他国家分享其发展成果的愿景。"一带一路"倡议正在为国际社会设立新的行为标准。

"一带一路"建设是一个阐释中国文化、磨炼耐心和毅力的平台。耐心是中国的文化特质，儒家思想特别崇尚耐心，正如孔子所说："小不忍则乱大谋。"中国文化的耐心特征代表着"一带一路"倡议的本质。例如，中国的高储蓄率意味着中国社会倾向于储蓄，以便投资于在未来能够实现回报的项目。中国擅长耐心的外交，无论需要多长时间，中国都倾向于通过对话和谈判解决争端。这不仅寓示着"一带一路"建设中遇到的争端的解决方法，更是预示着未来整个世界的和平。

中国人崇尚毅力，以吃苦为荣。中国在历史上经历过的苦难使中国人能够在各种恶劣条件下生存。他们从小就被教导，在享受舒适之前，首先要做好吃苦的准备。中国人以其耐性、奉献精神、毅力、辛勤劳动和乐于牺牲而著称①。中国工人正在利用他们的技能和专业知识，使许多"一带一路"沿线国家的基础设施实现现代化。"一带一路"是中国发扬其民族辉煌遗产的机会。

"一带一路"项目可以被比作一条包含 65 个国家的项链，脆弱的经济体代表着项链中最薄弱的环节。因此，如果以强大的经济基础作为判断成员资格的唯一标准，那么许多发展中国家将无法参与其中，这将导致项链断裂而削弱"一带一路"倡议，并因此剥夺发展中国家数十亿人实现现代化的机会。允许贫穷国家参与"一带一路"建设也反映了儒家思想的原则，即强者需要帮助弱者。

儒家崇尚和谐，中庸学说是其基石。儒家思想憎恶对体系

---

① 　中国工人是 19 世纪美国最伟大的铁路工程太平洋铁路建设的主要推动力，太平洋铁路的贯通把穿越美国的时间从三周缩短到不到四天。然而，为庆祝横贯美国大陆的铁路竣工而拍摄的照片中，没有中国人的面孔。Daron Acemoglu & Simon Johnson. It's Time to Found a New Republic. Foreign Policy, August 15, 2017. 契约劳动的历史给"苦力"们带来许多痛苦，契约劳动在 19 世纪中期的美国是一个普遍的现实。铁路上的 10 个工人中有 9 个是中国人，其余的是爱尔兰人，而且由于工人的工资很低，生活条件不合格，"苦力"一词成为在美"亚洲人"的贬义代号。如今工人成了美国劳工领袖、政治家和普通公民批评的主要目标，因为他们认为外国劳工压低了工资，导致了就业的不公平。NPR, November 25, 2013.

稳定构成威胁的极端立场。儒家思想是东亚华人社会的道德支柱。严格的规范是中国大陆和亚洲四小龙发展的动力①。儒家思想是亚洲价值观的重要组成部分。除了强调和谐与稳定之外，亚洲价值观在提升群体地位、尊重家庭、尊敬老人等方面与儒家思想有许多共同之处。亚洲价值观的一个主要特点是能够接受模棱两可的情况，并在时机成熟之前允许未解决问题的存在。这就解释了为什么像东盟这样的亚洲组织能够处理好其内部差异以及与外部组织的分歧。

"一带一路"倡议的文化平等包容性原则意味着具有不同价值观、文化和政治制度的国家能够相互合作。受古老的丝绸之路价值观的启发，不同的文明和民族在平等的道路上平等交流，相互学习，共同发展。中国人相信并尊重人民自己选择的人权发展道路。

中西方法的差异

"一带一路"建设还反映了中西思维方法的差异。西方思维方式认为世界是由威斯特伐利亚体系组织的，是依靠"交换原

---

① 一项关于如何提高教育绩效的研究发现，关注学校纪律比增加教育预算更重要。学校纪律占 88%，教育投资仅占 12%。这就解释了为什么东亚学生的纪律性比西方学生强。在 2015 年国际学生评估项目测试中，中国学生得分为 518 分，韩国学生得分为 516 分，大大高于经合组织国家 493 分的平均分。在数学方面，中国学生获得 531 分，韩国学生获得 524 分，英国仅比经合组织 490 分的平均分高出 2 分。英国现在已经采用了中国的数学课程。Chris Baumann. East Asia Emerges as Role Model for Education. The Korea Times，August 16，2017.

则"来维持运转的，非西方世界应该向西方靠拢才能真正实现现代化。而中国思维方式以天下体系的观念来看待世界，认为各国应该通过共同发展来实现普遍和平和繁荣。

在世界观上，中国的天下体系思维方式与西方的威斯特伐利亚体系有很大不同。根据老子的"天道"，领导者应该从把每个人都包括在内的角度来看待世界，亦即"从世界的角度看世界"。习近平提出的"一带一路"倡议重振了中国的古老思维方法，使之成为其外交政策的支柱①。

中国学者赵汀阳认为天下体系要比西方的威斯特伐利亚体系优越。后者受战斗逻辑驱动，将世界划分为一个主导的"核心"群体和一个弱化的"外围"群体②。而天下体系则强调人民利益、和谐与公平。

在以"一带一路"建设所处的全方位全球网络时代，随着霸权概念的丧失，天下体系与当今世界产生了更好的共鸣。根据中国学者相蓝欣的说法，"一带一路"代表着一条通往后威斯特伐利亚世界的道路③。"一带一路"国家之间的关系建立在友好的基础上，没有哪个国家可以独自决定结果。如洪生辉所说，中国和西方的区别在于"与西方制定明

---

① 天下制度可以追溯到周代。阴阳的概念意味着平衡，"世间万物的存在都处于动态平衡中"。Pepe Escobar. All Under Heaven: China's Challenge to the Westphalian System. Asia Times，January 10，2019.

② 保建云. 国家类型、国际体系与全球公共治理：基于中国天下观理念的分布主义国际关系理论. 中国人民大学学报，2018（4）.

③ 上合组织国际交流司法合作中心主任相蓝欣认为，"一带一路"是"后威斯特伐利亚世界的一条新道路"。Pepe Escobar. How Singapore, Astana and St Petersburg Preview a New World Order. Asia Times，June 5，2018.

确正式协议的方法相比,中国更倾向于通过合作与协商实现互利"①。

在如何建立世界秩序和处理国家间关系的原则上,西方奉行"交换原则",即强势方做出让步,只是为了从弱势方那里获得让步。穷国由于自己的弱势地位不得不对富国做出让步②。这种国家间关系交往原则不符合中国的价值观,儒家价值观要求仁爱③。中国坚持互惠原则,希望其他国家分享中国的成功。中国奇迹般的经济转型使中国成为一座灯塔,通过与其他成员国的合作,中国提供了高质量的发展建议并引导了这些国家的经济现代化。这一切都是以一种安静和谦逊的方式完成的,因为中国认为真正的实力是不需要在世界舞台上大张旗鼓炫耀的。

"一带一路"的坚实道德基础有助于中国占据道德高地。这与现在正经历严重道德危机的西方国家形成了鲜明对比。据日本报纸《朝日新闻》报道,2018 年在加拿大举行的七国集团会议显示,"传统发达国家正遭受共同价值观的严重侵蚀,这使得这些国家难以团结一心"。世界再也不能假装它可以继续以"一贯"的方式生活了。也许现在是时候给"中国方案"一个解决

---

① Tian Morrison. China One Belt One Road May Offer Best Avenue for NZ Trade Tallks, Academic Says. NBR,August 2016.

② 发展中国家抱怨说,西方没有把它们的承诺转化为行动。西方列强的无条件援助被留下以应对自然灾害或传染病等情况。

③ 一些斯堪的纳维亚国家,如瑞典和挪威,也因其基于强烈道德原则的外交政策而闻名。这主要反映在它们的国内生产总值中用于对外援助的比例相对较大。

世界问题的机会了。

西方世界认为非西方国家应该向西方国家学习，无论它们过去代表宗教，还是现在代表个人权利，西方国家都一直试图让别人适应自己的价值观。近年来，传播民主、人权等价值观是西方"国家建设"的一部分。与之相反，中国对"国家建设"一词有不同理解。中国认为，经济现代化只有从建设有形基础设施（例如道路、港口、水坝、发电厂）开始，才能取得成功。中国对发展经济现代化而不是价值观更感兴趣。

在西方的古代历史中，跨越国界的工程壮举都是侵略、征服和流血的结果（就像罗马帝国时期发生的那样）。西方文明曾取得过辉煌的成就，但其傲慢、好战以及残忍的特性使在西方占主导地位的 20 世纪，出现了有史以来最高的死亡人数。随着西方经济的衰落和西方文明陷入危机，人们普遍认识到西方应该走出其精神文明的困境。

与西方相反，中国不希望通过军事征服或其价值观的传播来获得影响力①。"一带一路"目前正参与建设 21 世纪的工程奇迹，其中许多奇迹是发生在发展中国家的。然而，当中国谈到"向穷国提供真诚的帮助"时，西方国家正在把自己的过去投射到中国身上，认为中国的真诚只不过是一个隐藏邪恶目的的面具。

---

①　中国在古丝绸之路时代是最强大的国家，然而它从未利用自己的力量强行改变其他国家的信仰。

由于中国强调共同发展，在"一带一路"建设中，还是有越来越多的国家将目光投向中国。"一带一路"作为一个路线图，无论沿途各国的价值观、宗教、地理或政府体系如何，它都能为所有国家带来和平与繁荣。

第十一章 "一带一路"项目面临的挑战

中国经验丰富。它已经一次又一次地证明了它的能力。

——陆克文[1]

"一带一路"是一个高风险项目。我们将来肯定会看到一些设想不周的地方。但更重要的是要看到有多少项目是成功的，而不是有多少项目是失败的。

——储殷[2]

----

[1] 澳大利亚前总理。

[2] China's Mega Silk Road Project Hits Road Blocks. The Economic Times, July 12, 2018.

"一带一路"建设代表着前所未有的机遇和挑战，其庞大、复杂的项目肯定会面临由经济、政治、技术和文化等方面引起的无数问题。中国必须与具有不同自然环境、治理和法律制度、经济发展水平、文化和宗教传统的国家打交道。"一带一路"沿线国家包括世界上一些最不发达或最不稳定的地区（如巴基斯坦、伊朗、伊拉克、叙利亚）。这不仅涉及重大的财政和政治挑战，而且还会严重影响安全。"一带一路"建设面临的挑战可分为经济风险、政治风险、技术挑战以及项目管理方面的问题等，它们纠缠在一起，其影响广泛而持久。

经济风险

"一带一路"建设面临的经济风险包括金融风险、货币风险以及贸易和投资纠纷。沿线国家是否因此能够减少债务或者在基础设施方面变得更发达？答案显而易见，如果没有基础设施，这些国家的情况会更糟。而中国正在为贫困国家的经济发展做出积极贡献。

一些西方观察家和一些中国专家认为[①]部分国家可能无法

---

① 北京外国语大学的谢韬感叹道："目前中国在海外投资的许多项目并没有真正盈利。这是不值得的，尤其是现在中国自身的经济增长正在放缓。"主张这一观点的人认为，政府应该首先满足国家内部的需要，例如扶持中国国内一些贫困省份而不是在海外建一所学校或医院。

提供服务或偿还贷款。非洲和中东的借款国家①几乎都陷入了困境②。中国还向缅甸、孟加拉国和马尔代夫等国家投入了大量资金。除非中国来拯救它们，否则这些国家的薄弱基础设施和效率低下的建筑公司在偿还债务方面将困难重重。

虽然确实有些穷弱国家可能无法及时履行财政义务，甚至无法偿还贷款，但它们不会真正严重影响"一带一路"项目的可行性。一些陷入困境的经济体恰恰为中国在"一带一路"建设初期提供了一个测试其应对金融风险能力的机会。中国的具体做法如下：

第一，收回贷款并提供新贷款。中国为大量债务国提供救济。根据全球发展中心（Center for Global Development）统计，在2000年至2007年，超过80起债务获得减免。荣鼎咨询公司的报告指出，价值约500亿美元的"一带一路"贷款已经进行了重组③。中国在2019年9月对埃塞俄比亚40亿美元债务的还

①　人们担心津巴布韦和委内瑞拉的经济偿付能力。前者受到经济管理不善的影响，后者受到其主要出口商品原油价格下跌的打击。一些以石油支持的贷款已经变本加厉，导致乍得、加纳和安哥拉的债务重新谈判。由于油价每桶下跌至50美元，大大削弱了借款人偿还贷款的能力，因此中国在和非洲借款人签署新项目时变得更加谨慎。根据约翰斯·霍普金斯大学国际关系学院学者德博拉·布罗蒂加姆的说法，以日常石油出口为担保的安哥拉每天需要出口更多的石油以维持正常贸易。清华-卡内基全球政策中心的学者陈懋修指出：中国正在将其重点从津巴布韦和苏丹等高风险客户转移到埃塞俄比亚等国家，埃塞俄比亚现在正成为一个地区制造强国。

②　Clifford Krauss and Keith Bradsher. China's Global Ambitions, Cash and Strings Attached. The New York Times, July 24, 2015.

③　Gillian Tett. China Is Getting a Handle on BRI Lending Binge. Financial Times, May 2, 2019.

款期限从 10 年延长到 30 年。中国对穷国的贷款往往很慷慨。例如，老挝 60 亿美元的铁路建设费用中的 70% 都是来自中国。为了获得这部分资金，老挝向中国进出口银行借款 4.65 亿美元，贷款在 35 年内到期，年利率为 2.3%，远低于此类债务的商业价格。而且老挝还获得 5 年的宽限期，之后才开始还款。

第二，在贷款中加入更多的"市场规则"标准。这一点很重要，因为大多数投资的规模都很大。项目融资是基于预计现金流，而不是其发起人的资产负债表。中国政府一直在中国政策性银行和商业银行之间均匀地发放贷款。中国正在逐步引入商业银行的贷款规则，这就形成了有效的风险分担机制，解决了政策性银行在提供贷款方面更为宽松的问题。为了分散金融风险，中国政策性银行和亚投行正在加强与世界银行、地区性银行和商业银行的合作。商业银行的加入导致了许多贷款的重新谈判。

第三，央行向开发银行注入流动性。在某些中国银行的财务状况因其向弱势经济体提供贷款而受到不良影响的情况下，中国政府进行了干预以补充其资金来源。例如，中国进出口银行历来在非洲的贷款业务中处于领先地位，一些外部观察人士认为，其投资组合可能已经接近饱和。中国国家开发银行在南美积极扩大海外贷款规模，其风险敞口更加集中。2015 年 4 月，中国进出口银行和中国国家开发银行均增加了政府提供的资本，此前油价下跌揭示了它们对石油出口国的敞口程度。与此同时，中国提出一个防止债务风险的框架，并欢迎其他国家共同投资"一带一路"项目，这将有助于分担风险。中国外交部淡化了对个别项目的关注，并公布了覆盖范围更广的协议、跨国框架及文化倡议清单①。北京于2018年成立了监督其对外援助的机构，目的是将"一带一路"倡议转变为一个更加协调的发展计划。

第四，"一带一路"借款人名单上包括非洲和中东的一些财政紧张的国家（见图11-1）。一些观察家认为，在提供贷款时，中国已经准备了应急资金来应对向较弱经济体放贷带来的金融风险。一些人甚至认为，在中国的预想中，借给巴基斯坦贷款的80%可能无法偿还。在这种情况下，如果借款国出现还贷或违约问题，中国政府会准备收回贷款或免除向外国政府发放的部分债务②。然而向弱势国家提供贷款所带来的金融风险不应被夸大。从长远来看，随着较弱的经济体不断变强，它们偿还债务的能力也会提高。而目前中国拥有应对紧急情况的金融力量。

除了巴基斯坦，这些财政紧张的国家都是小型经济体。表11-1显示了这些国家2017年的国内生产总值和人口规模。

---

① 中国外交部还公布了6类共283个具体项目。Prashanth Parameswaran. What's in China's New Belt and Road Recalibration?. The Diplomat, May 7, 2019.

② 一些亚洲国家一直与中国密切往来。2016年，当一个中国企业寻求在雅加达和万隆之间修建一条高速铁路的合同时，印度尼西亚利用该企业与日本企业的竞争，迫使中国企业做出重大让步：放弃对印度尼西亚政府履行中国贷款的要求。中国企业最终赢得了合同。但这种做法意味着印度尼西亚将该项目的金融风险转嫁给了中国。

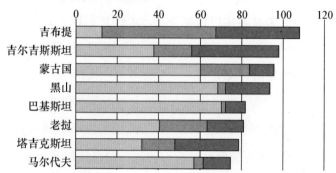

图 11-1 部分国家的债务情况

资料来源："Seeds of Suspicion". The Economist，April 25，2019.

表 11-1 部分财政紧张经济体的国内生产总值与人口

国家	国内生产总值（十亿美元）	人口（百万）
吉布提	1.8	0.957
吉尔吉斯斯坦	7.56	6.2
蒙古国	11.5	3.1
黑山	4.8	0.62
老挝	116.8	6.9
塔吉克斯坦	7.1	8.9
马尔代夫	4.6	0.44
总计	154.16	27.117

从国内生产总值和人口规模来看，这七个国家的人口在 2017 年几乎相当于中国甘肃省（最贫穷省份之一）的人口。国内生产总值略高于甘肃省的生产总值。因此资本丰富的中国可以轻松应对这些国家可能面临的财政困难。

此外，基础设施的投资将吸引大量外国直接投资，并在借款国创造就业机会，促进旅游业和工业化的发展。在撒哈拉以南非洲尤其如此，许多非洲国家正在经历人口繁荣和中产阶级的扩大，从而加速非洲大陆酒店产业的发展与繁荣

综上所述，中国在"一带一路"建设早期阶段就已经预想到了一些最坏的情况。它认为自己能够应对可能面临的金融风险。

"一带一路"建设面临的货币风险不容小觑。参与"一带一路"建设的中国公司需要对冲汇率波动和交易对手违约的信用风险。对冲策略是有用的，但会增加项目成本。不过人民币国际化势头的增强有利于降低汇率波动的风险。

贸易和投资纠纷也会影响"一带一路"建设。当前，国际贸易争端通常通过世界贸易组织以直接的方式解决。然而，投资纠纷却要由不同的法庭处理①。根据法律专家的研究，当今世界上所有的贸易纠纷解决机制都存在不足，它们在补偿、调解以及处理跨境投资纠纷、裁决和上诉方面都不完整。例如，国际投资争端解决中心旨在处理国家和国民之间的争端。然而，目前的制度没有明确上诉制度。这损害了许多发展中国家的利益，它们需要一个上诉法院来确保裁决的公平性。随着"一带一路"建设在未来涉及大量投资，建立一个将"一带一路"参与国的民法体系与亚洲价值结合起来的争端解决机制变得十分必要。此外，大多数亚洲国家更愿意在法庭之外解决它们的争

① Wang Qiao. Common Values Lead the Way on Belt and Road. China Daily, February 21，2017.

端，这也预示着"一带一路"沿线国家之间的争端将很好解决。

"一带一路"建设引发了中国企业的海外投资热潮。上海市商务委员会和美亚保险公司联合开展的一项调查显示，"并购交易与并购后一体化"被评为中国企业"走出去"最具风险的领域。[①] 为了降低这些风险，美亚保险公司建议的方法是"寻求法律或税务支持，同时投资赔偿与保证保险"。一般来说，赔偿与保险可以保护投资者免受因卖方责任（如虚报资料）而造成的损失。这不仅仅是为了减少买方或卖方可能遭受的损失，也是鼓励并购的一重保障。鉴于这些情况，建议中国企业积极研究和预测在海外经营中可能遇到的风险，并制订一项保险计划，使其能够抵御这些风险。

政治风险

政治风险是影响"一带一路"建设的重要因素，这些因素包括安全风险、政府换届带来的政策调整、大国之间的竞争以及"一带一路"沿线国家之间的矛盾和冲突。当然，中国已经采取了一些措施应对这些风险，使其保持在可控的范围内，从而使"一带一路"项目建设能在较为稳定的政治环境中进行。

事实证明，中国企业在西方同行担心涉足的区域通常会更

---

① How to Manage Risks in Overseas M&As in Countries Along the OBOR Route?. http://www. chinagoabroad. com/en/article/21668.

大胆地进行投资。毫无疑问,"一带一路"建设所涉及的地区包括可能对人员和资产造成安全风险的某些国家。例如,中巴经济走廊建设都充斥着安全风险,巴基斯坦在地理位置上很靠近存在极端主义运动的阿富汗,它与印度之间也存在着克什米尔问题。南苏丹是另一个由于部落冲突而导致政府管理薄弱的国家[①]。然而,安全风险不应被夸大。在上述所有案例中,极端主义已经在各自的区域存在了几十年。到目前为止,它们还没有取得任何成功,这证明它们的影响很有限。以下几点显示了"一带一路"项目的安全前景良好:

第一,在中巴经济走廊项目中,巴基斯坦军方指派了15 000名特种兵用以组建一支海军特遣队来保护瓜达尔港,从而成功地降低了安全风险。

第二,中国政府有效地利用了人脸识别和GPS技术等科技成果,在打击民族分裂分子方面取得了巨大的成功。

第三,众所周知,中亚国家特别关注安全问题。未来中亚国家还可以借鉴中国在西部省区维护稳定取得成功的经验。

第四,为了自身的安全,在必要时,俄罗斯决心同国内甚至中亚邻国之间的极端主义运动作斗争。

第五,在苏丹和阿富汗等动乱地区,中国的娴熟外交已经能够打开与相关各方的沟通渠道。中国奉行的友好关系有力地阻止了"一带一路"沿线地区的暴力活动。例如,中国政府并

---

① 在与阿富汗接壤的中国西部省份,犯罪分子企图煽动民族仇恨,分裂国家;他们还企图向中亚国家渗透,制造浩劫。

不仅仅依靠军事人员来确保巴基斯坦石油公司的安全，而是利用其外交官的娴熟技巧在巴基斯坦和阿富汗之间斡旋。中国外交部部长王毅提议依托中国-阿富汗经济贸易联合委员会开展务实经贸合作，向阿富汗提供从中巴经济走廊外溢的经济利益，从而将提高跨境地区人民的生活水平并减少恐怖分子在该地区的活动。中国、巴基斯坦和阿富汗还同意加强反恐合作[1]，打击"东突伊斯兰运动"等恐怖势力。

　　"一带一路"沿线国家的政府换届和政局变动带来政策变动很正常，但这将冲击长期计划和经济项目，从而使"一带一路"项目建设面临着难以预测的风险。如果能够事先明确争端解决的程序，将对项目的顺畅运行有所帮助。每个国家上任的新政府都可能会回顾以往政府的承诺。据英国《金融时报》估计，从2011年到2016年，中国在利比亚、墨西哥、缅甸、美国（预计将成为潜在客户）和委内瑞拉取消的项目总价值为475亿美元[2]。根据战略与国际研究中心的估计，这几乎是老挝、沙特阿拉伯、土耳其和伊朗5个在建项目总值249亿美元的2倍。一些项目的取消是由中国无法控制的因素造成的。例如2011年爆发的利比亚内战使一个价值26亿美元的项目被取消，该项目将修建一条从的黎波里到卡扎菲的家乡苏尔特的线路。另外，墨西哥在2014年决定取消37亿美元的合同，以确保"绝对清晰、合

　　① Zhang Yunbi. With Help from China, Pakistan Finds Common Ground with Afghanistan. China Daily，December 27，2017.

　　② James Kynge. Michael Peel，and Ben Bland. China's Railway Diplomacy Hits the Buffers. Financial Times，July 17，2017.

法和透明"。在美国,西部快线 2016 年决定取消从洛杉矶到拉斯维加斯的一条线路,部分原因是中国铁路国际公司"难以按时完工"①。

缅甸和马来西亚的政局变动是两个观察政局变化冲击"一带一路"建设的案例。

中国对缅甸的投资从 2012 年的 4.07 亿美元(17 亿令吉)下降到 2013 年的 4 600 万美元(1.97 亿令吉),原因是缅甸国内的反华情绪不断高涨,导致中国在缅甸境内的关键项目,特别是巨大的密松水电站遭到反对甚至有组织的破坏②。许多中国建设的大型基础设施项目如莱比塘铜矿项目一样被强制叫停或陷入争议。

马来西亚是"一带一路"沿线的一个关键支点。在 2018年,马哈蒂尔赢得了大选,组成了新政府。新政府在审查拉扎克政府与中国签署的项目时,认为这些项目可能在经济上不划算。这些项目包括价值 140 亿美元的东海岸铁路和两条天然气管道。马哈蒂尔担心,如果马来西亚无力偿还债务,拟议项目的成本可能迫使马来西亚交易主权。

尽管马哈蒂尔政府未来的经济政策仍然存在不确定性,但应该记住,马哈蒂尔政府是支持"一带一路"倡议的,而且马哈蒂尔政府未来会和中国有更紧密的合作。事实上,这种合作

---

① James Kynge. Michael Peel, and Ben Bland. China's Railway Diplomacy Hits the Buffers. Financial Times, July 17, 2017.

② Factor in Investment Risks. http://www.thestar.com.my/news/nation/2017/07/30/factor-in-investment-risks-says-marsh/#LAC8j9B4qlbQCxT6.99.

已经开始了。马哈蒂尔上任几周后，在吉隆坡接见马云并批准了阿里巴巴在马来西亚建设区域性电子商务和物流中心的宏伟计划。

虽然新上任的政府有时可能会抱怨，但它们很快就会发现，除了坚持同中国的合作之外，它们别无选择。菲律宾最初对前几届政府签署的一些项目抱怨重重。然而新政府很快意识到，它们的利益比任何其他国家都更取决于中国。这是因为只有中国拥有使其经济现代化的金融实力。马来西亚的情况也是类似的，中马友谊的任何恶化都将导致马来西亚经济遭受巨大损失。

大国之间的竞争也可能制约"一带一路"建设。东南亚、南亚和中亚的大国竞争也可能威胁到中国在这些区域的投资活动。孟加拉国的港口建设就是一个例子。日本和中国在2016年为得到该设施的建设权进行竞争。《雅加达邮报》报道，2016年3月，泰国政府回绝了中国为价值150亿美元的铁路项目提供的融资建议，而是选择建设一个小规模的铁路网络。尼泊尔和巴基斯坦于2017年取消了某些水坝建设项目。然而即便如此，不同国家依旧能够达成友好的解决方案，并继续在其他"一带一路"项目上进行合作。

"一带一路"沿线各国并不是在每个问题上都意见一致，这是很正常的现象。它们在项目建设方面存在冲突，这将增加中国与这些国家协调的难度。例如，乌兹别克斯坦反对中国提议的在塔吉克斯坦阿姆河上游建设的大坝。乌兹别克斯坦声称这将对本国获得水资源造成不利影响。同一国家的不同地区之间也存在摩擦。在巴基斯坦，一些地区对于中国将投资集中在俾路支省的政策表示抗议，认为这是"偏心"的行为。然而，这些小冲突很容易处理。它们不会阻碍"一带一路"项目建设为参与者带来巨大利益。

技术挑战

技术标准、法律规范和多边集团的区域规则构成了对"一带一路"建设的技术挑战，这些因素在技术层面上影响"一带一路"建设，也要求中国在推进"一带一路"项目建设时，更加细致地考虑到沿线国家的社会管理的方方面面，更有效地协调各国开展多边合作。

首先，"一带一路"沿线国家存在不同的技术标准，这影响着合作的开展，增加了协调的难度。哈萨克斯坦、俄罗斯和白俄罗斯的铁路系统使用1.52米宽的轨距，而中国和欧洲的铁路系统使用1.453米宽的轨距①。目前在一些欧洲国家，不同轨距上运行的列车的可变轨距车轴（VGA）车辆有多种技术，尤其是存在标准轨距和宽轨距之间的转换情况。然而，VGA技术的成本很高，这将增加"一带一路"项目的运输成本。中国正在研究新技术，使列车车轮能够适应世界各地不同的轨距。

---

① Wu Shang-Su and Alan Chong. Frictions on the New Silk Road—Analysis. Eurasia Review，January 26，2017.

其次，每个"一带一路"沿线国家的商业环境都有复杂多样的法律法规，这易导致法律框架和海关条例的冲突。例如，铁路公司建立的协议应涉及货物转移和安全法规。铁路系统运营商必须在批准许可证、协调时间表和安排适当的发动机等方面进行合作[①]。总的来说，精简相关规章制度是十分必要的。为了提升从中国到欧洲的货物运输的效率，中国货物只应跨越两个海关边界：中国-哈萨克斯坦边界和白俄罗斯-波兰边界。在鼓励资本跨境流动方面，需要将"一带一路"项目与全球公认的规则协调起来。财务团队将在帮助公司和公共部门组织遵从不同的法规以及提供风险缓解建议方面发挥关键作用[②]。

再次，不同多边经济集团的规则差异也增加了"一带一路"建设的协调难度。"一带一路"沿线的欧亚经济联盟[③]和欧盟是"一带一路"经过的两大主要经济集团，它们也代表了区域一体化的成果。欧亚经济联盟的一些法规对哈萨克斯坦和吉尔吉斯斯坦与中国的贸易构成了障碍。例如，2015年1月生效的欧亚经济联盟政策提高了这两个国家的关税。但是，普京和习近平一致认为欧亚经济联盟和"一带一路"倡议是相辅相成的，这对双方都有很大帮助。

---

① Wu Shang-Su and Alan Chong. Frictions on the New Silk Road—Analysis. Eurasia Review，January 26，2017.

② Helen Brand. China's Belt and Road will Help Shape the Future of the UK. City A. M. July 13，2017.

③ 欧亚经济联盟由俄罗斯、哈萨克斯坦、白俄罗斯、亚美尼亚和吉尔吉斯斯坦构成。

另一个困难是"一带一路"建设和欧盟在法规方面存在的冲突①。例如,中国已获得希腊比雷埃夫斯港的控股权。为了有效地开展这项工作并更好地建设该港与中欧的连接通道,中国开始修建一条通过塞尔维亚将港口与布达佩斯连接起来的铁路。但项目在匈牙利启动时出现了问题,贝尔格莱德—布达佩斯路线的建设已经停止。欧盟成员国匈牙利表示,该线路允许中国在不公开招标的情况下进行项目建设,将项目建立在与中国的双边协议基础之上②。匈牙利声称这违反了欧盟的规则,欧盟成员国对于像铁路这样的大型项目应该进行招标。匈牙利目前正在调查这一情况③。欧盟可以以此为契机为以后与中国的关系发展设定相关法律。中国和匈牙利之间的另一个争议来源是许多欧洲公司抱怨中国不是世界贸易组织《政府采购协定》(GPA)的签署国。所有欧盟成员国都是 GPA 的签署国,GPA 致力于确保公开、公平和透明的竞争。匈牙利和中国之间的采购合同被认为缺乏互惠性,这引起了许多国家的不满,因为欧洲公司声称难以获得中国政府的合同。然而事态发展表明,中国政府正逐步允许更多的外国企业参与政府采购合同。

---

① China's New Silk Road Risks Unravelling in Hungary. Italia Oggi, EU-RACTIV.

② 一些人批评了"一带一路"项目在没有公开招标的情况下向中国公司提供合同。然而在世界范围内,没有多少大型建筑公司能与中国竞争。

③ 有争议的铁路匈塞铁路始于塞尔维亚,但塞尔维亚没有义务启动招标程序,因为它还不是欧盟成员国。

项目管理方面的问题

　　"一带一路"建设涉及诸多项目，项目管理的任何环节存在的问题都可能影响"一带一路"建设。因此，"一带一路"建设在推进的过程中，必须充分考虑到项目实施和管理的细节。当前，对"一带一路"项目的批评主要集中在缺乏当地劳动力、对当地原材料使用不足、缺乏统筹协调和腐败等方面。但经过仔细研究，这些问题都能得到解决。

　　一些人批评中国公司利用中国劳动力和原材料，并直接从中国采购所有东西。这种批评是毫无根据的，因为中国与外国政府签订的合同明确规定应雇用部分当地劳动力。同时，为了按时完成工程，必须使用中国的机械和劳动力。总的来说，中国人很好地适应了其他国家的本土文化，已经有100多万中国人在非洲生活了多年。"一带一路"项目的建设通常由大型中国公司实施。这涉及与当地官员和工人打交道。事实证明，中国的海外工人与当地工人相处得很好。当然，为了避免分歧和误会，中国也制订了相关培训计划，不仅为中国各级官员和企业家提供海外经营的基本信息，而且还对外国工程师、管理人员和工人进行短期培训，这些培训有时在中国国内举行，这有助于增进相互了解，缩小中外文化差距。

　　一些国家抱怨中国公司自带材料，不使用当地原料。例如，在泰国价值1 790亿泰铢的曼谷中弘铁路项目建设中，泰国钢铁工业协会（ATS）担心中国工程师只选用中国材料，因此该协会要求泰国政府在职权范围内提出采用泰国钢铁的要求，以确保该项目有利于泰国钢铁制造商。可见，只要成员国之间存在信任和合作精神，这些问题就相对容易处理。

"一带一路"建设涉及中国政府机构的许多部门。中国几乎每一个省份都设立了相关基金或公布了与"一带一路"相关联的项目。但是中国没有像日本经济贸易产业省这样的机构来协调海外投资①。因此有些人担心，在中国协调各方利益可能非常困难。其实这种担忧是多余的，缺少一个协调性的机构实则是政策实施具有灵活性的体现。从中国自身的发展模式来看，中央政府提供指导方针，并将具体实施情况留给各省执行。同样的原则也适用于"一带一路"项目建设。各省市在项目建设方面具有灵活性。

失败的治理（从腐败现象到消极改革）可能对"一带一路"构成严重威胁②，这会损害中国投资者的利益。当人们担心腐败和管理不善时，中国已经制定了部分新规则来防止此类现象的产生。

总之，"一带一路"建设面临着诸多挑战，这些挑战来自经济、政治、技术、社会和文化等各个方面，但挑战并非无法成

---

① 雅加达一个智库的经济学家如是说。
② 这导致了一些不切实际的交易，如中国国家开发银行在2010年向加纳提供的30亿美元信贷额度，其中一部分是为一个天然气项目提供的，但该项目因延误而陷入困境。

功应对。事实上，在"一带一路"项目建设的推进过程中，中国也在磨砺自身，在挑战中吸取教训、总结经验，这不仅有利于"一带一路"建设的平稳推进，而且对于中国的发展和承担更大的国际责任大有裨益。

第十二章　自由主义国际秩序的困境

战后美国主导的国际秩序正面临不确定性。

——约瑟夫·奈[1]

....

（中国政府）显然……在应对教科书上没有的情况时，采取了合理的行动。

——林毅夫[2]

....

---

[1]　Joseph S. Nye, Jr. The Rise and Fall of American Hegemony from Wilson to Trump. International Affairs，Vol. 95，No. 1，2019.

[2]　Yifu Lin. Against the Consensus：Reflections on the Great Recession. Cambridge University Press，2013：xii，xiv.

中国人不想在世界上扮演美国的角色。

——杨荣文[1]

....

我们不能想当然地认为政治自由将创造经济繁荣。

——拉格拉姆·拉扬[2]

自由主义国际秩序的缺陷

自由主义思想在西方具有悠久的历史，主张自由主义经济秩序的经济思想有着深厚的理论渊源。弗里德里希·哈耶克、米尔顿·弗里德曼和乔治·斯蒂格利茨极为推崇自由经济秩序，使其成为经济学中极有影响力的学派，即芝加哥经济学派。他们认为神圣的产权不仅是自由市场的基础，也是民主的基础。

自由市场原则主导了世界银行和国际货币基金组织的政策。市场原教旨主义的支持者认为，财产权和选举权是维护个人尊严的最佳方式。他们还认为政府对经济的干预是低效而无用的。根据哈耶克的观点，政府对经济的介入也是对个人自由限制增长的开始，这将会导致"对个人的完全奴役"[3]。

二战结束后，美国建立起自由主义国际秩序，为美国战后

---

① 新加坡前外交部部长。World Economic Forum，Davos，2017。

② Democracy，Inclusion，and Prosperity. Project Syndicate，January 12，2017.

③ 法国观察家托克维尔（Alexis de Tocqueville）指出："一个对政府毫无要求，只求其维持秩序的国民，本质上已经是一个奴隶。"

的安全和繁荣奠定了基础。美国治下的和平的一贯政策就是到处宣扬自由秩序的好处，并试图说服其他国家遵循美国的自由市场和民主模式。但是，自由主义国际秩序并没有给占全球人口绝大多数的发展中国家带来帮助，对于解决发展中国家面临紧迫的发展问题贡献乏力，占世界人口大多数的发展中国家却没有从这种自由秩序中发展起来。原因有政治和经济两个方面的。

在政治上，这种秩序存在对"低战略价值"国家的歧视。在美国治下的和平时期，发展中国家没有得到平等的待遇。美国把国家分为"高价值国家"和"低价值国家"，前者代表的是那些在服务美国外交政策目标方面至关重要的国家。这些国家得到了美国的外交和财政支持，还获得世界银行和国际货币基金组织的帮助。而其他不符合美国战略目标的国家则被无情地忽视了。然而，一些特定国家的"价值"可能在短期内存在巨大差异，比如阿富汗和海地。在苏联占领阿富汗期间，美国向阿富汗提供了相当多的援助。而在苏联撤军后，美国在阿富汗失去战略利益，因此也冷落了阿富汗。在 9·11 事件发生之后，阿富汗才又重新回到美国的视野。尽管海地的地理位置靠近美国，但它一直被认为是一个次级国家，所以不受美国重视。与东亚靠近发达经济体导致工业化向邻国扩散不同，美国南部陷入"低增长均衡"的国家并没有因为靠近美国而得益①。

---

① 根据威尔逊中心的报告，20 世纪 70 年代，一位拉丁美洲工人的创造的产值是美国工人的 82%，今天，这个数字是 55%。Ryan C. Berg. A Central American Marshall Plan Won't Work. Foreign Policy，March 5, 2019.

在经济上，发展中国家是西方经济管理不善的受害者。战后的全球自由主义秩序的主要缺陷对发展中国家的经济发展产生了负面影响。西方领导的多边机构没有为发展中国家提供足够的公共产品，对贫穷国家的援助资源普遍短缺。这并不是说它们从未为那些面临经济困难的国家提供帮助，只是它们的许多帮助并没有从根本上解决问题。它们不断变化的优先权和领导权也阻碍了这些发展中国家的发展。西方国家领导的多边机构缺乏想象力，它们往往对每个国家都提出了同样的"解决办法"，并没有考虑到每个案例的独特情况。

在自由主义秩序下，发展中国家是西方经济管理不善的受害者，战后全球自由主义秩序存在许多缺陷，对发展中国家的经济发展造成了负面影响。这些缺陷包括：

多边机构治理不善

令人震惊的是，这些多边机构的领导者对政策的制定缺乏相关知识和背景。令人遗憾的是，在世界银行和国际货币基金组织工作的员工虽然都是高素质的专家，但是他们的专业知识却因为领导层的无知而被浪费了。一个主要问题在于，在历史上，大多数多边机构的领导人并不具备正确的视野甚至是正确的背景来领导多边机构考虑战后世界秩序的主要支柱[①]。世界银行的行长必须是美国人，国际货币基金组织的总干事必须是欧洲人。

---

① Khairy Tourk. Cherished Ideal of Harmony Bodes Well for Asia. Financial Times，March 27，2016.

他们的任命是基于政治影响而不是职业考虑，他们也受到发达国家特殊利益集团施加的压力。因此他们无法捍卫发展中国家的利益。

多边机构充当了美国的外交政策工具

世界银行和国际货币基金组织等多边机构作为美国的外交政策工具，不能平等对待发展中国家。东亚属于美国外交政策的高战略价值地区，各国得到了美国的大力支持并获得世界银行和国际货币基金组织的帮助。东亚模式的成功是由于强大政府的存在。美国允许独裁政府运作，而不强迫它们遵循民主模式。然而其他被美国认为是低战略价值的国家则被不同对待。美国坚持要求它们采取多党制。

根据基肖尔·马布巴尼和劳伦斯·萨默斯的说法，世界银行和国际货币基金组织偶尔会被用来实现额外的财政目标[1]，比如国际货币基金组织在 1997 年亚洲金融危机后所扮演的角色，推动了苏哈托的下台。一位西方评论家威胁实行威权统治的发展中国家，"为了不被排除在国际体系之外，威权国家的领导人必须接受像国际货币基金组织这样的机构的干涉，从而削弱他们自己的权力。然而，正如印度尼西亚的苏哈托下台所印证的，到时候可能连权力都保不住"[2]。

---

[1]　Kishore Mahbubani and Lawrence H. Summers. The Fusion of Civilizations. Foreign Affairs，May/June 2016.

[2]　Christoph Bertram. Globalization Means Westernization. Project Syndicate，August 13，1998.

发展中国家在多边机构中没有发言权

在多边机构中，穷国没有发言权。发展中国家在所有决策制定过程中都被搁置在一边。直到今天，西方国家还在顽固地捍卫现状[1]。它们不愿意让发展中国家在世界银行和国际货币基金组织的决策中享有发言权，例如，当中国想增加其在这些组织的资本时，它很快发现，任何增加"中国投票权和经济份额"的改革都必须获得美国的"许可"[2]。西方世界长期抵制增加多边组织的财政资源的做法意味着它只关心自身影响力，而不是帮助贫穷国家。

多边机构向发展中国家提供误导性建议

在美国治下的和平时期，大多数发展中国家都被迫遵循美国的自由放任模式，唯一的例外是东亚一些国家在国家资本主义的指导下成功实现了现代化。在 20 世纪 60 年代初的日本和70 年代的亚洲四小龙时期，产业政策显然是东亚崛起的主要因素。然而世界银行完全忽视了产业政策的潜在好处，顽固地认为政府治理无效的贫困地区都应该遵循美国模式[3]。

---

① China's Growing Clout in International Economic Affairs. The Economist, March 23, 2017. 美国财政部高级官员指责中国向世界银行提供的资金是为了"一带一路"建设. Financial Times, January 8, 2019.

② 理论上，如果中国成为世界银行和国际货币基金组织最大的资本捐助国，那么根据协议条款，这些组织的总部将不得不迁往中国。

③ 在第二次世界大战结束近半个世纪后，世界银行才勉强承认政府能够在推动经济增长过程中发挥积极作用. The East Asian Miracle, Economic Growth and Public Policy. World Bank and Oxford University Press, 1993.

自 20 世纪 70 年代以来，由于这些多边机构向发展中国家提供误导性建议，情况变得非常糟糕。这些建议包括忽视基础设施建设并强制提前开放资本账户。

忽视基础设施建设不符合发展中国家的国情。发展中国家在多边机构确定其经济议程时没有发言权，只能听任西方摆布。战后欧洲通过马歇尔计划完成了基础设施建设，美国在 20 世纪 50 年代初建立起完善的公路系统，然而它们却不建议发展中国家优先考虑建设基础设施。

由西方领导的跨国机构对发展中国家做出的最糟糕的决定之一就是阻碍这些国家为公共基础设施投资。公共投资驱动的增长模式被认为是"资本原教旨主义"。丹尼·罗德里克认为，自 20 世纪 70 年代以来，西方经济学家就一直建议决策者淡化公共部门、有形资本和基础设施的重要性。因为担心资本密集型项目在贫穷国家会引发腐败，在基础设施项目上的支出被普遍认为是浪费行为。20 世纪 70 年代，世界银行为它忽视基础设施建设进行辩护的理由还在于基础设施建成后缺乏合格的人员来管理和运营。

这些政策反映了 20 世纪 60 年代美国学术界对公共部门投资的偏见。新政策的重点是经济自由化、优先发展私营市场、提高人力资本质量（例如教育培训）①、非政府干预经济以及体

---

① 具有讽刺意义的是，多边机构的建议者并没有考虑到发展中国家的许多孩子因为缺乏适当的道路而无法上学。

制改革①。世界银行和国际货币基金组织将这些千篇一律的政策统一应用于所有发展中国家，根本无视这些国家的具体情况如何。

有趣的是，现在这些由西方国家领导的多边机构仍然对公共投资存在偏见。根据国际货币基金组织的一项研究，大多数公共投资即使在早期有丰厚的回报，但长久来看它们都会走向衰退。公共投资，如同商品泡沫一样，常常是以悲剧收场。这一结论背后的逻辑在于经济和社会回报率下降，资金陷入枯竭，最后导致债务危机。但是，这种研究显然忽视了公共投资为东亚国家带来的明显好处。

强制提前开放资本账户破坏了宏观经济稳定。20世纪80年代，发展中国家被强制接受另一个灾难性的决定，国际货币基金组织要求新兴经济体必须开放资本账户。这是因为华尔街在美国经济中的崛起，它对美国经济产生了巨大影响。华尔街要求美国财政部指示国际货币基金组织对新兴经济体施加压力，允许资本的自由流动②。但是，这种"建议"违背了经济发展的基本原则，即贸易自由化必须先于资本自由化进行。只有在新兴经济体建立了合适的金融机构之后，资本项目才能开始自由化。这种建立在经济谬论基础上的错误经济政策本该是经济学

---

① Dani Rodrik. The Return of Public Investment. Project Syndicate，January 13，2016.

② 20世纪80年代，美国要求韩国以开设资本账户作为加入经合组织的条件。

本科生就能认识到的问题①。资本账户的提前开放是 1997 年亚洲金融危机的主要原因。

危机发生后，国际货币基金组织坚持使用的刚性政策给亚洲国家带来了严重灾难。据日本原大藏省事务次官榊原英资称："无论 1997 年金融危机爆发时亚洲存在的问题是什么，国际货币基金组织所采用的'治疗'方法都更糟糕，而且它还忽视了其他可能的治疗办法。"②

多边机构向发展中国家提供的援助资源匮乏

一般来说，发展中国家没有得到富裕国家的帮助。美国并不是唯一的罪魁祸首。发达国家每年投入大量资源扶持自己的农业部门，但它们却忽视了贫穷国家的需要。例如，西方对农业（如玉米、大豆）的补贴非常高，每年约达 200 亿美元。这些补贴严重损害了以出口原材料为生的贫穷国家的利益。

经合组织认为，发达国家在 2001 年向农民提供的补贴总额为 3 110 亿美元，这个数字超过了撒哈拉以南非洲所有地区的国内生产总值总和，是所有发展中国家获得的援助总额的 6 倍。

---

① 据日本原大藏省事务次官榊原英资称，由美国财政部在背后支持的国际货币基金组织是罪魁祸首。他们把"一国国内发生的小问题变成了地区性的灾难"。Anthony Rowley. Japan's Mr Yen on Lessons from the Financial Crisis. Asia Times，July 14，2017.

② Anthony Rowley. Japan's Mr Yen on Lessons from the Asia Financial Crisis. Asia Times，July 14，2017.

在 2000 年，欧盟国家在每头奶牛身上提供了 913 美元的补贴，而它们为撒哈拉以南非洲居民只提供 8 美元援助。日本为每头奶牛补贴了 2 700 美元，而为每个非洲人只提供了 1.47 美元补贴。在美国，华盛顿每天花费 1 070 万美元用于补贴棉花种植，而每天对撒哈拉以南非洲的全部援助仅为 310 万美元[①]。

全球经济公共产品的短缺

全球治理……关乎建立一个全球目标……是为了提高人类生活水平、促进稳定和规避冲突，这是通过集体责任追求人类的共同目标。

——尼古拉斯·斯特恩[②]

中国期望美国能履行其在维护国际秩序方面的责任，当然中国也会尽其所能帮助美国。

——贾庆国[③]

经济学家将商品区分为私人物品和公共产品。大多数有形物品都是私人产品。一个产品可以由一个使用者拥有或消费，几乎所有私人产品都具有竞争性。与之相反，公共产品是不可竞争的。它可以由一个消费者消费，但不会阻止其他消费者同时消费。非竞争并不意味着生产总成本为零，而仅仅意味着边

---

① Martin Wolf. Why Globalization Works. Yale University Press，2005：215.

② 世界银行前首席经济学家和副行长。

③ 北京大学国际关系学院教授。

际成本为零。人们也可以说，向其他国家提供高质量的建议也是一种公共产品。

公共产品（如良好的教育、清洁的环境）可以提供超出私人回报的额外收益，并惠及每个人。经济学家称这些收益为正外部性。这些正外部性从价格中是无法体现出来的。由于市场经常无法供应充足的公共产品，因此政府有责任通过向公民征税来提供公共产品。

全球公共产品，也被称为跨国集体产品，在全球范围内或多或少都可以获得，其收益和成本跨越了所有的界限覆盖到全部人。比如月光就是一种纯粹的公共产品①。全球公共物品可分为两类：安全公共产品和经济公共产品。

在霸权体系下，霸权国支撑着全球公共产品的供给，霸权国能够承担维持全球经济、政治和军事秩序治理的成本。美国学者查尔斯·金德尔伯格认为霸权有三大职能：以提供全球公共产品的形式发挥领导作用，为全球经济增长提供引擎，防止他国设置贸易、投资壁垒。

在过去的两个世纪里，世界由实行盎格鲁-撒克逊模式的国家统治。其中 19 世纪的英国是霸主，在战后世界秩序中，美国是霸主②。在安全上，美国扮起了海上航道警察的角色。在经济

---

① 非排他性程度决定了公共产品的程度。然而，海上航线是具有竞争性的私人产品。通过由大国军事力量支持的国际协议，每艘船都可以使用这些航线。

② 在 19 世纪，英国是负责全球公共产品供应的霸主。英国利用其海军优势创建了帝国统治下的自由贸易世界。第二次世界大战后，美国根据马歇尔计划向欧洲提供经济援助，并通过世界银行和国际货币基金组织等跨国组织向西方盟国提供经济援助。

领域，美国设立了世界银行和国际货币基金组织等多边机构，向有需要的国家提供经济公共产品。马歇尔计划反映了美国外交政策中理想主义的一面，因为美国伸出援助之手帮助欧洲大陆恢复经济。当时的美国政策反映出一个国家的自信，保证了其经济制度和政治价值的优越性。美国积极地用自己的想法来改造世界。英国和美国都支持自由市场资本主义和西方式民主。西方世界确实在盎格鲁-撒克逊民族的统治下实现了繁荣。

然而，尽管与19世纪的英国相比，战后的美国在提供全球经济公共产品方面做得相对更好，但它在改善发展中国家人民生活质量方面的努力并没有取得太大的成功。美国领导的机构，如世界银行和国际货币基金组织，都没有做足够的工作来满足贫穷国家的需要。直到1971年，世界仍有51％的人口生活在贫困线以下。自由主义模式并不能给贫穷国家带来经济增长，自由贸易秩序体系也不利于发展中国家的经济发展。

拉丁美洲就是一个很好的例子。在19世纪，"美国公司蜂拥到拉丁美洲寻找水果、矿产、糖和烟草"[1]。美国联合水果公司设法控制了整个中美洲的水果出口贸易[2]；在拉丁美洲，美国

---

① 南美洲是一个曾经被葡萄牙和西班牙帝国占领的地区，随后英国人又占领了部分地区。1823年，美国提出门罗主义，目的是确保欧洲列强在美国的这个后院没有一席之地。在门罗主义实施近两个世纪之后，一位英国评论员在2010年认为南美洲仍然需要英国。他写道："在大西洋彼岸……有一片大陆希望成为英国的朋友和伙伴，因为比起北美资本家的剥削，英国是更值得尊敬的国家。"Julian Glover. South America Could Be a Good Friend but We Ignored It. Guardian, September 5, 2010.

② Jennifer Lind. Life in China's Asia, What Regional Hegemony Would Look Like. Foreign Affairs, March/April 2018.

银行控制了金融部门，这些银行"将地方资本转移到美国公司"①，导致没有本土投资可用于工业部门的建设，来自当地的利润几乎也没有再投资建设工业部门。

一个世纪以后，为了帮助在拉丁美洲的邻国，约翰·肯尼迪在 20 世纪 60 年代早期提出了一个"南美洲马歇尔计划"②。该计划是为了阻止菲德尔·卡斯特罗的社会主义思想在美洲的传播③。肯尼迪在 1960 年的就职演说中表示，"全球大联盟，包括北方和南方，东方和西方，可以确保人类享有更丰富的生活"。为了实现这个计划，美国请求欧洲的帮助。当无法获得帮助时，新马歇尔计划的整个想法就彻底破灭了。很明显，仅仅在马歇尔计划提出 10 年之后，美国就没有能力向贫穷国家提供实质性的经济援助了。

总体来说，全球经济公共产品在冷战时期就存在供应不足的情况，而现在西方国家的经济衰退使情况变得更糟。2018年，特朗普指责欧洲国家在北约军费开支上"不出力"、在贸易问题上"占美国便宜"，为美国承担着国防开支的主要负担感到不快④。换言之，美国奉行孤立主义的倾向可能是因为它正受

---

① Jennifer Lind. Life in China's Asia, What Regional Hegemony Would Look Like. Foreign Affairs, March/April 2018.

② David Von Drehli. John F Kennedy's America answered a call to leadership no longer given voice. Time, June 5, 2017.

③ 在这次演讲中，肯尼迪的背后是一个自信的美国，他对这个国家所代表的价值观和改造世界的能力感到自豪。他表示美国愿意"付出任何代价，承担任何责任以确保自由的成功"。

④ 特朗普的当选以及他威胁要降低美国在欧洲的"安全"义务，让欧洲国家意识到美国不再有能力保护它们了。

到严重的预算约束的影响。许多国家都在质疑华盛顿是否能够向世界提供经济公共产品，所有迹象都表明，美国不再有能力为发展中国家提供改善人民生活的公共产品了。用《金融时报》编辑拉赫曼的话来说："当'一带一路'沿线国家考虑是否接受中国的基础设施礼物的时候，几乎没有一个讨价还价。"[①]

美国的相对衰落

二战结束后，美国既享有军事优势，又享有经济优势。美国有很强的生产能力，劳动力由于大量美军复员而增加，许多早期发明的新产品被不断增长的中产阶级所消费。值得注意的是，劳动力收入占 GDP 的比重上升了，而资本所占比重下降了。美国有数百万人实现了他们的中产阶级梦想。

然而，20 世纪 70 年代以后，全要素生产率作为衡量单位投入产出增长的指标，已经逐渐消失。从那之后，美国一直在遭受资本支出和就业机会的长期疲软。

美国相对衰落的背后有许多原因。其中包括储蓄不足、缺少投资、制造业就业机会减少、亚洲经济复苏的竞争、金融业的崛起、游说者势力和垄断势力的壮大以及收入分配不平等等等。

---

① Gideon Rachman. The Return of a Two-bloc World. Financial Times, March 11，2019.

储蓄不足

世界银行数据显示，美国在 2016 年的储蓄率仅为 19.2%。
2015 年末，美国的国民净储蓄率为 2.6%。这还不到 20 世纪最
后 30 年净储蓄率 6.3% 的一半[①]。用摩根士丹利亚洲区前主席斯
蒂芬·罗奇的话来说："没有储蓄，任何国家都不能无限地繁
荣……储蓄赤字将是美国梦的最大威胁。"[②]

缺少投资

2018 年美国的投资占 GDP 的比例为 20.9%，而中国为
40.1%。美国公司并没有积极地通过新的投资来增加国家的实
际资产。目前，美国公司的财力比在历史上任何时候都要大，
然而它们赚取的丰厚利润被用于在短期内提高股价，而不是进
行长期投资。国际货币基金组织警告说，美国企业债务如此之
高，以至它们正在从事"高金融风险"活动。短期的计划反映
了长期的发展考虑。尽管美国在 2017 年开始减税，期待中的
"资本繁荣"却没有出现。相反，美国企业的高管们下定决心要

---

① Stephen S. Roach. Saving Deficit, Not China, Threatens American Dream. Project Syndicate, 2016.

② 斯蒂芬·罗奇写道："美国与中国长期存在经济共存关系。如果中国资本出现短缺，很可能迫使美国采取美元走软、提高实际利率或两者兼而有之的措施，不得不为外部融资支付更高的价格。这就是相互依赖的典型陷阱：当一方改变了关系，另一方也会受到影响。"Stephen S. Roach. Saving Deficit, Not China, Threatens American Dream. Project Syndicate, 2016.

用减税省出的钱去建造更多的工厂[①]。

制造业衰落

1943 年，美国近 40％的非农业工人从事制造业、生产飞机和船只，以满足战争需要。1945 年后，美国劳动力为中产阶级制造房屋、汽车和空调。大多数工作只需要高中文凭。在那时，职业道德很强的工人们有固定的工作，工会也很强大。但到了20 世纪 80 年代初，一切都改变了。在 1979 年约有 1 950 万美国人从事制造业工作，创历史新高。到 1983 年，这个数字已经下降到大约 1 670 万。根据美国劳工统计局的预测，到 2024 年，预计只有 7.1％的美国人会从事制造业工作[②]。

来自亚洲的竞争

日本、亚洲四小龙和中国的经济发展给美国带来了激烈的竞争。日本在战败 20 年后，开始经济上的自力更生。日本公司采用了新的管理和生产技术（如质量控制），能够以相对较低的价格迅速提高产品质量。其中许多有创意的想法都是由美国工程师提出的[③]。20 世纪 60 年代初，由于日本劳动力价格逐渐上涨，韩国和中国台湾等亚洲四小龙也开始发展自己的制造业，许

---

① Gillian Tett. Corporate America is Failing to Invest. Financial Times, April 12，2019.

② Sean Gregory. The Jobs that Weren't Saved. Time，May 29，2017.

③ 日本工业在适应本国的具体生产条件后，采纳了许多爱德华·戴明的创意。

多日本公司将劳动密集型产业转移到了这些国家。这在经济学中被称为雁行模式。20 世纪 70 年代末，中国的对外开放是雁行模式的又一次展示。然而与日本不同的是，中国很难通过专利权使用协议获得外国技术。这就是中国必须依赖外国直接投资的原因。在大约 30 年的时间里，中国成为世界第二大经济体。

金融业的崛起

在 20 世纪 80 年代，由于华尔街游说势力的不断增强和金融业的崛起，使得实体部门在经济中的作用进一步下降。这使得美国对增加经济中的实体资产失去兴趣。

游说者势力的增强

美国政府和华尔街之间的"旋转门"系统使政府不再为公众服务。为了提高他们的个人利益，美国政府人员离开办公室成为说客，而华尔街的高管和说客又接受以前有过关系的政府任命。与权力集中在内阁的英国治理体系不同，美国赋予国会议员立法的权力。这就解释了为什么游说活动在美国比在英国多 5 倍。

对白领犯罪缺乏有效应对

对白领罪犯的宽松处理削弱了公众对政府系统的信心。在美国，企业高管往往能够不为犯罪负责。在 2008 年金融危机之后，心怀不满的选民看到引发金融危机的华尔街精英们没有受到惩罚，许多罪犯甚至得到奖赏，这无疑增加了公众的不满与焦虑①。

垄断势力的壮大

与此同时，美国的自由市场经济正变得越来越垄断。《经济学人》指出："如今的老板中有很多是企业官僚，而不是财富创造者，他们使用便利的公式来确保自己的工资永远上涨。他们与越来越多的寻租者合作，例如管理顾问为了寻租不断找新的借口，而退休的政客们在暮年里靠他们曾经管理的公司为生。"②

收入分配不平等

资本支出和创造就业机会的疲软导致了劳动占美国的国民收入份额下降。随着劳动力收入占 GDP 的比重下降，资本所占的比重上升，美国中产阶级正在衰退③。1974 年至 2015 年，没有高中文凭的美国人的实际家庭收入中位数下降了 20%，而那些有高中文凭但没有受过大学教育的人的实际家庭收入中位数下降了 24%。与此同时，拥有大学学位的人的收入仅仅增长了 17%④。GDP 增

---

① 在 2017 年出版的书 The Chickenshit Club 中，杰西解释了为什么美国司法系统不监禁白领罪犯。他们之所以不追捕高级别的企业不法分子，是因为"政府司法人员离职后将在私营部门寻求职位"。Barry Meier. Pharma Execs Feel No Pain. Time，July 2，2018.

②③ Reconsidering Marx，Second Time，Farce. The Economist，May 5，2018.

④ 一个有趣的问题是，为什么民主制度能够在一些国家而不能在其他国家顺利运行。我们应寻找不同经济体系间共同的特性，这些特性有助于实现相对较高的增长率。例如，德国模式和中国模式有三个共同点：投资占 GDP 比重较高；拥有关注实体经济的有远见的决策者；由不同的经济和政治团队执行决策，通过妥协做出让步并建立共识。

长不公平地向顶层 1% 的人员倾斜。

　　美国相对衰落的现象并不是孤例，西方发达国家中也存在着类似美国的问题。由于美国在发达国家中举足轻重的地位，美国的衰落也印证着西方的衰落。

　　英国《金融时报》首席经济学家马丁·沃尔夫警告说："西方的衰落是因为寻租已成为一种盛行的经济生活方式，政府对大部分公民和社会真相漠不关心，政治中充满了金钱的腐败气息，对真理无动于衷。以牺牲长期投资为代价来满足私人和公共消费，这实际上是一场悲剧，我们能找到摆脱金融危机的最好方法，就是实施可能带来新泡沫风险的货币政策。"①

　　罗伯特·穆加说："对全球自由秩序最严重的生存威胁来自内部。自 20 世纪 80 年代以来，西方国家的中产阶级陷入空心化，财富高度集中在少数精英阶层手中。"② 经济学家对盎格鲁-撒克逊经济体系的未来持相当悲观的看法，有报告指出："即使有了强大的制度、法治和新闻自由，英国和美国仍需要努力平息民愤。"③

　　《经济学人》还指出："令人遗憾的是，到目前为止，自由派改革者在对危机的把握和制订解决方案的能力方面都不如他们的前任。"④ 一位聪慧的观察家指出："无论是自由民主、世界

---

　　① Martin Wolf. The Rivalry that will Shape the 21st Century. Financial Times，April 11，2018.

　　② Robert Muggah. The Global Liberal Order is in Trouble—Can It be Salvaged? Eyewitness News，April 11，2018.

　　③④ Rulers of the World: Read Karl Marx!. The Economist，May 3，2018.

贸易体系还是西方联盟本身，没有人能自信地说全球秩序能保持完整。"[1]

因此，美国的相对衰落，导致自由主义国际经济秩序已无法继续供应所需的全球经济公共产品，这影响到了一些国家和地区，也是自由主义国际秩序陷入困境的表现。

当然，尽管美国的现行制度不完善，我们仍不能低估美国现行制度的能力。也许只有时间才能回答我们，美国的相对衰落是不可避免的趋势还是暂时的现象[2]。

---

① Edward Luce. Donald Trump and the 1930, Playbook: Liberal Democracy Comes Unstuck. Financial Times, June 24, 2018.

② 丘吉尔说："你总是可以指望美国人做正确的事情。"然而美国应该意识到，随着公众的不满情绪上升，留给它的时间已经不多了。一个需要立即关注的问题是如何将金钱对政治系统的影响最小化。

第十三章　中国式解决方案

让我们共同努力，在全球范围内促进和保护人权，让人人得享人权。

——王毅[1]

"一带一路"倡议是中方提出的，但它是一项国际公共产品。

——陆慷[2]

中国模式与中国智慧

没人能预测到中国的巨大变化。1982 年，中国是世界上最

---

① 中国国务委员、外交部部长。
② 陆慷是中国外交部新闻发言人。China Overlooking India's Belt and Road Concerns Not Surprising-analysts. Sputnik International Search，April 16, 2019.

贫穷的国家之一。截至 2017 年，中国的人均 GDP 增长了 39 倍，从 200 美元增加到 8 000 美元以上。根据国际货币基金组织的数据，中国的人均 GDP 在 2010—2018 年几乎翻了一番①。中国的 GDP 从 2000 年的突破 1 万亿美元增加到 2018 年的超过 13.8 万亿美元。中国在 2017—2018 年占全球经济增长的 35%，而美国、印度和欧洲分别为 18%、9%和 8%②。

外国直接投资是中国经济和发展政策的重要组成部分。与日本 1945 年后通过特许协议接受西方的技术实现现代化不同，大多数外国投资者更喜欢直接在华投资，因为他们能够享有技术上的控制权。20 世纪 70 年代，当中国开始开放的时候，中国不得不吸引外国公司和投资者。中国外贸政策和投资政策的实施得到了国内监管系统的全面支持，并得到促进投资便利化的多边和双边协定的国际支持。

在农业领域，中国取得了巨大进步。中国的耕地面积不到世界可耕地面积的 10%，但中国的粮食产量却占世界的 25%。中国目前能够实现粮食基本自给，能够满足 97%人口的粮食需求。尽管中国的 GDP 年增长已经放缓，但中国仍要求保持 6.5%以上的 GDP 增长率。中国的外汇储备规模已超过 3 万亿美元。

中国成功地使 7 亿多人摆脱贫困，对全球减贫贡献率超过

① 日本在亚洲不再是一个特别富裕的国家，2018 年日本的 GDP 不到中国 GDP 的一半。

② Robert Muggah. The Global Liberal Order is in Trouble-Can It be Salvaged?. Eyewitness News. April 11，2018.

70％，成为全球最早实现联合国千年发展计划减贫目标的发展中国家。中国的城市化率从 17.9％增长到 58.5％，这被认为是人类移民史上最伟大的成就。中国已经将极端贫困发生率从 88％降到 2％，这些经验对于许多贫困国家来说非常有价值①。在 2016 年，全球人口为 75 亿，大约 8 亿人生活在极端贫困之中。

目前，中国政府正在为 7.7 亿人创造就业机会。每名中国儿童都接受九年义务教育。中国向 2.3 亿老年人、每年 700 多万大学毕业生和 8 500 万残疾人提供关怀和支持。6 000 多万城乡居民获得政府提供的低保待遇。中国人民的预期寿命从 1949 年的 35 岁增加到 2017 年的 76 岁以上，被联合国誉为近 30 年来所有国家中最大的增长。

西方的相对衰落和中国的发展引发了一场现在正在进行的历史性的竞赛，而这场竞赛现在正围绕着西方和中国的模式展开。我们必须牢记，西方模式和中国模式反映了两种不同的历史经验。

美国是一个移民国家，美国的早期移民是为了逃离欧洲的宗教和政治迫害才来到美洲新大陆。这就是为什么自由是美国国父们最看重的概念。清教徒领导人约翰·温斯罗普将美国吹嘘为"山巅之城"，其民主制度"闪闪发光，值得其他国家效

---

① 2021 年，习近平在全国脱贫攻坚表彰大会上指出，中国的脱贫攻坚战取得了全面胜利，现行标准下 9 899 万农村贫困人口全部脱贫……完成了消除绝对贫困的艰巨任务。

仿"。赋予选民选举领导人的权利被认为是防止政府暴政的重要因素。与美国的经验不同,中国有着悠久而辉煌的历史,也有着一段混乱和被战争践踏的历史。这就是为什么中国一直认为实现稳定是其首要任务。历史的经验警示着中国:一旦中心坍塌,这个国家就要开始衰落了。

西方模式和中国模式的政治决策过程和目的不同。在西方,特别是在美国,金融部门在国家经济中的作用显然比较大。金融领袖的目标是在短期内实现最大利润[①]。在以金钱为生命的美国政治中,政客们在竞选过程中专注于募集捐款,导致说客在决策过程中有着极大的影响力,许多决策都是为实现短期目标而量身定做的。这就解释了为什么愤怒已经成为美国政治中的主导情绪。在中国,党和政府机构的作用是调动资源,在不同群体之间达成共识,从而确保迅速实现长期愿景。中国建立了旨在纠正"市场失灵"并提高私营公司效率和鼓励经济技术升级的机制。同样在德国,鼓励投资是不同领域产业协会的指导原则。因此中德两国都致力于通过投资导向的政策来确保实体经济的发展。

西方模式和中国模式中政府的作用明显不同。在美国,比起金融业,政府官员们常常被无视,工程师们不享有高收入和声望。在中国,政府官员的作用极为重要,官员的收入和声望相对较高,最优秀和最聪明的人都进入了工程和科学领域。

---

① 总的来说,美国公司的主要目标是最大化分配给股东利润。这意味着,在分配资源时,管理层对投资项目的重视不够,因为投资项目的回报期很长。

国家的发展模式千差万别，使国家找到最适合自己的发展模式最重要。例如，让德国用专制模式取代其成功的自由主义模式是不切实际的，同理，让中国用其他模式取代目前成功的政治模式也是荒谬的①。至于发展中国家，它们需要做的是在成功模式和失败模式之间做出选择。

中国经济发展模式赋予了民主、人权、治理等价值观全新的内涵，挑战了西方长期坚持的"民主转型论"。中国的发展恰巧与世界对民主制度失去信心的时间一致，但因此就认为中国应对这种情况负有直接责任则是错误的。

对于发展中国家来说，让它们在不同模式之中进行非此即彼的选择是有误导性的。真实的对比应该是在成功模式和失败模式之中进行。与西方坚持的"民主转型论"形成鲜明对比的是，"一带一路"倡议更注重基础设施和工业化建设，因为这样才能加速成员国从原材料生产国向工业国过渡。"一带一路"沿线国家间的和平建立在新的基础设施和相互联系的供应链之上，因此没有必要建立代价高昂的军事联盟。每个国家都在追求自己的经济利益，这样就能保证国家的和平与稳定。

西方与中国对人权的理解存在差异，西方对个人权利的强调部分归因于西方的宗教相信每个人都是按照上帝的形象所创造的。西方更关注人权的政治层面，而中国则更为关注人权的

---

　　①　在德国，鼓励投资仍然是强有力的工业团体的指导原则，它们经常在不同的部门里跟踪着工业发展的方向。因此，中国和德国都关注通过投资导向的政策推动实体经济扩张。一个值得立即关注的问题在于如何使金钱对政治制度的影响最小化。

经济层面。西方的人权概念注重个人权利、言论自由和组织自由。然而中国发现，以牺牲群体利益为代价过度强调西方式的人权观念可能会导致社会不稳定和国家经济增长的脱轨。

必须承认，民主和法治在中国得到了推进。司法工作和人权保护都取得重大进展，中国人民享有比以往更大的民主权利和自由。多年来访问中国的观察家发现中国公民在言论自由方面已取得巨大进步。中国认真履行人权义务，同时接受普遍定期审议（UPR）①和按时接受对人权执行情况的定期审查②。"有中国特色的人权"观念认为人权的核心在于为全体民众提供基本经济、教育和健康需求。正如中国的一句古话所说："仓廪实而知礼节，衣食足而知荣辱。"

一种新型国际关系路径的诞生

民主是一个相对较新的概念。二战后自由民主盛行，因为它能促进欧洲和日本支离破碎的经济健康成长。它还被西方视为一个保护人权和维护全球稳定的制度。20世纪70年代后期，在吉米·卡特执政时期，人权成为美国外交政策的一部分。随后，一些理论家开始利用人权概念为美国对别国事务的军事干

---

① UPR 包括定期对联合国 193 个成员国的人权状况进行审查。
② 2016 年中国第四次当选为联合国人权理事会成员国。很少有国家能多次入选，这充分显示了世界对中国的认可。

涉进行辩护。

以至于到 20 世纪 90 年代初，许多美国战略家认为以促进民主为噱头干涉别国事务是正大光明的①。其中证明干预合法化，包括使用军事力量，最有名的理论依据就是"民主和平论"，该理论认为民主国家不会互相发动战争。这意味着只要有更多的国家拥有西方式的制度，和平就会盛行。

另一个相关理论被称为"民主转型论"，它认为西方国家应利用自由市场经济模式和对多边组织以及人权压力集团的控制，促使其他国家加速向民主制度转型，即使这些国家仍缺乏必要的机构与体制②。

然而随着民主制度无法改善大多数发达国家民众的生活水平，许多西方国家开始担心自由主义秩序的衰落。收入分配不均、民粹主义兴起、社会两极分化以及美国的孤立主义倾向使西方世界陷入焦虑和混乱③。随着自由民主日趋混乱，悲观主义在感觉到失落和无助的西方弥漫，这也解释了全球走向独裁的趋势④。

现在许多西方分析人士认为，霸权衰落后，后霸权主义的

---

① 干涉主义学派又被称为新威尔逊主义（neo-wilsonianism）学派，其代表人物伍德罗·威尔逊认为美国应该一直使用自己的权力。该学派的成员包括新保守主义者和一些新自由主义者。

② 根据"保护的责任"，军事干预被认为是合法的，这是"正义战争理论"的一个变种。

③ 德国外交部部长海科·马斯（Heiko Maas）在一次采访中对美国拒绝奉行多边主义表示遗憾，他认为，"特朗普并不认为美国是自由民主国家的领导力量"。Der Spiegel，January 11，2019.

④ 美国以其自我改造的能力而自豪。遗憾的是，其政治制度的无法正常运转导致这种能力变得遥不可及。

世界秩序将遭遇不稳定甚至混乱，即世界将面临"后霸权之乱"。中国的发展似乎已经使不再是霸主的美国陷入焦虑，深刻地影响了美国的自我身份及其全球角色的定位。美国认为世界似乎变得不那么友好了①。

许多西方知识分子和决策者都在担心中国影响力的上升，为"后霸权之乱"寻找理论依据。例如，战略学家罗伯特·卡根声称："我们正在回到一个多极竞争的世界。这将是一个非常不同而且比我们成长起来的世界更危险的世界。"② 卡根的一个主要关切就是世界上最大的大陆——欧亚大陆的崛起。基辛格认为，当西方世界丧失霸主地位，"那么世界将进入混乱模式，其他无法承受边界纠纷的大国将逐渐代替西方的霸主位置"③。布热津斯基则建议美国应该"支持"和稳定一个正在被新兴大国"捣乱"的失衡世界④。他们与罗伯特·卡根都认为：如果西方衰落，美国不再是全球霸主，那么世界将陷入混乱。

然而卡根错了。首先，他将当今大国间的竞争等同于 20 世纪 30 年代的大国竞争。二战前的竞争是一场激烈的军事统治斗争，但当今的大国竞争主要集中在经济领域。其次，他的关注点局限在中亚的战略价值上，而完全忽视了欧亚经济强国的崛

---

① Martin Wolf. How We Lost America to Greed and Envy. Financial Times, July 18, 2018.

② Edward Luce. Donald Trump and the 1930, Playbook: Liberal Democracy Comes Unstuck. Financial Times, June 24, 2018.

③ Robert Colvile. Kissinger, Thatcher and the Death of Westphalia. CapX. June 27, 2017.

④ Like a Wrecking Ball. The Economist, June 3, 2017.

起可以为世界带来的好处。这可能由"一带一路"倡议促成，在该倡议下，中国将不同的国家联合在一起，用合作取代了旧式的大角逐。基辛格和布热津斯基，都忘记了历史上不可能有永恒的霸权力量。

"后霸权之乱"理论存在的问题在于：第一，它代表国际关系中的现实主义学派，强调强权政治的军事方面，对亚洲最近发生的经济变化没有给予足够的重视；第二，中国在历史上没有表现出侵略性，中国更愿意与其他国家找到共同的利益基础[1]；第三，中国的经济发展有利于全球经济增长，进而有利于世界政治稳定；第四，中国对代替美国成为世界警察不感兴趣；第五，作为"使命"的一部分，中国无意传播其价值观[2]。

"后霸权之乱"的鼓吹者们忽略了一个事实，即一个新的经济秩序正在诞生，而"一带一路"正是这个新秩序的支柱。中国提出的"一带一路"倡议在未来将带动经济增长。"一带一路"倡议正在将各国团结在一起，以合作取代竞争。

"一带一路"代表着对"后霸权之乱"理论的最大挑战，这是因为"一带一路"建设将通过缓解政治紧张、稳定中国能源供应、通过经济发展促进发展中国家间的和平以及打造共识平台促进和谐共处等方式从多个方面来维护世界和平。

---

① 无论是全球（联合国 2030 年可持续发展议程、巴黎协定）还是区域（欧亚经济联盟、东盟互联互通总体规划、欧洲投资计划、非洲基础设施发展计划、亚太经合组织互联互通蓝图），中国都更倾向于集体领导，并通过现有（多边）制度开展工作。

② 有时，美国对民主和人权的崇拜会达到像对宗教的狂热一样。

第一，"一带一路"建设有助于缓解政治紧张。"一带一路"建设增加了成员国之间的贸易和投资，这有利于缓解国家间政治关系的紧张。然而批评者认为1914年欧洲的全球贸易水平与今天差不多，但繁荣的贸易并没有阻止第一次世界大战的爆发。但是，在一战爆发之前，贸易商品的制造环节几乎都在同一个国家内完成。而"一带一路"建设将参与者的经济通过供应链相互连锁。一旦发生任何军事冲突，它们将接连遭受重创。澳大利亚前总理陆克文认为，"一带一路"创造了比贸易关系更好的国家间联系，是全面改善关系而不是仅仅发展贸易关系。用他的话说，"这就是魔力的所在"①。

第二，"一带一路"建设有助于稳定中国能源供应。在历史上，大国的能源供应往往是导致冲突的导火索，"一带一路"建设通过稳定中国能源供应的方式降低了资源摩擦的发生概率，从而能够起到维护和平的作用。中国80%的石油进口运输需要经过由美国控制的马六甲海峡，很自然中国常常会为此感到焦虑。但"一带一路"建设为中国石油运输提供了绕过马六甲海峡的新供应路线，这有助于增加中国能源供应的安全性，同时也可以减少美国和中国在东南亚海域的摩擦。"一带一路"沿线有两个战略港口能最大限度地减少能源急性中断，一个是巴基斯坦的瓜达尔港，另一个是缅甸的皎漂港。这两个港口为中国提供了进入阿拉伯海和印度洋的通道，中国不必再经过马六甲

① Why the U. S. Is Losing Influence in Asia. http://knowledge. wharton. upenn. edu/article/u-s-losing-influence-asia/. Jun 23，2017.

海峡进口中东石油。

第三，"一带一路"建设将通过发展促进发展中国家间的和平。经济史表明，西方国家曾在两个不同时期经历了工业化发展和相对较快的经济增长，第一次是在19世纪，第二次则是在二战结束后。这两个历史时期，是联盟保证了世界和平。在19世纪，欧洲各国通过建立军事联盟以防止单一国家拥有过度军事优势。这为欧洲国家提供了较长时期的和平，使它们能够相对平静地开展工业化。但联盟的持续时间相对较短，各国常常根据本国利益交换合作伙伴。到了20世纪，美国牵头成立北约以防止苏联向欧洲的扩张。在法德两国因为军事竞争精疲力尽后，欧盟应运而生。在东亚地区，美国也组建了联盟体系，并向其盟国提供核保护伞。

二战结束后，核大国之间不可能直接发生战争，但并不能有效避免发展中国家冲突的发生。例如，冷战期间，美苏两个超级大国之间没有爆发战争。然而在这个时期，美苏利用它们的"附庸国"通过提供武器，以代理人战争的方式来代表它们进行战斗，这些战争造成了"附庸国"的不稳定并阻碍了它们的经济发展①。

"一带一路"代表了中国与其他发展中国家之间完全不同的互动关系。中国倾向于将国家间关系建立在经济基础上，"一带一路"就是这种态度的典范。通过"一带一路"倡议，各国注重经济合作，无须让自己在代理人战争中充当棋子。

第四，"一带一路"建设将有助于通过打造共识平台促进和

---

① 像新加坡这样的独立国家并没有通过扮演大国代言人而获得发展。

谐共处。中国在国际关系的优先目标是与其他国家和谐共处。"一带一路"倡议及其投资机构亚投行旨在达成成员国间的共识。其他组织，如上海合作组织，也都是达成共识的平台。上海合作组织是"一带一路"和欧亚经济联盟寻找共同合作的中间平台，也是有助于印度和巴基斯坦减少分歧的一个平台①。不同于军事联盟（如北约、华沙条约）是主导因素的冷战时期，如今新的国家集团（如"一带一路"沿线国家、上海合作组织国家）的重点是经济发展。作为达成共识的平台，这些组织在减少地缘政治局势紧张方面发挥着重要作用。其他例子还有金砖国家新开发银行和区域全面经济伙伴关系。中国正在通过金砖国家新开发银行改善与印度的关系，并通过推动区域全面经济伙伴关系谈判改善与日本的关系。

综上所述，与那些哀叹二战后霸权秩序衰退的西方政策制定者相反，我们的分析表明，世界秩序的不稳定和美国的"内向化趋势"的危险被明显夸大了。"一带一路"代表了一种新型国际关系路径的诞生。"一带一路"推动的经济发展必然使各国关系更加稳定。

向世界提供的全球经济公共产品

在西方国家领导的自由国际秩序下，民主与人权本应与经

---

① 中国能够帮助印度实现基础设施现代化。Amy Kazmin and Lucy Hornby. India's Modi and China's Xi Gear Up for Summit. Financial Times，April 25，2018.

济增长同步进行。然而情况并非如此。在西方表现尚可的民主
和人权在发展中国家却存在水土不服的问题。人们观察到的一
个事实是，在二战结束 70 多年后，在这个由西方多边机构主
导的世界里，贫困仍然猖獗。目前，每十秒钟就有一个孩子死
于饥饿。在撒哈拉以南非洲，1/3 的人口仍然生活在极端贫困
中。西方的发展模式在发展中国家眼中已失去了可信性。他
们认识到推行民主会带来国家的不稳定。威权主义现在正在
许多新兴经济体中兴起（如埃及、菲律宾、土耳其）。对于
政府机构脆弱的发展中国家来说，它们担心民主会带来混
乱。因此许多国家更喜欢以非自由主义的模式维持社会
稳定。

　　发展中国家一直在寻找实现现代化的模式，现在它们已经
在"中国式解决方案"中找到了答案。通过"一带一路"倡议，
发展中国家能够学到中国模式的成功秘诀。"中国式解决方案"
包括中国在经济转型、减贫、建设基础设施、扩大贸易机会等
方面的经验。中国经济能够从农业结构向工业结构转变的一个
主要原因是对现代基础设施建设的高度重视。中国模式的另一
个特点是建立经济特区，促进技术转让和出口。

　　"中国式解决方案"与西方解决方案在以下五个方面截然
不同：

　　第一，西方反工业化政策与中国注重建设基础设施和工业
园区存在显著差异。西方国家长久以来奉行反工业化政策。19
世纪的英国遵循着禁止殖民地的工业化的政策。而 20 世纪的美

国也没做出太大改变，尽管它没有欧洲人对殖民地的偏见。

美国对支持发展中国家的基础设施现代化缺乏兴趣，这无疑阻碍了这些国家的工业发展。至今还没有一个非西方国家采用美国的自由放任模式实现了发展。市场原教旨主义和新自由主义都未能帮助这些国家实现现代化。

"一带一路"倡议注重建设基础设施和工业园区，这为发展中国家破除困扰它们几十年的经济障碍提供了"中国式解决方案"。现在，中国的倡议以基础设施①、工业化和经济特区的形式为其成员国提供了一系列有利于发展和经济增长的政策，让这些发展中国家找到了实现现代化的可能性。随着中国技术的进步，许多制造业岗位将转移到"一带一路"沿线国家。

通过"一带一路"倡议，中国也向世界提供了高质量的发展建议。据中国国家发展和改革委员会学术委员会秘书长张燕生介绍②，中国在上海等沿海发达地区和新疆、西藏等贫困省份的发展经验是向落后国家提供高质量建议的有力支持③。中国可以根据自身的发展经验提出许多解决方案，这些高质量方案应

---

① 卡托研究所的研究员科林·格拉博认为，"如果不能将技术由一国转移到另一国，那么再好的规则和秩序都无所谓了"。Tim Panzarella. A Rising China Bets Big on Infrastructure Spending Overseas, As U. S. Wavers. Reason, December 5，2017.

② Li Qiaoyi. Making It Work High Hopes for "One Belt, One road" Initiatives. AIS, October 24, 2017.

③ 新疆将成为连接中国西部与中亚、西亚、南亚和欧洲的交通枢纽与物流中心。据自治区一位副主席介绍，目前计划建设一个由机械和纺织制造等10个重点产业组成的工业区。Li Qiaoyi. Making It Work High Hopes for "One Belt, One road" Initiatives. AIS, October 24，2017.

被视为中国提供全球经济公共产品的一部分①。

中国的重要资产之一是其政府官员的高素质，中国的精英制度是一种激励机制，让这些优秀的人在应对具有挑战性的任务中证明自己，是支撑中国快速发展的重要经验。传播高质量的治理经验和发展建议也是中国向穷国提供全球经济公共产品的重要途径之一。此外，通过"一带一路"，中国已经表明，全球经济公共产品的供应不应成为以西方价值观支撑的联合供应体系中的一部分。

第二，西方技术转移困难与中国以低成本向发展中国家提供现代技术形成了鲜明对比。发达国家向发展中国家转让技术一直是争论的焦点。一般来说，发展中国家没有能力与提供技术的发达国家讨价还价。发达国家的公司一直对自己的技术实施严密保护。到1995年世界贸易组织成立时，情况变得更糟，西方制定了新的规则，加强了对技术许可和转让的限制。这是为了鼓励外国公司在拥有更多技术控制权的情况下进行直接投资。

通过"一带一路"倡议，中国能够在可以承受的范围内向发展中国家提供现代技术。中国有与那些想进入中国销售市场的先进国家企业讨价还价的能力，而发展中国家也能受益于此。例如，如果没有中国，在先进的铁路技术方面，中国就不可能打破西方的垄断。日本是20世纪唯一一开发出新干线技术的非西

①　世界银行前行长金墉对中国在发展方面的专长表示赞赏，他说："我们从中国学到的经验对我们在其他发展中国家的工作非常有帮助。"Shawn Donnan. US Demands China Loan Rethink as Condition of World Bank Cash. Financial Times，October 13，2017.

方国家①。

中国向发展中国家的技术转让的速度相对较快。"一带一路"倡议为发展中国家提供了现代技术成果。中国正在通过修建道路、港口和通信系统来促进发展中国家的经济发展。

第三，西方对发展中国家低效的经济援助与中国以引导发展为目的的经济援助截然相反。在过去，西方对发展中国家的援助往往是不稳定且不可靠的，因为援助常常受制于控制民主国家钱包的政治家的一时冲动。西方国家提供的经济援助的短暂性，以及多边机构频繁的政策变化，严重损害了援助的有效性。无视各个国家的具体情况而"一概而论"的援助方案既反映了西方国家的傲慢，又显示出它们想象力的缺乏。

西方国家更愿意通过提供援助和补助金来应对紧急情况（如饥荒、地震）。尽管美国是经合组织国家中最大的捐助国，但其援助项目的表现并不令人印象深刻②。西方的对外援助项目通常侧重于"软问题"（如赋予妇女和弱势群体权利），以及支持"软目标"（如男女同校教育、性别平等、善政）。

西方提供的大部分援助都是有条件的，要求接受援助的国家遵循西方价值观。总的来说，西方国家的援助往往相对较少，因为支付给专家的工资费用较高，行政成本较高。这就是西方在帮助落后国家方面远远没有实现其崇高的承诺的原因。

---

① 日本在世界银行贷款的帮助下于 1964 年建设了新干线，这是一个至今都没有被复制的稀有案例。

② 美国在 2017 年捐赠了 353 亿美元，部分援助包括军事开支。

中国认为任何一个国家都必须优先保证其公民的基本生活。中国对发展中国家的援助不同于西方国家[①]。正如"一带一路"的案例，中国的援助是以贷款和出口信贷的形式，为发展中国家提供了发展经济的坚实基础。许多发展中国家都在寻求中国在经济政策和政府治理方面的指导。中国认为，要开启贫困国家的经济发展，需要大量的外部资源，否则穷国将永远生活在贫困之中。

西方和中国的援助方式的主要区别是前者只治疗症状，而后者则在处理问题根源。西方国家对发展中国家承诺的援助通常只是嘴上说说，而中国则提供实质性的援助。"一带一路"倡议就是一个很好的例子。

第四，西方对"普世价值"的坚持与中国追求普遍的经济合作对比鲜明。战后自由主义秩序存在的一个问题是，它要求每一个国家，不论其历史、传统、发展阶段如何，都要接受"普遍的人类价值观"，建立一个"民主的"制度，作为加入"文明国家"的条件。这既是美国理想主义的标志，也是它幼稚的证明[②]。

中国并不同意西方认为民主制度和现代化之间有联系的观点，它认为这种联系具有误导性和分裂性。在不同种族、不同宗教的国家，鼓动不同意识形态可能会导致国家混乱。中国认

---

①　尽管中国不把对外援助视为帮助其他国家的主要工具，但截至2016年底，中国已提供了600多亿美元的对外援助，并向69个国家提供了医疗援助。60多万中国援助人员被派往国外，帮助120多个发展中国家。

②　许多发展中国家抱怨西方在向穷国高调讲授民主和人权的同时，把大部分援助都花在了高薪的欧美专家身上。

为应该追求普遍的经济合作，而不是"普遍的价值观"，这样才是实现进步和稳定的最佳途径。

第五，美国使经济政策服务于金融与中国使金融政策服务于经济的价值取向不同。世界不能再依赖美国霸权主义的领导，因为美国经济正遭受疲软的宏观经济政策和不稳定的美元体系的打击。这两个因素都对美国处理未来危机的能力产生了负面影响。而中国是唯一有意愿以建设性的方式处理世界秩序面临危机的国家。

美国的货币政策始终不稳定。仅在 2008 年金融危机 10 年之后，经济学家们就已经开始担心下一次衰退了。国际货币基金组织在 2018 年的一份报告中指出，"下一次衰退肯定会在短时间内到来"。遗憾的是，人们对美国处理下一次全球危机的能力并没有信心。美国过度依赖货币政策来应对经济危机的做法引起了质疑。事实上美联储所采用的理论模型并不能胜任这一任务，而会使情况变得更糟[1]。由于没有其他替代模型，政策制定者几乎是在摸黑制定政策以实现通胀目标。大多数经济学家担心已经缺乏应对未来危机的足够火力[2]。传统的政策工

---

[1] 在 2008 年金融危机之前，华尔街的精英们被称为"宇宙的主人"。而在危机后，被誉为阻止全球经济崩溃的中央银行家们成为新的"宇宙主宰者"。

[2] 《金融时报》称："从历史标准来看，应对（未来）衰退的空间是有限的，特别是货币政策。如果美联储不得不对一个明显的衰退做出一个标准的反应，短期的利率可能需要降到－2.5％，欧洲中央银行和日本中央银行将需要更进一步。如果情况发展到最糟，美联储和欧洲央行可能被迫随日本央行采取不寻常的方法。而中国人民银行则有更多的操作空间，再点燃中国的信贷繁荣将带来长期风险。" Martin Wolf. Why the World Economy Feels so Fragile. Financial Times, January 9, 2019.

具，比如降低利率、增加政府开支和减税等对恢复经济增长已经无济于事[①]。

尽管美元仍然是世界上最重要的储备货币，但美元体系现在并不稳定。金德尔伯格认为霸权国必须能确保全球流动性的供应。但现在人们对美国作为最终贷款人的能力存在严重怀疑。

中国监管方在保持人民币币值相对稳定方面很成功。"一带一路"在使人民币成为主要储备资产方面还有很长的路要走。人民币的国际化将帮助增加全球流动性。此外，中国领导的多边金融机构将能够与其他"一带一路"沿线国家相互协调，来更好地应对未来的流动性短缺。这应该被视为一种国际经济公共产品供应的增加。

虽然目前还没有一个能够完全有效应对全球经济危机的方法，但比起其他国家，中国似乎处于一个相对较好的状态。这意味着，中国的金融工具中有更多的政策干预能力。中国是唯一有资源能够有效采用凯恩斯主义政策的国家。

总的来说，美国反对采取财政政策，因为这些措施涉及政府的直接干预。将基础设施支出作为财政政策工具的做法被认为是浪费并且会引起通货膨胀。但中国并不存在这样的意识形态偏见。

在美国，经济政策主要由有金融背景的决策者执行。而中国政策制定者则具有金融、工程和其他专业背景。当美元体系

---

① Sam Fleming & Chris Giles. G20 Economists Fear Lack of Firepower in Future Downturn. Financial Times. October 12, 2017: 4.

开始摇摇欲坠时，这意味着人民币可以自由兑换时，它将不仅在"一带一路"沿线国家间通用，而且会在全球范围内通用。

可以说，"一带一路"倡议不仅填补了西方经济衰退带来的空白，而且还是"中国方案"实施的重要抓手，这一方案优于西方现在提供的任何解决方案。这是因为：

"一带一路"倡议正在创造一个经济增长上升螺旋模型。中国在经济转型中积累了丰富的经验，使"中国方案"对发展中国家有很大的帮助。中国模式在消除贫困和提高生活质量方面的成功引起了"一带一路"沿线国家的关注。在"一带一路"倡议中，它们不仅能找到实现经济现代化的快捷途径，而且找到了恢复国家尊严的最佳方法。"一带一路"建设可以从贫穷国家的脚踝上卸下阻碍经济发展的枷锁，将会给发展中国家带来奇迹。过去几十年来被西方组织视为无望的国家，在"一带一路"倡议的帮助下，已出现令人印象深刻的成功案例。例如，巴基斯坦长期以来被认为是没有经济潜力的国家。同样，大多数撒哈拉以南非洲国家也一贯被赋予"经济无能"的名声。中国在巴基斯坦和非洲的投资改变了人们对这些国家的认知。自2013年至2018年，"一带一路"沿线国家和地区共建立了82个对外经济贸易合作区，累计投资289亿美元。这些合作区吸引了3 995家企业，为这些国家创造了20亿美元的税收收入，提供了24.4万个当地就业机会[1]。

---

① Zhao Lei. Belt and Road Lifts Off. China Focus (Beijing Review)，Newsweek. com，September 21, 2018.

"一带一路"倡议为成员国提供了从中国经济增长中获益的黄金机会。中国在不同国家建立经济技术开发区的过程中都贡献了力量，这必将增加国家间及国内贸易。中国在建立自由贸易区（FTA）方面发挥了主导作用。在"一带一路"倡议下，预计贸易和投资额将大幅增长，使中国与"一带一路"沿线国家成为主要经济伙伴。毫无疑问，欧亚大陆的发展将与中国经济的发展息息相关。

"一带一路"帮助国家间建立起比西方联盟更牢固的关系。当前，人们担心西方民主正在走向衰退，自由秩序正在经历一场崩溃。同样，在西方，西方国家结成战略联盟的日子似乎来了又去了。1945年后，北约等军事联盟被认为是西方民主国家间的主要黏合剂。但是，"一带一路"的兴起对此提出了质疑。

罗伯特·卡根称，"二战后的世界秩序"是一个依靠美国将各国联合在一起的反常现象。在新的世界秩序中，"一带一路"将成为把参与国团结在一起的新黏合剂。随着参与国的经济体系相互交织，一个新的供应链将形成。把参与国团结在一起的新黏合剂具有二战后联盟所没有的永久性。这种黏合剂所具有的一个优势在于它不需要外力就能连接参与国，它是自然形成的，比任何由外部力量施加的人工黏合剂都更有力。随着经济的发展，"一带一路"将为欧亚经济一体化铺平道路。

"一带一路"促进了国际和平事业。"一带一路"倡议首先是一个经济项目，它的一个主要目标是加速发展中国家从原材料生产国向工业国的过渡。各国正通过基础设施网和供应链相互连接,每个国家都在追求自身的经济利益。因此就没有必要组成代价高昂的军事联盟,参与国之间的和平关系成为"一带一路"的副产品。此外,美国使用西方主导的多边机构作为外交政策工具的理念与中国的理念完全不同。中国设立的所有新多边机构(如亚投行)的主要目标是为了获得经济成果。无论是通过多边组织还是其他方式,中国都不相信干预其他国家的事务会取得成功,这也有助于国际和平的维护。

在所有大国中,只有中国有能力和意愿来支持像"一带一路"这样大规模的项目,在各大洲传播现代化。中国一向将帮助发展中国家视为一种道德义务。按照儒家的和谐理念,"一带一路"是中国与参与国分享其发展经验和资源,以实现经济现代化和改善人民生活的一个途径,中国的"一带一路"建设将为全部相关方带来共赢的结果。因此,"一带一路"倡议是中国向世界提供的全球经济公共产品。

中国提供全球经济公共产品的能力是其自身经济发展的延伸。中国以其市场规模和令人印象深刻的经济增长率,成为能够提供未来全球经济公共产品的国家。2008 年国际金融危机后,中国启动了前所未有的 4 万亿(5 860 亿美元)的经济刺激计划,在拯救全球经济方面发挥了重要作用[①]。中国提供的公共产品与之前由西方世界主导提供的大相径庭。中国的主要手段是

---

① 中国在扩大内需方面有很大的回旋余地,有经验丰富的政策制定者指导并有效应对其面临的挑战。

研发，其重点在于基础设施和工业化。中国为发展中国家提供了一种它们多年来缺少的全球经济公共产品——高质量的建议。中国的"一带一路"倡议是向发展中国家提供"中国式解决方案"的最佳工具[①]。

"一带一路"倡议是抵御贸易保护主义、孤立主义、本土主义和民族主义的强大屏障。随着逆全球化之风席卷西方世界，"一带一路"建设凭其巨大的规模与资源，有潜力成为世界经济增长的新动力。中国的愿景是为世界提供治愈贫穷的新药方，"一带一路"必将成为中国特色全球化新秩序的重要支柱。它象征着一个发展的中国成功地将其经济梦想与其他国家的梦想联系起来。

南南合作：非洲案例

那些以前充满绝望和功能失调的国家，如孟加拉国和埃塞俄比亚，现在也都自信地进入了现代世界。

——马凯硕和劳伦斯·萨默斯[②]

这些较小的非洲内陆国家急需建设连通性基础设施。

——詹尼特·严[③]

中国公司正在执行（基础设施）项目。他们雇用非洲劳

---

①　中国有强大政府的优势，不允许狭隘的利益集团破坏客观决策过程。

②　Kishore Mahbubani and Lawrence H. Summers. The Fusion of Cililizations. Foreign Affairs，May/June 2016.

③　詹尼特·严是约翰斯·霍普金斯大学中非研究所的研究员。

工······刺激当地经济发展，当地人适应得很好。

——杜大伟[1]

中国让非洲实现了梦想。

——伊克拉[2]

中国在非洲大陆的建设工作是由亚洲基础设施投资银行推动的"一带一路"倡议的组成部分。

——约翰·德夫特里奥斯[3]

二战之后，发展中国家因为资本匮乏和制度薄弱，在试图发展经济时面临着许多挑战。它们在黑暗之中摸索，试图找到正确的经济模式。实际上，二战之后的超级强国提供了两种发展模式，分别是美国式的自由放任资本主义和苏联式的社会主义。一些发展中国家复制了自由市场模式，而另外一些采取进口替代战略。其结果是，前者没有机会纠正市场失灵，而后者并没有充分利用经济规模的优势，大多数实验以失败告终。

中国的发展已经证明发展中国家还有其他替代性选择。"一带一路"倡议仅仅是一个经济项目，中国并不试图向其他国家出口意识形态。有缺陷的自由市场模式不再能向全球挑战提供解决方案了。

另一方面，"一带一路"建设以成功的案例证明自己。这种

---

[1] 布鲁金斯学会外交政策项目、约翰·桑顿中国中心和全球经济发展项目高级研究员。

[2] 肯尼亚前高级政府官员。Lucie Morangi. China Bets Big on Africa's Future Economic Success. China Daily, November 14, 2016。

[3] John Defterios. How China is Filling the Investment Vacuum in Africa. Arab News, April 14, 2017.

成功体现在三个领域：第一，通过贸易和基础设施使经济相互连通；第二，关注绿色发展和改善环境；第三，采用中国发展模式的非洲国家获得了高增长率。

中非关系和友谊源远流长。6 个世纪前，伟大的航海家郑和来到肯尼亚马林迪，传播明朝的"和平祝福"[①]。后来，中国在 20 世纪 60 年代支持非洲大陆的民族解放运动，1963 年 12 月 14 日至 1964 年 2 月 4 日，周恩来访问了 10 个非洲国家。中国提供无息贷款 9.88 亿元人民币慷慨援助坦赞铁路建设。

当前中非关系是南南合作的一个典范。中国领导人习近平、李克强等经常访问非洲国家。2006 年至 2016 年，中国国家主席、总理、外交部长共对非洲进行了多次高层访问，其中不仅包括南非这样充满活力的经济体，还包括纳米比亚等小国和乍得等落后国家。

中非经贸关系不断密切，贸易额突飞猛进。中非贸易额在 1980 年只有 10 亿美元，到 2016 年已经达到 1 492 亿美元，2018 年突破 2 000 亿美元。尽管中国对非洲的外国直接投资（FDI）低于美国[②]，但它的增长速度很快。尽管一些发达国家的对非直接投资比中国要多，但中国的对非直接投资更注重满足非洲国家的发展需要。例如，从采矿业的外国直接投资占非洲外国直

---

① 郑和下西洋带回中国的长颈鹿，被中国人视为神话中的"麒麟"，是皇室的象征。

② 2017 年，中国对非洲直接投资存量为 430 亿美元。同年，法国、美国和英国对非直接投资存量分别为 640 亿美元、500 亿美元、460 亿美元。World Investment Report 2019，United Nations Conferene on Trade and Development.

接投资总额的百分比来看，美国为 66%，而中国为 28%。这意味着中国在建造工厂和其他有助于现代化进程的项目上投入了更多的资金①。

非洲对中国给予的经济援助越发感激。中国在非洲的援助包括建设基础设施（如体育场、桥梁、道路、港口）、技术合作、提供培训课程和人道主义援助。中国还为联合国驻南苏丹特派团提供了最大数量的部队。2009 年至 2015 年，中国对非洲的援助占中国对外援助总额的 46%。鉴于中非关系日益友好，2015 年底习近平主席提出了中非"十大合作计划"，承诺三年内向非洲投资 600 亿美元。2016 年，中国对非洲的贷款占中国贷款总额的 17%。仅埃塞俄比亚一国自 2000 年以来吸收的中国贷款就有约 123 亿美元。

中国对非洲的投资更注重经济发展。建设现代基础设施是中国在非洲经济存在的标志。通常情况下，70% 的基础设施项目由中国国有企业承担，30% 的项目由非洲企业承担，它们主要以与其他中国企业合资的形式进行②。中国的大部分融资不是援助，而是金融建设。中国提供的贷款一般以非洲的自然资源作为抵押。

---

① 西方媒体总是错误地描绘中国在非洲的形象，事实上，采掘业仅占中国在非洲投资总额的 1/3 却很少被提到。在 2018 年 9 月举行的中非合作论坛会议上，南非总统西里马·拉马福萨阐述了非洲的立场，他说，非洲"不认为有一种新的殖民主义在非洲盛行"。Mehari Taddele Maru. Why Africa Loves China: Contrary to What the West Believes, Africans do not See Themselves as Victims of Chinese Exploitation. Al Jazeera, January 6, 2019.

② 从 1956 年到 2013 年，中国在非洲承接了 900 个项目。

　　与其他地区一样，中国主要通过其政策性银行——中国进出口银行①和中国国家开发银行②向非洲提供贷款，前者是长期低息优惠贷款的提供者，而后者主要投资于大型项目。中国政府要求国家开发银行限制其软贷款，并将重点放在商业贷款上。如果受援国拖欠贷款，中国政府将提供隐性担保。

　　在最近的一代人之前，西方还把非洲视为一个无望的地区，认为这些国家"无药可医"。与西方不同，中国认为非洲大陆是一个具有巨大潜力的新世界。非洲大陆是一个很有潜力的大市场，到2050年，非洲的人口将达到20亿③。非洲也拥有一个快速成长的中产阶级。中非经济关系的特点是强调互利共赢，中国不干涉东道国内政④。毫无疑问，中国在非洲国家的经济活动改善了非洲国家的经济基础。

　　中国尊重非洲国家主权。在非洲工作的中国专家不住在豪华住宅区，他们与非洲同行享有同样的生活条件，与非洲主要工作人员以及工人经常接触并定期举行会议交流。与许多西方工程师不同，中国工程师并不认为在非洲的工作很艰辛。中国人尊重文化差异，以能够快速适应当地环境而闻名。因此中国

---

　　①　2016年，中国进出口银行贷款的69％用于基础设施（如供水、卫生设施、发电厂、输电线）和油气管道建设。

　　②　中国国家开发银行是世界上最大的开发银行，其资产超过世界银行、亚洲开发银行和非洲开发银行。

　　③　到2050年，全世界新增人口的一半将在非洲。根据联合国的预测，到2100年，非洲的人口可能达到40亿，将占全球人口的1/3。

　　④　这就是发展贷款比单边援助更受青睐的原因。

人在非洲很受欢迎①。尊重非洲国家的主权也使中国在非洲很受欢迎。

冷战结束后，非洲曾经历过一段时间的动荡不安，现在仍然不时会发生动乱。例如，2018年，由于埃塞俄比亚占人口6％的提格雷部落与分别占人口33％的奥罗莫和阿姆哈拉部落之间的冲突，导致了示威游行②。肯尼亚在2017年的选举前也经历了一些艰难时期。然而这种混乱是短暂的，不会扰乱发展进程③。总体而言，非洲已经趋于稳定，面临着难得的发展机遇。

大约30年之前，非洲还处于世界的边缘地带，非洲国家长期以来一直被视为经济的死水，这些穷国让潜在的投资者望而却步。然而中国的发展创造了新的动力。中国作为一个发展中国家快速发展，证明了中国发展模式的成功。尽管西方专家对落后国家持否定和悲观态度，中国还是特别关注这些国家的发展。对中国来说，"一带一路"倡议是对发展中国家发展可行性的试金石。尽管到目前为止，中国的努力让西方的质疑者们感到困惑。

一些西方批评家指责"一带一路"建设为债务负担沉重的穷国"增加了负担"。真实情况当然不是这样。2019年，卢旺达总统卡加梅表示："结果取决于非洲自己，用于生产性投资的贷

---

① 2016年《非洲自由报》开展的一项涵盖36个非洲国家的调查发现，63％的非洲国家认为中国的影响力"非常积极"。

② 埃塞俄比亚的政治动荡导致其总理辞职。

③ 就肯尼亚而言，其2017年重新举行的选举没有发生严重暴力事件。

款将增加非洲各国的国内生产总值，使贷款易于偿还。"①

2010 年肯尼亚的债务占国内生产总值的 39.7％，2020 年增至 62.8％。债务增加的一个原因是要新建基础设施，像蒙内铁路这类"千禧年计划"项目是该国获得独立以来最大的一个项目。截至 2016 年底，480 公里的蒙内铁路创造了 4 万多个就业岗位，其中技术和管理岗位占 42.3％。该国的债务率虽然上升，但对外国投资者的吸引率反而上升，这显示了其经济可信度。肯尼亚 10 年期国债收益率为 7.25％，30 年期国债收益率为 8.25％。

近年来，由于遵循中国的发展模式，撒哈拉以南非洲的许多国家的经济增长率都在不断提高，这证明了"中国式解决方案"的成功。图 13-1 是 2018 年世界十大经济发展最快的国家，其中有加纳、埃塞俄比亚、科特迪瓦、塞内加尔和坦桑尼亚五个非洲国家。根据林毅夫的建议，埃塞俄比亚一直致力于生产具有比较优势的商品，如鞋子和服装。一些知名的品牌已经在埃塞俄比亚建立了工厂。2017 年，埃塞俄比亚的 GDP 增长率为 8.3％，远高于全球平均的 2.7％。

东非地区已被纳入"一带一路"建设的范围，也是中国在印度洋地区的一个主要的基础设施建设区域。中国已经对肯尼亚、吉布提和厄立特里亚的多个港口进行了投资。中国还在坦桑

---

① Mehari Taddele Maru. Why Africa Loves China: Contrary to What the West Believes, Africans do not See Themselves as Victims of Chinese Exploitation. Al Jazeera, January 6, 2019.

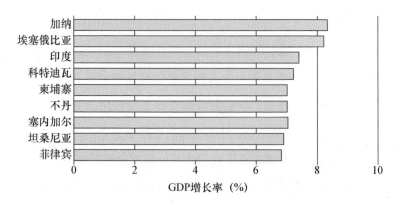

图 13 - 1　2018 年世界十大经济发展最快的国家

资料来源：The World Bank.

尼亚扩建了港口。非洲港口之间的竞争将为乌干达、卢旺达和布隆迪等内陆国家带来积极发展。东非的肯尼亚是受益于"一带一路"建设的典型案例。

自 20 世纪 90 年代以来，撒哈拉以南非洲地区的铁路都是由私人特许经营商承包的，这些特许经营商很难赚到钱，因此他们在维护方面的支出也相当低。大部分铁路现在处于失修状态，因为企业所有者通常要求实现短期利润，基础设施项目很难通过私营公司采用的商业标准来证明其合理性。由于基础设施所需要的长期准备时间带来了许多不确定性，这使得私营部门在投资基础设施时犹豫不决。这同样也导致许多项目被多边组织和政府贷款机构拒绝。肯尼亚就是一个这样的例子。肯尼亚希望开发一系列大型基础设施项目。其中两项是标准轨距铁路和港口扩建。据负责实施肯尼亚基础设施计划的官员称，日本拒绝了这个计划。拒绝的理由是国际顾问提供的报告，报告认为肯尼亚在未来 30 年内缺乏货运能力，而且为这些项目的融资将使肯尼亚的外债超出能力范围①。幸运的是，崛起的中国不仅想要在非洲建设铁路，而且希望能运营铁路。随着贸易活动在非洲国家之间的扩展，货运的需求不断增加，铁路的维护也会比过去更好。

2013 年，习近平主席和乌胡鲁·肯雅塔总统共同宣布了肯尼亚与中国致力于建设全面合作伙伴关系。在肯尼亚 2030 年的"重大项目"中，至少有 50% 是肯尼亚与中国密切合作的结果。随着肯尼亚经济发展越来越强劲，该国的借贷能力和偿债能力也在增加。肯尼亚成为一个欣欣向荣的交通枢纽，这增加了它作为旅游目的地的吸引力。中国认为基础设施项目可以推动经济增长。由基础设施建设解锁的工业化可以使借款国具有偿债能力。因此肯尼亚的基建项目在中国的帮助下重获新生。肯尼亚的经济前景刺激许多外国领导人访问肯尼亚，寻求更深入的贸易关系②。

建设从肯尼亚港口城市蒙巴萨到首都内罗毕的蒙内铁路是非洲有史以来最大的交通投资。作为"一带一路"沿线国家，肯尼亚对耗资约 40 亿美元的蒙内铁路项目充满雄心，资金主要由中国进出口银行提供。中国企业沿着殖民时代英国建造的铁路线修建新的铁路。新铁路将建成 1 435 毫米的现代化"标准轨

---

① 相反，东京支持在蒙巴萨港建设第二个集装箱码头，并向内罗毕提供 3 亿美元贷款。

② 2016 年，访问肯尼亚的外国领导人包括日本、以色列、印度、土耳其和韩国的领导人。

距",比老线路 1 067 毫米的轨距大。所以由此增加的运力将使列车的载客量达到目前铁路班次的 10 倍①。中国参与非洲铁路建设的主要好处之一是让内陆国家与海港相连②。

2017 年 6 月,蒙内铁路项目竣工,这条新线路将把肯尼亚两个最重要的城市之间的旅行时间缩短到 4.5 小时,并帮助肯尼亚将其货运贸易比例提高到 40%③。该铁路能够以每小时 80 公里的速度运输货物,使蒙巴萨到内罗毕的货物运输速度加快,物流成本降低 40%。这也将对邻国产生显著影响。"驶往蒙巴萨的列车将从内罗毕新扩建的内陆集装箱仓库取货,新的仓库以其大容量成为使用标准轨距铁路的进出口商的首选装运点,运往乌干达和坦桑尼亚腹地企业的货运费用将减半。"④ 蒙内铁路还将延伸到乌干达、卢旺达、布隆迪和南苏丹,作为东非铁路网建设的第二阶段,中国路桥总公司将负责建设铁路沿线,中国进出口银行将为此提供 140 亿美元的资金。

总之,"一带一路"倡议有益于世界,特别是有益于贫穷国家。"中国式解决方案"为应对当前的全球性挑战提供了一种务实有效的方式。

"一带一路"建设为世界提供了新的经济增长动力。在中国

---

① Railway in Africa, Puffed Out. The Economist, June 4,2016:41.

② 中国在坦桑尼亚的基础设施建设可以追溯到 20 世纪 70 年代,当时中国政府援建了一条铁路,将该国的商业首都达累斯萨拉姆与赞比亚的铜矿区相连。因此中国赢得坦桑尼亚的好感。只可惜由于缺乏维护,这条铁路线运营不力。

③ Barclay Ballard. Bridging Africa's Infrastructure Gap. World Finance, April 20,2018.

④ Lucie Morangi. China Bets Big on Africa's Future Economic Success. China Daily, November 4,2016.

发展起来之前，西方的经济增长是推动全球经济向前发展的主要动力。然而现在情况变了，西方经济开始衰退，美国对自由贸易和全球化的承诺也开始动摇。万幸的是中国已经开始采取行动了。目前，中国正在尽其所能保持世界经济的稳定。"一带一路"倡议将填补由于西方衰落所带来的空白，它将在亚洲、非洲、中东和欧洲创造新的经济增长动力，这是世界面临的一个历史性的转折点，因为从现在起，世界经济将具有多种发展模式。

"一带一路"倡议是中国向落后国家提供的"中国式解决方案"。中国愿意与其他落后国家分享经验，许多"一带一路"沿线国家受益于中国在作物种植、畜牧业和农产品加工、水产养殖和水利建设方面的经验。中国一直采用的劳动密集型农业技术可以帮助许多贫困国家在面积相对较小的土地上发展集约型农业，因为这些国家负担不起美国和澳大利亚等国家用于广阔土地上的昂贵机械。截至 2014 年中期，中国已经向大约 30 个国家（其中大部分是亚洲和非洲国家）派出了 1 000 名农业专家。专家们建立了示范项目，并对当地农民进行了约 10 万次培训。因此水稻、玉米、水果和蔬菜等作物的本地产量平均增长了 30%～60%。中国为南南合作做出的特别贡献得到了联合国粮食及农业组织的赞誉。

第十四章 结论

之前，西方的增长引擎是推动全球经济向前发展的主要动力。如今，西方的发展引擎不再稳定，美国对自由贸易和全球化的承诺不再令人信服。中国的经济增长引擎正在加速前进，它正尽其所能地保持世界经济的稳定，"一带一路"倡议将是填补西方衰退所带来的空白的主要动力，其标志性的意义在于：世界经济从现在起将采用多种推动引擎前进。仅在 2016 年，中国就贡献了全球经济增长 30％左右。"一带一路"参与国在未来将为全球增长贡献最大的力量。

在当今世界，贸易和地缘政治紧张局势不断升级，中国的"一带一路"倡议是世界希望的源泉，是一个将对世界产生深远的经济和地缘政治影响的巨大项目。"一带一路"倡议终将引领世界走上和平与繁荣的道路。虽然"一带一路"倡议尚不能标志着战争和侵略历史的彻底终结，但它无疑开启了人类文明进步的新篇章，在这一篇章中，全球和平与繁荣要比人类历史上任何时期都更有可能实现①。

"一带一路"建设将为中国的持续发展奠定良好的基础，使中国的发展前景更为光明；将通过传播工业化和发展经验等方式，促进发展中国家的发展；还有利于改善发达国家的基础设施，推动发达国家的发展；它将惠及全世界，推动全世界的共同发展。

首先，"一带一路"建设将推动中国的持续发展。

"一带一路"建设将加快人民币国际化进程。人民币作为新的主要储备货币的崛起，将对全球货币秩序产生显著影响。人民币国际化将使美国不能再利用美元霸权欺压其贸易竞争对手，或者迫使他们的货币升值。人民币在未来将成为那些反抗美国政策的国家的避风港。中国也在建立相应的多边组织，帮助发展中国家不受外界压力的影响。中国将保持人民币币值稳定，这无疑将增加国际贸易的规模。中国与"一带一路"沿线国家的贸易额预计将从 2013 年的 1 万亿美元增长到 2025 年的 2.5 万亿美元，这将增加人民币的使用（尤其是在欧亚大陆）。当然至少在短期内，美元的霸权地位是不可替代的。人民币将对美元体系进行补充，而不是完全取代它。所以这有助于减少当前

---

①　马凯硕认为，"从过去 1800 年的历史来看，最近一段时间西方国家相对于其他文明的过度表现可以说是一个反常现象。历史上所有的反常现象都会自然结束，而这一切现在正在发生"。Kishore Mahbubani. Has the West Lost?. Penguin，April 2018.

金融秩序的风险①。

"一带一路"建设将动员和发挥中国海外侨胞的力量。中国侨民是东南亚地区经济的支柱力量，因此他们注定在"一带一路"项目的实施中发挥重要作用。"一带一路"建设将得益于中国强大的人脉关系网。中国传统的人际网络，即关系网，是建立在中国人之间的关系基础上的（如学校的朋友、讲相同方言或来自同一地区的人），与中国侨民建立关系网可以降低做生意的交易成本并提高交易效率。

"一带一路"建设将更深入系统地总结中国发展经验，形成新经济发展理论。"一带一路"建设代表了许多基于中国发展经验的宝贵经验教训，反映了中国的现代化发展模式。中国的学者们正在努力研究突破长期以来的西方所倡导的发展范式②。中国的政策制定者重视和谐、憎恶侵略，他们是伟大的现代化实施者，领导中国作为主要经济强国崛起。通过"一带一路"倡议，中国的发展经验将能够得到系统的、理论化的总结，这不仅将帮助其他国家借鉴中国宝贵的发展经验实现经济增长，而且还将为中国的发展提供系统的理论支撑，使中国的发展具有更为深广的价值观基础。

其次，"一带一路"建设将促进发展中国家的发展。

"一带一路"建设扩大了参与国在发展方案上的选择范围，

---

① 中国在控制资本外流方面取得的成功，证明了中国监管机构的高质量。从长远来看，中国监管机构的高素质让人民币成为一种可靠的货币。

② 中国的许多学术机构是发展中国家领导们的学习中心，北京大学新结构经济学研究中心就是由北京大学林毅夫先生开创的一个新的思想流派研究机构。

它们现在可以选择"中国经济模式"①。与"华盛顿共识"不同，"北京共识"更注重可持续发展。中国正在投入大量资源，提高亚洲和非洲发展中国家的生活水平。"中国式解决方案"与西方高调的援助承诺不同，后者几乎没有投入任何资源来改变人民的物质生活条件。塞巴斯蒂安·斯特拉吉奥认为，中国倾向于投资大型基础设施项目，而西方则专注于"软环境开发"，如加强善治。柬埔寨领导人洪森说："中国人从不提复杂的条件，总是毫无保留地帮助我们修建桥梁和道路。"② 亚投行的成立也为发展中国家提供了更多的融资选择。此外，中国进出口银行和中国国家开发银行提供的发展贷款比六个由西方国家主导的多边组织更多，发展中国家将不再为霸权机构的决策所威胁③。

"一带一路"倡议还在基础设施领域为内陆国家提供了替代方案，大大降低了货物运输成本。"一带一路"所覆盖的广阔地理范围保证了运输的灵活性与可行性。比如在一个国家突然退出项目的情况下，完全可以绕过该国，重新安排路线。"一带一路"建设是一个长期工程，预计完成期限在 2049 年。因此有足够的时间来处理突发事件。

---

① Kurt M. Campbell and Ely Ratner. The China Reckoning, How Beijing Defied American Expectations. Foreign Affairs, March/April 2018.

② 中国在东南亚被誉为"最值得信赖的朋友"。在这里，西方国家经常因发表有关民主和人权的高调演讲，以及将大部分援助用于高价的欧美顾问而受到指责。Sebastian Strangio, Hun Sen's Cambodia. Yale University Press, 2014.

③ "在 2018 年 12 月，美国财政部高级官员戴维对中国的大量道路建设表示担忧。如今，美欧对世界银行和国际货币基金组织的双头垄断正受到一些批评者的挑战。"Jim Yong Kim's Resignation Tees Up World Bank Succession Battle. Financial Times, January 8, 2019.

"一带一路"建设将大力推动发展中国家的工业化和现代化。中国的工业部门拥有庞大的劳动力，随着科技的进步，中国的许多工作岗位都将转移到发展中国家[1]。"一带一路"建设内容包括沿着丝绸之路建设工业园区，中国与20个国家签署了建设56个新经济贸易区的协议，这会促进向发展中国家的技术转让。技术转让在未来20或30年内可以为"一带一路"沿线国家带来实质性的利益。"一带一路"强调基础设施建设和工业化，也有助于带动许多国家的GDP增长。

再次，"一带一路"建设将优化发达国家的发展。

"一带一路"倡议是开放的，它在推动发展中国家发展的同时，也有助于促进发达国家的经济发展，改善其已经落后的基础设施建设。中国对基础设施的重视和亚投行的建立，不仅有助于"一带一路"成员国，也有助于二十国集团国家。波士顿咨询集团（Boston Consulting Group）的一项研究预测，从长远来看，二十国集团国家可能会增加2万亿美元的新业务和3 000万个就业岗位，并通过正确的政策和有效的实施来发展基础设施部门。在这个民粹主义时代，政客们更倾向于关注短期利益与目标。西方发达经济体的公共投资从20世纪80年代占GDP的4％下降到目前的3％[2]。

在英国，基础设施建设面临着很多的障碍。英国的消费空间受到借贷额度的限制，而且有些项目存在巨大争议。例如，

---

[1] 发展中国家大量的受教育阶层离开，就会出现人才流失现象。

[2] 一些下降可能是因为私营公司在基础设施方面投入更多，比如能源和电信。然而在过去的30年里，私人投资的水平在产出中所占的份额也有所下降。

由于选民们不希望飞机噪声干扰他们的家庭生活，英国 30 年来一直无法启动在东南部修建新飞机跑道的项目。

美中关系是迄今为止影响世界未来最重要的双边关系，"一带一路"将为两大国在基础设施领域进行合作提供难得的机会。中国可以提供资金和专业知识来帮助美国的基建项目。

"一带一路"有能力解决美国在修复其破旧基础设施时面对的主要挑战[①]，即美国的财政资源匮乏。美国联邦和各州都没有足够的资金。比如，美国公路基金几乎没有资金。同样，由于总统和国会之间的斗争，每年的拨款很难被批准，各州也面临着缺乏可持续资金的问题。这使得通行费成为新公路建设的主要融资工具。有趣的是，收费收入的 11% 用于管理成本。至于使用私人基金，它们资助的新建项目的价值在 2017 年仅为 52.6 亿美元，几乎是 2016 年 104 亿美元的一半[②]。而私营和公共部门都参与融资的公私合作项目在美国仍有争议[③]。考虑到修复美国基础设施的迫切需要，资本充足的中国可以在财政上帮助美国，为其新项目提供资金[④]。

最后，"一带一路"建设将推动全世界的共同发展。

中国的"一带一路"倡议是 21 世纪全球经济发展的核心，

---

① 2018 年夏季，日本宣布将为美国基础设施投资设立主权财富基金，起价可能为 1 000 亿美元。

② 但鉴于基础设施融资的巨大短缺，有必要让私营公司更具投资吸引力。拉纳·合桑认为，这将需要税收、监管和体制改革。

③ 然而在英国，公私合营制度已经不再流行。

④ Gill Plimmer and Ed Cooks. Trump's Infrastructure Vow Hit by Steep Fall in Private Financing Investment. Financial Times，November 5，2017.

它将是推动全球增长的主要工具。"一带一路"建设在这个无法确定未来的世界里，是一个强大的增长引擎。中国在 2016 年对全球经济增长的贡献超过 30%[1]。截至 2017 年底，"一带一路"参与国已获得 500 亿美元的中国投资，创造了 200 万个就业机会。截至 2018 年 4 月底，中国已累计在沿线国家建立了 75 个经贸合作区，累计投资 255 亿美元，有 3 800 多家企业加入合作区，缴纳近 17 亿元的税收，创造了近 225 000 个就业岗位。该倡议还为成员国创造了 11 亿美元的税收收入，增加了其外汇储备。"一带一路"沿线国家在未来将为全球经济增长贡献最大的力量。根据麦肯锡咨询公司的报告，"一带一路"建设到 2050 年将贡献全球经济增长的 80%，中产阶级的扩张将大大刺激世界其他地区的需求。到 21 世纪中叶，中产阶级将增加 30 多亿人[2]。中国出口信用保险公司监事长周立群表示，未来 10 年，中国在"一带一路"沿线国家的投资将达到 1.6 万亿美元（每年 1 600 亿美元）[3]。中国还承诺在未来 10 年内在南美洲投资 2 500 亿美元，包括在巴西修建一条高速铁路。

"一带一路"建设将推动欧亚经济的一体化。它将成为现代史上第一个非西方经济一体化计划。中国和它的欧亚合作伙伴，

---

[1] 中国经济对全球增长的贡献是美国的 4 倍多。中国经济占世界 GDP 的 17.3%（按购买力平价计算）。2016 年，中国经济增长 6.7%。Stephen S. Roach. The World Economy Without China. Project Syndicate，October 24，2016.

[2] Mckinsey & Co Estimates from Bloomberg News. China's Silk Road Cuts Through Some of the World's Riskiest Count. October 25，2017.

[3] Sophia Yan. China Pledges more than ＄100 Billion in Belt and Road Projects. World Economy，May 14，2017.

特别是俄罗斯，在国家战略上都有可以协调合作的领域。通过建设横跨欧亚大陆的公路、铁路、工业园区和油气管道等新的基础设施走廊，"一带一路"倡议第一次将中国内地、俄罗斯、中亚与沿海港口连接起来。通过高效的交通网络将主要的欧亚工业中心与港口连接起来，将彻底改变内陆工业产品和各种原材料的运输方式。

据估计，到2030年，亚洲的GDP将占世界GDP的60%左右。由于亚洲大部分快速增长的国家都在其南部，任何连接中国南部、东南亚和南亚国家的运输网络都将把该区域整合进世界体系。这些国家拥有巨大的制造能力，将使该地区成为世界经济增长的支点。在东盟地区，中国与印度尼西亚公路项目和中泰铁路项目谈判取得了很大进展。如果这两个互联互通项目的重要成果能够协同发挥作用，那么通过中国铁路将东南亚与欧洲连接起来的亚太铁路项目就可以继续进行下去。

"一带一路"会为国际贸易带来急需的增长。世界贸易组织的数据显示，从1949年到2008年，全球贸易平均每年增长10%左右。然而这个数字从2009年到2015年下降到1.3%，并且没有任何改善的迹象。但是，"一带一路"倡议通过利用基础设施（尤其是高速铁路）建设，将扭转全球贸易的下滑趋势，该倡议还将减少阻碍贸易的国家间规则差异。此外，工业化的扩展和新的供应链的形成都将对贸易产生显著影响。

"一带一路"倡议自提出以来取得了令人瞩目的进展。巴基斯坦、斯里兰卡、哈萨克斯坦、柬埔寨和印度尼西亚的主要港口建设项目以及中国与老挝、泰国、缅甸和塔吉克斯坦的铁路建设都在进行中。"一带一路"倡议已经极大地促进了参与国之间的贸易和投资,并取得了坚实的进展。2014 年至 2016 年,中国在"一带一路"沿线进行了价值 3.1 万亿美元的商品贸易,占中国对外贸易总额的 26%。同期,中国在沿线国家共投资420 亿美元,占中国海外直接投资的 11%。中国商务部官员表示,截至 2016 年,中国已与沿线 11 个国家签署了自贸区协定,并与 56 个沿线国家签署了双边投资协定。

习近平说:"让人类命运共同体建设的阳光普照世界!"① 当我们在书写这个时代的历史时,"一带一路"倡议将被证明是在经济方面拯救世界的最重要项目。在贸易保护主义和民粹主义的阴影下,"一带一路"倡议将拯救全球经济。

"一带一路"建设将重塑全球贸易规则。发展中国家长期以来一直被排除在制定全球贸易和投资规则之外。即使在 1995 年世界贸易组织成立之后,理论上每个国家的投票权都是平等的,但实际上正是美国、加拿大、欧盟和日本这四强决定了世界其他地区的规则②,而它们的人口 2016 年③在世界人口中的占比很

① Mankind: Xi's Concept Used in UN Resolutions. China Daily,April 13,2018.

② Jean-Pierre Lehmann. World Trade in State of "Managed Chaos". The Strait Times,November 18,2017.

③ 1975 年, 由西欧、美国、加拿大、澳大利亚、新西兰和日本组成的第一世界的 GDP 占世界 GDP 的 60%以上,尽管这几个国家的人口还不到世界人口的25%。到 20 世纪末,虽然它们在世界人口中所占的比例已经显著下降,但在全球GDP 中所占的比例仍然大致相同。Jean-Pierre Lehmann. World Trade in State of "Managed Chaos". The Strait Times,November 18,2017.

低。现在考虑到中美贸易争端，世贸组织在未来可能无法完整地生存下去。国际货币基金组织的重大决策都是基于85%以上的投票权做出的，然而美国有16%的投票权，因此美国对所有重要的决定都有否决权。

诺贝尔经济学奖获得者理查德·诺斯（Richard North）认为，制度是在信仰中产生的。美国在1945年后对多边机构制定的规则表明，一个国家的意图在其决策过程中占据主导地位。美国是一个霸权国家，它在事实上主导和控制着多边机构。而中国想要成为一个伙伴国而不是霸权国，它在亚投行的决策过程中实现了民主化。尽管中国有投票权，但它不享有否决权。在现代金融史上，中国首次成为规则制定者而不是规则接受者。这是所有被西方国家压迫的发展中国家命运改变的时刻。

"一带一路"倡议和中国主导的自由贸易协定使发展中国家在制定21世纪的贸易规则方面发挥了重要作用[1]。中国主导的区域经济伙伴关系协定谈判包括一系列涉及投资、经济技术合作、知识产权、争端解决和政府监管的规则，其中之一就是通过自由贸易协定制定新的、公平的规则。越早这样做，发展中国家参与制定公平规则的机会就越大[2]。

---

[1] 根据美国前总统奥巴马在2015年1月发表的声明："中国希望为世界上增长最快的地区制定贸易规则。这将使我们的工人和企业处于劣势。我们为什么要让这发生？我们才应该制定这些规则。"South China Morning Post, October 7, 2016.

[2] 在欧美国家关于跨大西洋贸易和投资伙伴关系协定（TTIP）的谈判中，欧盟委员会强调"世界上大多数国家都必须遵守TTIP制定的规则与标准"。Charlemagne. Trading Places. The Economist, April 30, 2016.

"一带一路"建设将有力地推动全球环境保护,特别是在防治荒漠化方面发挥重要作用。在防治荒漠化领域,中国似乎要领先于美国。陆克文说:"不久前,中国被认为是实力落后的。而现在,美国似乎正在衰退,美国退出《巴黎气候协定》的行为突出了中国在环境领域的参与性和领导力。"[①]

"一带一路"建设将弘扬和平、合作、协调、共赢的精神。"一带一路"倡议目前涉及68个沿线国家,预计还有许多其他国家将加入该倡议。通过设立集中成员国利益的共同目标,"一带一路"倡议具有创造一个更加和平的世界的巨大潜力。中国政府还表示愿意与菲律宾和越南等邻国分享南海资源。2018年夏,中国与东盟国家形成了"南海行为准则"单一文本草案。新加坡将其描述为一个亚洲和平处理领土冲突方式的"里程碑"[②]。

"一带一路"倡议为参与者们的经济发展路线提供了更多的选择。"北京共识"提供的"中国式解决方案",是可持续发展的承诺。中国投入大量资源改善非洲和亚洲发展中国家的生活水平。与西方专注于"软开发"不同,中国着重投资于大型基础设施项目,"一带一路"倡议为内陆国家建设连接到港口的途径,大大降低其货物运输的成本。而且"一带一路"作为一个长期项目,令其有足够的时间灵活有效地处理各种意外事件。

---

① Why the U. S. Is Losing Influence in Asia. http://knowledge. wharton. upenn. edu/article/u-s-losing-influence-asia/,June 23,2017.

② Catherine Wong and Kinling Lo. China and Asian Reach "Milestone Draft Deal on South China Sea" Code of Conduct. South China Morning Post,August 2,2018.

许多发展中国家对过去西方国家倡导的发展处方失去了信心，而当前中国模式在消除贫困和提高生活质量方面成功吸引了"一带一路"成员国的注意力。新兴经济体能够通过借鉴中国宝贵的发展经验，实现经济增长和繁荣。

"一带一路"倡议不仅仅是通过交通设施连接欧亚大陆，更是反映了古丝绸之路的互联互通精神。"一带一路"精神告诉我们，没有哪种文化比其他文化更具优势。欧亚大陆的经济崛起恰逢西方质疑自身"普世价值观"的有效性。现在我们知道，这种价值观似乎无法再让西方国家实现经济增长。

人类的未来正在以前所未有、激动人心的方式改变着，经济发展水平将成为衡量一国能力的重要指标。"一带一路"倡议实现了将国际政治从国家经济政策中分离的目标。欧亚国家的全面一体化最终将改变历史发展进程，富裕和贫穷国家将开展对话和协调，寻求共同发展，实现合作共赢，这与过去几十年间列强对贫弱国家发起的战争和造成的毁灭形成了鲜明对比。欧亚集团的全面一体化最终将改变历史进程，让目前贫弱的国家能够改变命运。

总的来说，"一带一路"倡议正在创造世界经济增长的奇迹。现代基础设施的建设将增加投资机会，进而提高国家GDP、消费率和就业率。从这个意义上讲，"一带一路"建设将成为实现21世纪经济增长的主要动力。除此以外，"一带一路"倡议还有助于引领世界走上和平之路。中国重视和谐，憎恶侵略。因此在贸易和地缘政治紧张局势不断升级的时代，中国的倡议将成为稳定的象征和和平的源泉。拿破仑曾预言，一旦中国苏醒，它将撼动世界。现在中国已经和平发展，它不会撼动世界，而是会通过"一带一路"建设重塑世界的和平。当中国谈到"向穷国提供真诚的帮助"时，许多西方批评家认为这不过是一个掩饰侵略目的面具。这是因为西方国家正在把自己过去的所作所为投射到中国身上。虽然中国的"一带一路"倡议并没有标志着人类战争的彻底结束，但它无疑开启了人类文明进步的新篇章。在这里，全球和平与繁荣将比在人类历史上任何其他时期都更有可能实现。

The Belt and Road Initiative: Chinese Solution to a Deficient
Global Order

By Khairy Tourk

Copyright © Khairy Tourk 2020

图书在版编目（CIP）数据

"一带一路"为什么能成功："一带一路"倡议的
九大支柱/（美）卡里·托克（Khairy Tourk）著；王
淼译. --北京：中国人民大学出版社，2022.1
ISBN 978-7-300-29955-6

Ⅰ．①一… Ⅱ．①卡… ②王… Ⅲ．①"一带一路"
-国际合作-研究 Ⅳ．①F125

中国版本图书馆 CIP 数据核字（2021）第 209907 号

"一带一路"为什么能成功

"一带一路"倡议的九大支柱

［美］卡里·托克（Khairy Tourk)/著

王　淼/译

刘春长/统校

"Yidai Yilu" Weishenme neng Chenggong

出版发行	中国人民大学出版社		
社　　址	北京中关村大街 31 号	**邮政编码**	100080
电　　话	010 - 62511242（总编室）		010 - 62511770（质管部）
	010 - 82501766（邮购部）		010 - 62514148（门市部）
	010 - 62515195（发行公司）		010 - 62515275（盗版举报）
网　　址	http://www.crup.com.cn		
经　　销	新华书店		
印　　刷	涿州市星河印刷有限公司		
规　　格	148 mm×210 mm　32 开本	**版　　次**	2022 年 1 月第 1 版
印　　张	10.25 插页 3	**印　　次**	2022 年 1 月第 1 次印刷
字　　数	201 000	**定　　价**	78.00 元